I libri di Viella

503

Le elezioni del 1920-1921

La nazione e i territori nella crisi del primo dopoguerra

a cura di Tito Forcellese e Gerardo Nicolosi

viella

Prima edizione: ottobre 2024
ISBN 979-12-5469-674-3

Il volume è stato pubblicato con il finanziamento dell'Università degli Studi di Teramo e un contributo del Dipartimento di Scienze politiche e internazionali dell'Università degli Studi di Siena e del Dipartimento di Scienze politiche e giuridiche dell'Università degli Studi di Messina.

LE ELEZIONI
del 1920-1921 : la nazione e i territori nella crisi del primo dopoguerra / a cura di Tito Forcellese e Gerardo Nicolosi. - Roma : Viella, 2024. - 262 p. ; 21 cm. (I libri di Viella ; 503)
Relazioni in parte presentate ai convegni tenuti a Catania nel 2019 e a Teramo nel 2022.
Indice dei nomi: p. [255]-262.
ISBN 979-12-5469-674-3
1. Elezioni politiche - Italia - 1920-1921 I. Forcellese, Tito II. Nicolosi, Gerardo
945.0914 (DDC WebDewey) Scheda bibliografica: Biblioteca Fondazione Bruno Kessler

viella
libreria editrice
via delle Alpi, 32
I-00198 ROMA
tel. 06 84 17 758
fax 06 85 35 39 60
www.viella.it

Indice

Nota dei curatori

Il volume è il frutto di un consolidato percorso di ricerca intrapreso da alcuni storici provenienti da diverse università italiane, che hanno cercato di ripercorrere gli snodi elettorali del primo dopoguerra italiano organizzando tre importanti convegni: a Catania nel 2019 (sulle elezioni del 1919), poi a Teramo nel maggio 2022 (sulle amministrative del 1920 e le politiche del 1921) e a Ferrara nel novembre 2023 (sulle politiche del 1924). Nel presente lavoro si è privilegiato un approccio metodologico che intende tenere insieme la storia politica ed elettorale della nazione italiana con quella dei suoi diversi e pluriformi territori. E anche in ossequio alla prescelta diade, nazione e territori, ci è sembrato opportuno indagare il nesso tra i due momenti elettorali, amministrativi e politici, che sono stati contraddistinti dalla presenza dei blocchi, pur con leggi elettorali diverse. Naturalmente, i contributi costituiscono l'avvio di una più ampia riflessione storiografica che – ci auguriamo – possa stimolare ulteriori approfondimenti e completare i focus territoriali non ancora affrontati.

Ai contributi del convegno svoltosi a Teramo si è aggiunto un saggio che estende la riflessione sulla rappresentanza a livello europeo. Nella parte conclusiva di alcuni saggi (Schininà, D'Amelio, Forcellese) è presente un apparato tabellare sulle statistiche elettorali.

Sullo sfondo più generale della crisi dello Stato liberale, Giovanni Schininà analizza il rapporto tra centro e periferia nel biennio elettorale 1920-1921. In tale lasso di tempo, uno dei fattori decisivi che portano al fallimento del tentativo giolittiano consiste nella impossibilità di costruire la maggioranza parlamentare attorno al leader come avveniva in precedenza, ossia con l'aiuto determinante dei prefetti a livello periferico. La pratica ingovernabilità dei territori dal centro si rintraccia sia nella crescente difficoltà dei prefetti per la gestione dell'ordine pubblico, sia nella compilazione delle liste con la proporzionale e il voto aggiunto, particolarmente usato in alcuni territori. Nelle elezioni del 1921, nonostante le disposizioni di Giolitti, solo alcuni prefetti sono in grado di opporsi alle violenze fasciste. Con le diversità riscontrate nell'atteggiamento dei prefetti, si registrano anche, nell'arma dei carabinieri e nell'esercito, le simpatie verso i fascisti. Infine, l'autore sottolinea la mancata presenza omogenea del blocco in tutto il territorio nazionale, che finisce per rappresentare, più che altro, un mero "cartello politico".

Elisabetta Colombo si occupa delle forme di rappresentanza e in particolare dell'adeguamento delle strutture rappresentative alle articolazioni sociali nel primo dopoguerra, sia nei paesi vincitori, sia nelle repubbliche nate con la fine degli imperi. Il suffragio universale viene esteso in diversi paesi e l'adozione dei sistemi proporzionali (tranne in Spagna e Gran Bretagna) favorisce l'affermazione dei partiti di massa. In Italia, con il superamento dei criteri di censo e capacità, il voto e la partecipazione politica diventano un diritto inalienabile. In alcuni paesi persistono norme non egualitarie del diritto (sinallaggio) e solo in parte viene superata la connotazione sessista, mentre permanenze corporative si segnalano in Baviera e in Gran Bretagna. Un dibattito interessante si svolge in Italia sulla rappresentanza degli interessi e sui corpi intermedi, mentre si prospettano varie proposte di riforma – anche elettive – del Senato. Se in Italia non si approda ad alcuna riforma, gli interessi organizzati e i territori trovano rappresentanza nelle camere alte in Germania, Svizzera, Austria e, per le comunità locali, anche nel senato francese.

Nella prospettiva storica della lunga durata, Fabrizio Rossi affronta il tema della forma di governo della doppia fiducia, già oggetto di precedenti contributi, delineando il dibattito parlamentare con cui si cercò di evitare lo scioglimento anticipato della XXV legislatura. Egli ricorda la situazione di stallo determinatasi in parlamento con il Psi che si poneva come partito antisistema, intendendo cioè "fare come in Russia" e non coinvolgersi in alleanze di governo con i liberali, costretti a una scomoda alleanza col Ppi. Per liberarsi da tale vincolo, la classe dirigente liberale adopera o le crisi extra parlamentari (nel 1920 e 1922 con Nitti e Bonomi) o ricorre al potere regio per lo scioglimento (Giolitti, 1921). Più che esito delle contraddizioni dei riformisti turatiani sull'appoggio a Giolitti, lo scioglimento risulta il frutto della progressiva erosione della sua maggioranza che stava confrontandosi su disegni di legge cruciali (esame di Stato, gestione delle fabbriche, ecc.). Alla richiesta di socialisti e nittiani di ripristinare innanzitutto la legge prima di indire le elezioni, Giolitti ritiene, invece, che proprio le violenze costituiscano un buon motivo per farle.

Nicola D'Amelio affronta le principali novità introdotte con la proporzionale nel sistema politico italiano. Approvata per valorizzare i programmi e le idee più che gli elettori del collegio rappresentato, la proporzionale esalta il ruolo dei partiti ed è individuata da taluni come ancora di salvataggio per la classe dirigente liberale che, con il maggioritario e i collegi uninominali, avrebbe avuto scarse possibilità di sopravvivenza. D'Amelio ricostruisce i passaggi istituzionali che definiscono i mutamenti delle circoscrizioni, sottolineando le varie sperequazioni nella rappresentanza. Nel 1919, il governo privilegia una ripartizione dei collegi su base provinciale, mentre nel 1921 l'accorpamento dei collegi segue criteri regionalistici con una sovra rappresentazione del Mezzogiorno. L'articolazione del voto territoriale è piuttosto disomogenea e favorisce i liberali. I rapporti di forza tra i partiti nel 1921 rimangono invariati. Infine, l'autore presenta una suggestiva simulazione del voto con il maggioritario uninominale (a turno unico) nei 535 collegi: il 69% dei seggi sarebbero stati attribuiti ai blocchi nazionali (tab.12), penalizzando soprattutto il Ppi.

Andrea Baravelli nel suo saggio indaga le retoriche e le rappresentazioni della campagna elettorale nel 1921. L'influenza del conflitto si manifesta con una accentuazione della retorica nazionalista, per cui si dovevano conquistare i voti come si conquistava una trincea. Così, lo squadrismo fascista, esaltando il tricolore della nuova Italia nata dalla guerra – e non quello della vecchia Italia imputridita –, scatena l'offensiva contro le amministrazioni socialiste, trasformando la competizione elettorale in una battaglia tra eserciti, in cui l'assalto al nemico bolscevico fa assurgere i fascisti a protagonisti della riscossa nazional-borghese. Baravelli, riprendendo alcuni recenti contributi storiografici, sottolinea la connessione diretta tra le azioni squadristiche e l'assalto alle amministrazioni socialiste più forti che determinano la *débâcle* elettorale in alcuni territori. Durante la campagna elettorale si consuma la frattura tra una parte del paese che subisce le violenze squadriste e l'altra in cui prevalgono le reti notabiliari giolittiane.

Enzo Fimiani ripercorre le orme di D'Annunzio – proseguendo la sua indagine precedente – dopo la conclusione dell'esperienza fiumana. Nell'ipotesi ermeneutica di una presenza aleggiante del poeta alle politiche del 1921, l'autore si domanda quale influenza abbia esercitato – anche indirettamente – nell'opinione pubblica italiana con la sua celebre espressione sulla "vittoria mutilata". Ne risulta un ciclotimico alternarsi di momenti di euforia e stati depressivi. Tale chiave interpretativa aiuta a inquadrare anche il rapporto storico del vate con il "grigiore delle democrazia" e dei suoi rituali: mentre sembravano sfavillanti le luci della guerra nel 1915, egli pare a proprio agio nel tempo della eccezionalità, sia con le imprese belliche e sia con quelle rivoluzionarie. Affiora anche la strategia di Mussolini per imbrigliare politicamente D'Annunzio con una candidatura nel collegio di Zara nel 1921, cadenzata dal viaggio tattico a Gardone e dall'alterno utilizzo del mito dannunziano come apparato mitopoietico del movimento fascista.

Marco Pignotti si concentra sullo scivolamento dell'opinione pubblica su posizioni bloccardo nazionaliste durante il biennio 1920-1921, tracciando una mappatura interna al liberalismo politico italiano, ancora profondamente influenzato dalla frattura interventismo/neutralismo. Attraverso la rilettura di periodici e quotidiani di area liberale, l'autore mostra le varie fasi in cui i principali esponenti del liberalismo italiano (Albertini, Einaudi, Bergamini) si distaccano dal giolittismo e dalle posizioni più aperte alle riforme e alle collaborazioni con i partiti di massa. Attaccando la politica giolittiana (difesa su «La Stampa»), i giornali conservatori e moderati («Il Giornale d'Italia», «Corriere della Sera») auspicano il ritorno di Salandra alla guida dell'esecutivo. Contrastando il recepimento di istanze sociali ed economiche provenienti da larghi settori della società, assecondano spinte antiparlamentari e accettano nei blocchi la presenza dei fascisti con i loro metodi violenti. Infine, spostandosi all'autunno 1922, a ridosso della marcia su Roma, Pignotti affronta il caso emblematico di Rovigo, in cui i blocchi – ora a completa trazione fascista – vincono le amministrative nella provincia più "rossa" d'Italia, dopo gli assalti squadristi ai municipi.

Tito Forcellese riprende l'analisi del voto preferenziale ai leader politici, già affrontato per le politiche del 1919. Tenendo conto della nuova configurazione dei collegi elettorali, esamina, in primo luogo, gli orientamenti preferenziali dell'elettorato attraverso lo studio di alcuni casi territoriali (Milano, Bologna, L'Aquila); in seconda battuta, analizza i risultati dei candidati per i vari partiti (anche emergenti) su scala nazionale. Si registra un migliore adattamento dei liberali – rispetto al 1919 – nella distribuzione delle preferenze con collegi più estesi. I socialisti diversificano, anche geograficamente, l'indicazione delle preferenze nelle grandi città o nelle realtà provinciali (dove sono più utilizzate come anche al Sud) migliorando le performance individuali rispetto al 1919. Emerge anche un notevole attivismo delle associazioni sindacali per appoggiare i propri candidati. I popolari utilizzano in modo più omogeneo le preferenze per i propri leader nei collegi. I candidati fascisti nei blocchi ottengono notevoli risultati, specie in Lombardia ed Emilia; spicca poi il caso di Mussolini come leader più votato in Italia in termini assoluti.

Con il focus sulle valli di Giolitti, Gerardo Nicolosi analizza il caso di Cuneo (e più in generale del Piemonte) tra le amministrative del 1920 e le politiche del 1921. Per i liberali cuneensi, la cocente sconfitta alle politiche del 1919 e la paura verso il massimalismo rivoluzionario socialista agiscono progressivamente come fattori aggreganti per una ricomposizione che avrebbe dovuto superare la frattura tra interventisti e neutralisti. Nonostante i lusinghieri risultati alle amministrative del 1920, permangono le riserve dei giolittiani a trasformarsi in partito; al contrario, più disponibili per la forma partito appaiono gli esponenti del centro-destra liberal salandrino. Il successo della lista liberale di Giolitti alle politiche del 1921 si fonda soprattutto sulla sua capacità di mediare vari interessi territoriali (agrari, impiegatizi e urbani). Nella comparazione del caso cuneense con le altre province affiora la prevalenza liberal democratica (di sinistra) a Torino e Cuneo, mentre il caso novarese rivela l'esistenza di una destra liberale che tende a diventare partito della borghesia; ad Alessandria, invece, la lista è egemonizzata dai fascisti.

Elisabetta Caroppo affronta il caso del collegio di Terra d'Otranto o del Salento (Brindisi, Lecce e Taranto), comparandolo anche con i risultati di Bari-Foggia – laddove si verificano gli episodi più cruenti di violenza politica e delle squadre fasciste in particolare – facendo emergere le differenze geo economiche tra territori. Utilizzando anche un approccio prosopografico alle dinamiche elettorali, l'autrice ci consente di cogliere le trasformazioni del notabilato liberale salentino attraverso i suoi diversi riposizionamenti nel primo dopoguerra e di valutare l'importanza dei processi di modernizzazione (frantumazione del latifondo, patti agrari e trasformazione dell'Acquedotto pugliese in ente autonomo) per la permanenza al potere. Tra le varie anime del liberalismo (giolittiani, qualche salandrino, combattenti e liberali indipendenti) è comunque ricorrente il nesso profondo con le varie istituzioni del territorio, in cui spesso i parlamentari rivestono ruoli apicali. Nel saggio si fa riferimento alle maggiori localizzazioni dei giovani partiti di massa: i popolari più attivi nelle campagne del Salento e nella città di Lecce (con l'attivismo del vescovo) e i socialisti presenti nelle città di Brindisi, Taranto e in talune zone del gallipolino.

Luigi Chiara analizza il caso di Messina e del blocco sociale che cerca una propria nuova fisionomia in una città ansiosa di ricostruire adeguatamente i propri spazi urbani dopo il terremoto. Le conflittualità interne ai vari gruppi del liberalismo e del riformismo messinese risultano legate soprattutto alle necessarie sovvenzioni statali e ai lavori edilizi, sebbene in tali contrasti essi cerchino di ritagliarsi spazi di autonomia dal centro. L'autore descrive il consolidato potere di alcuni deputati (come Fulci e l'emergente Toscano) e il peso politico ed economico esercitato dal blocco democratico massonico in città. Le novità innescate dalla proporzionale non riescono a favorire i partiti organizzati come il Ppi e il Psu. Con l'accorpamento dei collegi nel 1921 (Catania, Messina e Siracusa), si affermano le liste liberali di varie tendenze, ossia i liberal democratici, radicali e, specialmente, con larghi consensi, i demosociali, la cui componente messinese si conferma su posizioni antigiolittiane. Tale gruppo politico, con i governi successivi, riprende presto il completo controllo delle istituzioni territoriali. Con l'avvento del fascismo, il maggior esponente dei demosociali in Sicilia, ossia Carnazza, diventa ministro, avviando, di fatto, una contesa egemonica per il potere con i liberal radicali di Messina.

Per la collaborazione alla stesura dell'indice dei nomi, si ringraziano il dott. Andrea Traina e Gregorio Taravella.

Tito Forcellese e Gerardo Nicolosi

Tito Forcellese

Introduzione. Sistemi elettorali tra centro e periferia nel primo dopoguerra

I contributi della storiografia sulle dinamiche elettorali nella storia politica italiana hanno registrato una florida stagione di studi che, specie a partire dalla fine degli anni Ottanta sino ai primi anni Duemila,[1] hanno ricostruito gli snodi principali dal periodo liberale sino all'età repubblicana, utilizzando fonti e approcci metodologici innovativi. Essi tenevano ben in considerazione le risalenti piste di ricerca tracciate, già in parte, da diversi studiosi[2] che avevano pionieristicamente avviato analisi e studi sulla statistica elettorale a cui, talvolta, accostavano anche elementi di comparazione socio economica. Per ciò che più specificamente concerne il ciclo elettorale del primo dopoguerra, le riflessioni si erano concentrate sull'impatto che la legge proporzionale ebbe sul sistema politico dell'Italia liberale nelle due tornate del 1919 e del 1921.[3] Tuttavia, tranne alcuni rapidi passaggi nelle principali pubblicazioni sul periodo, in pochi avevano preso in considera-

1. Pierluigi Ballini, *Le elezioni nella storia d'Italia dall'unità al fascismo: profilo storico-statistico*, Bologna, il Mulino, 1988; Maria Serena Piretti, *Le elezioni politiche in Italia dal 1848 ad oggi*, Roma-Bari, Laterza, 1995; *Storia delle campagne elettorali*, a cura di Pier Luigi Ballini e Maurizio Ridolfi, Milano, Bruno Mondadori, 2002; Piergiorgio Corbetta e Maria Serena Piretti, *Atlante storico elettorale d'Italia 1861-2008*, Bologna, Zanichelli, 2009; *La questione elettorale nella storia d'Italia, da Salandra a Mussolini (1914-1928),* a cura di Pier Luigi Ballini, Archivio storico Camera dei Deputati, Roma, 2011.

2. Su Alessandro Schiavi si veda Maurizio Ridolfi, *I primordi degli studi elettorali in Italia*, in *Alessandro Schiavi. Indagine sociale, culture politiche e tradizione socialista nel primo '900*, a cura di Maurizio Ridolfi, Cesena, Il ponte vecchio, 1994. Ugo Giusti, *Dai plebisciti alla Costituente*, Roma, Editrice Faro, 1945; Giovanni Schepis, *Le consultazioni popolari in Italia dal 1958 al 1962*, Empoli, Capparini, 1962.

3. Cfr. Serge Noiret, *La nascita del sistema dei partiti nell'Italia contemporanea. La proporzionale del 1919*, Manduria-Bari-Roma, Lacaita, 1994; *Le elezioni del 1919. Alle origini del sistema politico dell'Italia contemporanea*, a cura di Giovanni Schininà, Firenze, Le Monnier, 2021.

zione la cruciale importanza delle elezioni amministrative dell'autunno del 1920. In tali consultazioni, anche per il fatto che si votava con il vecchio sistema del maggioritario di lista, si formarono i blocchi liberali patriottici in chiave anti-socialista e anti-popolare. Ed è proprio dopo la vittoriosa tornata dell'esperimento bloccardo che si fece strada l'idea di replicare la formula dei blocchi per le politiche del 15 maggio 1921. Le elezioni amministrative, insomma, ebbero una grande importanza poiché influirono sulle forze politiche e sul pericolante sistema politico istituzionale dell'Italia liberale. Pertanto, occorre capire, innanzitutto, il nesso cogente tra le due tornate elettorali sia da un punto di vista politico e sia nell'aspetto tecnico, rilevando, cioè, le differenze tra i due sistemi elettorali. In secondo luogo, si tratterà di verificare se il fattore territoriale abbia giocato un ruolo importante proprio nella determinazione di quei risultati (una consultazione amministrativa tra due elezioni politiche).

Come è noto, il dibattito politico e parlamentare della XXV legislatura, eletta nel novembre del 1919 con una legge proporzionale a scrutinio di lista, fu condizionato dalla configurazione seguita a quella tornata, che vide i socialisti come gruppo parlamentare più numeroso (156 seggi) seguito dai popolari (100 seggi). La somma dei gruppi liberali, però, non consentiva di avere a disposizione una maggioranza autosufficiente. Durante i primi mesi del governo Nitti, proseguirono le incertezze dei liberali fino alla decisione di coinvolgere i popolari nel nuovo esecutivo. L'impatto fragoroso della proporzionale aveva scompaginato i vecchi equilibri definiti dalla lunga pratica del maggioritario uninominale (a doppio turno) e certificato la forza dei partiti popolari di massa che chiedevano, a questo punto, di estendere il sistema elettorale proporzionale anche alle elezioni amministrative. Furono poi presentati due progetti di legge: il primo venne proposto dal presidente del Consiglio Nitti e l'altro dal deputato socialista Matteotti.[4] Tuttavia, con la crisi del governo Nitti sfumò anche la possibilità di modificare la legge prima delle convocazioni dei comizi elettorali. Con il nuovo governo Giolitti non si giunse a una definizione programmatica precisa per l'estensione della proporzionale alle amministrative. Il tema rimase fuori dagli accordi di governo. I popolari non si diedero per vinti e continuarono a premere per giungere a una discussione

4. Cfr., Tito Forcellese, *La mancata introduzione della proporzionale alle elezioni amministrative del 1920. L'invenzione del premio di maggioranza*, in «Le Carte e la Storia», 21, 1 (2015), pp. 81-98.

in aula. La diversità delle posizioni tra popolari e socialisti sul metodo con cui applicare la proporzionale indusse i liberali a chiedere una sospensiva e a convocare rapidamente le amministrative. I socialisti massimalisti appoggiarono tale richiesta per timore di perdere la maggioranza nei consigli comunali e provinciali. Così, per una insolita e bizzarra convergenza tra i gruppi liberali del Sud e i socialisti massimalisti del Nord, si andò al voto con il vecchio sistema del maggioritario di lista che premiava con i 4/5 dei seggi la lista (ossia i candidati della lista) che otteneva un voto in più.[5]

A metà settembre del 1920, la conclusione dell'occupazione delle fabbriche con una modalità contrattualistica e non rivoluzionaria, così come auspicato da Giolitti e dai riformisti, avrebbe indotto molti osservatori a ritenere conclusa, almeno per il momento, la spinta rivoluzionaria. La paura sperimentata durante quei giorni spinse la classe dirigente liberale a serrare ulteriormente le proprie fila, mettendo da parte le discordie interne e concentrandosi nella formazione dei blocchi patriottici in tutto il paese. Naturalmente, i liberali sfruttarono appieno le possibilità fornite dal maggioritario per radunare all'interno dei blocchi le diverse componenti, in continua e reciproca rivalità tra loro. In molte città italiane vennero inclusi i nazionalisti e, in taluni casi, i fascisti, sebbene fossero numericamente e organizzativamente ancora poco radicati. Insomma, con tali scelte politiche ed elettorali, i blocchi acquisirono, nel corso delle consultazioni amministrative, una caratterizzazione spiccatamente nazionalista (e che si richiamava orgogliosamente all'interventismo e alla vittoria militare), mentre, come ben si sapeva, il presidente del Consiglio in carica aveva sostenuto la linea neutralista. Qui annotiamo una prima incongruenza nella strategia giolittiana del primo dopoguerra.

La posizione elettorale intransigente del Ppi – avrebbe presentato liste autonome anche in presenza del maggioritario – fu approvata da Sturzo e dalla direzione, ma subì diverse critiche da parte del ministro Meda, ossia il leader cattolico in quel frangente più rappresentativo. I popolari divennero il bersaglio preferito della stampa liberale per la mancata adesione ai blocchi liberali in chiave anti-socialista e gentiloniana.

A ben guardare, il sistema maggioritario di lista con voto limitato provocò una dura e astiosa tripolarizzazione del voto, acuendo ulteriormente i

5. Ci si riferisce alla legge n. 148 del 1915. Cfr. Tito Forcellese, *Sistemi elettorali e polarizzazioni ideologiche. Le amministrative del 1920*, in «Storia e politica», 1 (2024), pp. 74-121.

contrasti tra le forze politiche. Non solo. Dal punto di vista della lotta politica e della campagna comunicativa occorre notare che, in questa tornata, svoltasi con il maggioritario di lista, i partiti e i gruppi si irrigidirono nelle proprie posizioni ideologiche. Durante il confronto politico-elettorale nelle piazze delle città italiane, da Nord a Sud, nelle realtà urbane popolose, in quelle medie e piccole, si riproposero i temi già usati nella campagna del 1919, che aveva registrato la netta contrapposizione tra interventisti e neutralisti. Ora però era mutato il contesto. Il partito socialista, forte del proprio successo alle politiche, nonostante le divisioni interne in vista del congresso, aveva deciso di puntare sulla conquista dei comuni per accelerare la conquista del potere in modo da realizzare i soviet. Almeno questo era il proclama lanciato dalla direzione massimalista, incalzata a sinistra dalla frazione comunista sempre più legata a Mosca e alle direttive di Lenin, che continuava a ritenere la situazione italiana favorevole a uno sbocco rivoluzionario.[6]

Qui occorre ricordare che la lotta fu aspra e, in molti casi, violenta. Rileggendo i rapporti dei prefetti e le cronache dei quotidiani si può ben cogliere l'intensità dello scontro politico per la conquista del comune: i vincitori issavano la propria bandiera di riferimento ideale, rossa o nazionale, come se vi fossero implacabili nemici da sconfiggere (i bolscevichi antiitaliani da una parte e borghesi capitalisti come nemici di classe dall'altra).

Osservando la distribuzione del voto (e anche degli scontri), si possono cogliere fratture profonde tra capoluogo e resto della provincia, tra città e campagna, tra città di media e più ampia grandezza, tra centro cittadino e periferie (denominate sezioni suburbane nella definizione di taluni prefetti). Inoltre, le condizioni socio economiche delle zone periferiche di molte città, a prevalenza rurale o industriale, variavano da Nord a Sud (ad esempio Novara, Milano e Foggia); i popolari e soprattutto i socialisti go-

6. Per il proclama lanciato dalla direzione del Partito socialista, si veda *Almanacco socialista italiano 1921*, Milano, Ed. Avanti, 1921, pp. 353-363. Sulle convinzioni di Lenin e dei dirigenti del Comintern si veda Silvio Pons, *La rivoluzione globale. Storia del comunismo internazionale, 1917-1991*, Torino, Einaudi, 2012, pp. 3-65. Cfr. Aldo Agosti, *La terza internazionale. Storia documentaria*, vol. 1, 1919-1923, Roma, Editori Riuniti, 1974. Sulle influenze della rivoluzione d'ottobre in Italia e nel partito socialista si vedano: Valentine Lomelllini, *La "grande paura* rossa*". L'Italia delle spie bolsceviche (1917-1922)*, Milano, FrancoAngeli. 2015; *L'Italia e la Rivoluzione d'ottobre. Masse, classi, ideologie, miti tra guerra e dopoguerra*, a cura di Giorgio Petracchi, in Annali della Fondazione Ugo la Malfa, XXXI, 2016, pp. 43-388; Elena Dundovich, *Bandiera rossa la trionferà? L'Italia, la Rivoluzione d'ottobre e i rapporti con Mosca, 1917-1927*, Milano, FrancoAngeli. 2017.

devano di consistente consenso in tali realtà, mentre gli elettori del blocco prevalevano, spesso, nelle zone centrali delle città.[7]

Le dimostrazioni dei socialisti si svolsero in larga parte dei comuni italiani per festeggiare la vittoria alle elezioni, così come gli eletti del blocco celebravano con canti patriottici le loro vittorie issando la bandiera italiana. Naturalmente, le organizzazioni operaie e dei lavoratori della terra che partecipavano a tali manifestazioni di giubilo politico, così come i militanti più infervorati dalla ipotesi rivoluzionaria sulla scia del modello leninista, nell'innalzare il drappo rosso sul palazzo comunale rivendicavano, probabilmente, una soggettività sociale e comunitaria troppo a lungo nascosta o poco esibita rispetto alle più consolidate e riconosciute figure delle notabilità municipali e provinciali dei liberali. Se si eccettuano alcuni gruppi massimalisti e i futuri nuclei del Pcd'I che coltivavano il sogno di trasformare i comuni in soviet operativi, facilitando così la presa del potere a livello nazionale, tema ripreso di recente da diversi contributi storiografici, risulta arduo sostenere che tutti i militanti socialisti volessero imitare realmente il sistema della Russia bolscevica che non conoscevano se non per i resoconti pubblicati sui quotidiani e periodici di partito.[8] Tuttavia, l'esaltazione di un'altra patria (dei proletari in Russia) esistente rispetto a quella nazionale parve innescare, specie nei settori legati ai reduci e all'interventismo, una contro mobilitazione, quasi fossero ancora in trincea a difendere la patria assediata.

Va aggiunta un'ulteriore considerazione. Le diverse date fissate dalle prefetture in ogni comune per lo svolgimento delle elezioni (dalla metà di settembre agli inizi di novembre), contribuirono anche al rapido mutare delle posizioni politiche all'interno dei gruppi e dei partiti. Ad esempio, la vittoria del blocco nella capitale galvanizzò le organizzazioni liberali nelle città del Centro-Nord, dove assai forte si mostrava la campagna socialista.

7. Sui risultati delle elezioni amministrative si vedano: Ministero dell'economia nazionale, Direzione generale della statistica, *Statistica delle elezioni generali politiche per la XXVI legislatura: 15 maggio 1921,* in appendice *Statistica delle elezioni generali amministrative del 1920*, Roma, S.A.I. Industrie grafiche, 1924; *Frequenza alle urne, candidati ed eletti, partiti politici, elezioni amministrative comunali e provinciali*, in *Compendio delle statistiche elettorali italiane dal 1848 al 1934*, vol. II, a cura dell'Istituto centrale di statistica e Ministero per la costituente, Roma, Failli, 1946-47.

8. Tito Forcellese, *La Rivoluzione e il primo Stato comunista nella ricezione del parlamento italiano,* in *La Rivoluzione bolscevica tra storiografia, interpretazioni e narrazioni, 1917-1924,* a cura di Giovanni Franchi, Tito Forcellese e Antonio Macchia, Roma, Nuova Cultura, 2021, pp. 265-297.

Le elezioni amministrative si svolsero tra la fine di settembre e gli inizi di novembre del 1920. I costituzionali (blocco liberale) ottennero il 56% dei consigli comunali, il Psu il 24,3%, il Ppi il 19,4% e i repubblicani lo 0,3%. Come numero assoluto di comuni, i costituzionali ne ottennero 4.665, il Ppi 1.613, il Psu 2.022 e i repubblicani 27. Nelle consultazioni provinciali, i costituzionali si aggiudicarono 33 consigli, i popolari 10 e i socialisti 26. Tali risultati confermarono, in linea di massima, le previsioni. In realtà, il sistema maggioritario in vigore favorì la formazione di blocchi liberal costituzionali – che solo in alcune città, come ad esempio a Torino, strinsero un'alleanza tattica con il Ppi – consentendo, in molte città, di arginare l'avanzata socialista e popolare.

Come è possibile notare dai risultati elettorali, considerando i voti in termini assoluti, la sfida tripolare consentiva ai partiti, che in un comune o in una provincia godevano anche di una lieve maggioranza relativa, di aggiudicarsi – laddove gli elettori confermavano le preferenze dei candidati in lista – l'80% dei seggi in consiglio comunale o tutti i seggi disponibili nel mandamento provinciale. Tuttavia, con il sistema proporzionale quell'assetto tripolare avrebbe riprodotto la reale forza dei partiti nella distribuzione dei seggi. Si può assumere, come caso esemplare per l'Italia, la consultazione amministrativa nel comune di Roma. Si sfidavano il blocco, il Psu, il Ppi e la lista repubblicana. Il blocco raccoglieva 39.401 voti (47%), il Psu 21.295 (26%), il Ppi 16.260 (20%), i repubblicani 5.264(6%). Con il maggioritario di lista, pur non avendo ottenuto la maggioranza assoluta, il blocco otteneva 64 seggi su 80 in consiglio comunale e i restanti andavano ai socialisti (16) per la minoranza. Come si può facilmente verificare, con il sistema proporzionale tali risultati avrebbero determinato una diversa e più equa ripartizione dei seggi.[9]

9. La proiezione è stata svolta sui dati del comune di Roma e non sull'intero collegio del Lazio che eleggeva 15 deputati. Tuttavia, i risultati del 1921, pur con alcune differenze nei voti in meno per il blocco al comune di Roma, consegnarono esattamente quello scenario del 1920: 7 seggi al blocco, 4 ai socialisti, 3 al Ppi e uno ai repubblicani. Cfr. «Il Giornale d'Italia», 2 novembre 1920; «L'Avvenire d'Italia», 18 maggio 1921, p. 2. A confermare tali tendenze si può vedere il caso di Milano città. Nelle amministrative del 1920, 70.020 voti andarono al blocco e 73.020 ai socialisti, con l'astensione del Ppi. Nelle politiche del 1921, il Psu conseguì 66.769, il blocco confermava i 50.866, il Ppi 12.719 e il Pcd'I 4.310 (Psu: 53% nel 1919, 50% nel 1920 e il 49% nel 1921, con il 3% ai comunisti). Nel collegio politico Milano-Pavia (naturalmente si dovevano aggiungere i voti della provincia di Milano e quelli della provincia di Pavia) i deputati socialisti eletti furono 14, ossia esattamente la metà di quelli assegnati al nuovo collegio. In questo caso, l'applicazione del sistema

Dopo il successo ottenuto dai blocchi liberali nazional patriottici alle elezioni amministrative nell'autunno del 1920, alla Camera dei deputati, verso la fine del novembre 1920, si registrò un inedito accordo tra socialisti e popolari che consentì l'approvazione di una riforma elettorale per le amministrative, ossia un sistema proporzionale con premio di maggioranza.[10] Tale provvedimento era ricalcato sullo schema presentato dall'on. Matteotti, opportunamente corretto dopo la discussione in commissione presieduta dall'on. Casertano: la lista che otteneva i 2/5 (ossia il 40% dei voti) guadagnava i 3/5 di premio in seggi (ossia il 60% di seggi).[11] Il senato del regno, però, non diede seguito alla riforma. Si può asserire che il presidente del Consiglio Giolitti e gli altri leader del liberalismo italiano abbiano comunque assecondato l'atteggiamento dilatorio e attendista dei senatori. Pur tuttavia, la convergenza politica tra socialisti e popolari rimase circoscritta al tema della proporzionale amministrativa e non si allargò a un ragionamento condiviso su una possibile estensione dello schema Matteotti (proporzionale con premio di maggioranza) anche alla legge elettorale per le politiche. Sul diniego dei popolari pesava l'atteggiamento ostile assunto da Amendola che aveva promosso la sospensiva sulla proporzionale amministrativa ad agosto. Fu lo stesso Amendola a novembre, cioè alla ripresa della discussione parlamentare, a proporre un patto politico programmatico ai popolari che prevedeva l'alleanza preventiva tra liste, cui poi sarebbe

maggioritario avrebbe favorito nettamente il partito socialista. Sui risultati nel collegio di Milano-Pavia si veda, *La seconda prova della "proporzionale". Caratteri ed esito delle lezioni politiche nella circoscrizione di Milano*, in *Città di Milano. Bollettino municipale di cronaca amministrativa e di statistica, Anno XXXVII*, 5, 31 maggio 1921, pp. 187-191. Ho preferito usare l'acronimo Psu (Partito socialista ufficiale) per rimarcare la scelta adottata dal partito alle elezioni del 1921. In altri saggi viene adoperato il più noto acronimo Psi (Partito socialista italiano).

10. Forcellese, *La mancata introduzione della proporzionale*, pp. 92-96. I risultati delle elezioni amministrative confermarono, in linea di massima, le previsioni. In realtà, il sistema maggioritario in vigore favorì la formazione di blocchi liberal costituzionali – che solo in alcune città, come ad esempio a Torino, Parma e Venezia, strinsero un'alleanza tattica con il Ppi – consentendo, in molte città, di arginare l'avanzata socialista e popolare.

11. Secondo la nuova legge, frutto dell'accordo tra popolari e socialisti, in un consiglio comunale che doveva eleggere 80 consiglieri, la lista che otteneva il 40% dei voti avrebbe avuto 48 consiglieri di maggioranza (3/5) mentre i 2/5 rimanenti sarebbero stati assegnati proporzionalmente. Rispettando, invece, la formula del maggioritario di lista con voto limitato ai 4/5 (ossia la legge n. 148 del 1915), laddove fossero stati votati tutti i consiglieri di una lista si sarebbero ottenuti 64 consiglieri.

scattato il premio. Il rifiuto dei popolari nasceva da una visione rigida della legge proporzionale; un eventuale apparentamento con i liberali o con i socialisti riformisti alle elezioni politiche li avrebbe vincolati troppo e sicuramente penalizzati in termini di voti. Sebbene la soluzione prospettata da Amendola fosse una delle poche proposte che mirasse a uscire da una pericolosa tripolarizzazione del sistema politico del primo dopoguerra, in quanto elaborata nell'ottica di risolvere il problema della governabilità con l'ausilio di una formula tecnica, né i socialisti e né tantomeno i popolari si sarebbero comunque compromessi *tout court* in un'alleanza politica e programmatica di legislatura con i liberali.

La scissione socialista (a sinistra e non a destra come auspicava Giolitti), prodottasi nel congresso del gennaio 1921, condusse alla nascita del Pcd'I, lasciando così la corrente riformista ostaggio dei massimalisti di Serrati, all'interno del partito e del gruppo parlamentare.

Nel frattempo, cominciò a mutare il clima politico nel paese subito dopo i fatti tragici di palazzo D'Accursio nel novembre a Bologna, durante l'insediamento dell'amministrazione socialista e quelli di dicembre a Ferrara. Come è noto, dopo tali avvenimenti e a partire dai primi mesi del 1921, il fascismo si diffuse rapidamente, specie nel Centro-Nord, aumentando in modo consistente i propri iscritti e moltiplicando le azioni squadristiche.[12]

Il ruolo dei prefetti nella gestione dell'ordine pubblico cambiò rapidamente tra l'autunno del 1920 e il maggio del 1921. Già in occasione delle elezioni amministrative si registrarono numerosi scontri di piazza in vari territori con agguati, ferimenti e limitate uccisioni. Gli scontri si verificarono in diversi territori un po' tra tutti i contendenti per molteplici ragioni di carattere politico, ideologico e localistico.[13] Come detto in precedenza, la conquista del comune (con i 4/5 dei seggi) equivaleva a poter imporsi sugli avversari politici con una maggioranza schiacciante. Le squadre di fascisti, (anche arditi e nazionalisti) cominciarono a costituirsi in diverse

12. Renzo De Felice, *Mussolini il fascista*, vol. I: *La conquista del potere, 1921-1925*, Torino, Einaudi, 1995, pp. 87-99; Nicola Tranfaglia, *La prima guerra mondiale e il fascismo*, Torino, Utet, 1995, pp. 256-266; Salvatore Lupo, *Il Fascismo. La politica in un regime totalitario*, Roma, Donzelli, 2005, pp. 64-102; Roberto Vivarelli, *Storia delle origini del fascismo. L'Italia dalla grande guerra alla marcia su Roma*, vol. III, Bologna, il Mulino, 2012, pp. 199-213.

13. Si veda Archivio centrale dello stato (d'ora in poi Acs), Ministero dell'Interno (d'ora in poi Mi), Direzione generale di Pubblica Sicurezza (d'ora in poi Dgps), Elezioni amministrative 1920, b. 102 e b. 103.

province, utilizzando le amministrative, più che per apportare il loro scarso peso elettorale, come un'occasione per mostrare, spavaldamente, le proprie capacità organizzative e paramilitari, diventando, di fatto, una sorta di "guardia armata privata" dei blocchi nazionali.[14]

Colpisce la considerazione di uno dei prefetti più importanti, ossia Lusignoli, che nel tentativo di organizzare il blocco a Milano, includendo invano anche Mussolini, descrisse la borghesia meneghina come «sempre pavida se non (avesse avuto) la sensazione di essere molto protetta dalla forza pubblica», per cui si sarebbe tenuta alla larga dalle aule elettorali, consegnando la vittoria alla parte estremista dei socialisti.[15] E chi mai avrebbe dovuto garantire, infatti, il libero esercizio del voto a tutti i cittadini se non la forza pubblica di uno stato liberale? Al di là delle valutazioni sulle ambizioni politiche di Lusignoli, si possono cogliere i segni di un cortocircuito dottrinario e istituzionale nella classe dirigente liberale italiana, oltre che uno scollamento progressivo tra vertici politici e amministrazioni periferiche dello Stato. Partendo proprio dalle elezioni amministrative – e riprendendo anche l'atteggiamento dei governi sulle turbolenze politico sociali manifestatesi tra il 1919 e il 1920 – andrebbero approfonditi gli studi, anche interdisciplinari, sul pericoloso scivolamento dei carabinieri e dei militari verso progressive posizioni sediziose e via via simpatetiche verso i fascisti. Come appare evidente dagli atti di insubordinazione o di indifferenza ai comandi precisi emanati dall'autorità politica, il *punctum dolens* della crisi istituzionale del primo dopoguerra sta proprio nella legittimazione all'uso della forza. Chi è infatti legittimato a usare la forza? A chi spetta l'esercizio della sovranità quando l'autorità politica non è più ubbidita? Quale ruolo svolge il sovrano in questo movimento peristaltico delle istituzioni centrali e periferiche dello Stato italiano? E, infine, a chi appartiene lo Stato?[16]

Il presidente del Consiglio Giolitti, preoccupato per i contrasti programmatici con il Ppi che sosteneva il suo esecutivo, deluso dalle deliberazioni del congresso socialista che impedivano di poter sostituire nella coalizione di maggioranza i popolari con i riformisti, ripresentando così lo schema delle maggioranze parlamentari variabili che egli aveva già largamente utilizzato

14. Forcellese, *Sistemi elettorali e polarizzazioni ideologiche. Le amministrative del 1920*, p. 113.

15. Acs, Mi, Dgps, 1920, Elezioni amministrative, Milano, b. 103.

16. Si veda a tal proposito il quinto capitolo del volume di Charles S. Maier, *La rifondazione dell'Europa borghese*, Bologna, il Mulino, 1999, pp. 333-380, dedicato al logoramento del regime liberale in Italia.

in passato, propose al sovrano lo scioglimento anticipato della legislatura, adducendo come principale motivazione la necessità di includere nel Parlamento i rappresentanti delle nuove province. Successivamente, il presidente del Consiglio ridusse il numero dei collegi nel territorio italiano, evitando però di cambiare il sistema elettorale (anche perché non godeva in Parlamento di numeri sufficienti per riproporre il sistema maggioritario). Uno dei suoi più fidati collaboratori, ossia Alfredo Frassati, criticò Giolitti in quanto lo scioglimento anticipato, in presenza di una legge proporzionale, non avrebbe potuto mutare gli equilibri politici presenti nel paese.[17]

Quel risultato alle amministrative d'autunno, infatti, era stato raggiunto con il sistema maggioritario che aveva favorito la formazione dei blocchi in chiave anti-socialista, anti-popolare e nazional patriottica. Si può asserire che il conseguimento della maggioranza assoluta nei consigli comunali e provinciali produsse uno strano effetto ottico nella classe dirigente liberale, e in Giolitti in maniera particolare: essi tradussero, erroneamente, in cifre assolute il numero di seggi acquisiti nella lotta elettorale maggioritaria del 1920, illudendosi, in tal modo, di aver ripreso il controllo politico nel paese. Era stata un'ingenuità strategica dello statista piemontese? Si trattava di un'incomprensione del sistema proporzionale e di un disagio dei liberali per la necessità di organizzarsi in moderno partito di massa?

A ben guardare, i risultati elettorali alle amministrative d'autunno, se proiettati su scala nazionale con il sistema proporzionale, avrebbero prodotto, per larghi tratti, il risultato che si determinò alle politiche del maggio successivo. Per i liberali, il sistema maggioritario di lista aveva garantito la possibilità di compattare tutte le litigiose componenti interne: nittiani, giolittiani, la destra di Salandra, i radicali, i demosociali e i social riformisti. L'obiettivo tattico immediato consisteva nell'unirsi per ottenere un voto in più rispetto a socialisti e popolari, con l'intenzione di ridurre soprattutto il consenso elettorale e politico del Ppi che, per i liberali, era diventato uno scomodo concorrente per la conquista dello spazio centrale nel sistema politico italiano. Tuttavia, Giolitti non intendeva costruire una propria forza politica a livello nazionale che, comunque, gli avrebbe consentito di poter selezionare meglio i candidati. Egli preferì continuare ad affidarsi alle me-

17. La lettera di Alfredo Frassati a Giolitti venne spedita da Berlino il 23 marzo 1921. Cfr., Luciana Frassati, *Un uomo un giornale Alfredo Frassati*, Roma, Edizioni di Storia e Letteratura, 1979, pp. 301-312. Il testo è riportato in Vivarelli, *Storia delle origini del fascismo*, p. 207n. Si veda anche Giovanni Giolitti, *Memorie della mia vita*, Milano, Garzanti, 1945, pp. 596-615.

diazioni dei prefetti, non comprendendo che nella maggioranza di governo vi fosse ora un partito organizzato in tutta la penisola come il Ppi. La strategia giolittiana produceva paradossi e contraddizioni difficilmente sanabili.

Nella preparazione delle liste per le politiche del 1921, Giolitti consentì la formazione dei blocchi nazionali, includendo anche i fascisti, soprattutto in alcuni collegi (ad esempio Milano, Bologna, Parma) dove, già da alcuni anni, il consenso elettorale dei liberali si era drasticamente ridotto a vantaggio dei socialisti. In tal modo, egli sottovalutò sia la portata politico simbolica del contrassegno su scala nazionale e sia il vantaggio pratico – avendo la proprietà di un contrassegno depositato a norma di legge – di poter selezionare candidati graditi nei collegi diventati ora molto più ampi. È plausibile che il leader liberale abbia sopravvalutato la forza elettorale dei fascisti – ininfluenti alle amministrative del 1920 – rapportandola, piuttosto, alla inusitata crescita delle iscrizioni ai fasci avvenuta in quei mesi.[18] In più, col sistema proporzionale in vigore, tale inclusione non avrebbe potuto apportare quei vantaggi attesi nei termini di una maggior acquisizione di seggi in Parlamento.

Come ha ricostruito Saija, Giolitti demandò ai prefetti il compito di comporre le liste – sia dei blocchi e sia delle varie liste liberali – e anche di attenuare i dissidi presenti nell'area liberal costituzionale; i funzionari dovevano coordinarsi tra loro poiché i collegi includevano più province.[19] Tali scelte ambigue di Giolitti provocarono confusione e disorientamento tra i prefetti, nonostante i ripetuti telegrammi e circolari che lo statista di Dronero inviò – assieme a Corradini – per contrastare le violenze dei fascisti. Emblematico, a tal proposito, risultò proprio il caso di Cuneo. Con un telegramma inviato il 12 maggio 1921 al prefetto, il sottosegretario di Stato alle finanze del Ppi, Bertone, denunciava il fatto che i fascisti avevano deciso di compiere le loro azioni anche nel collegio di Cuneo, specie contro i popolari.[20]

18. Si può constatare la grande attenzione riservata dal Ministero dell'interno ai fasci durante l'anno 1921 rispetto all'attività degli altri partiti, ossia Psu, Ppi, movimenti sovversivi e anarchici. Cfr, Acs, Mi, Dgps, G1 (Fasci), 1921, bb. 90-113.

19. Cfr., Marcello Saija, *I prefetti italiani nella crisi dello stato liberale*, vol. 2, Milano, Giuffrè, 2005.

20. Acs, Mi, Dgps, 1921, Elezioni politiche, b. 86. Il telegramma venne spedito da Bertone a Corradini il 12 maggio 1921. Il sottosegretario specificava che, nonostante il categorico invito del presidente (Giolitti) al prefetto, i fascisti continuavano le violenze contro i candidati popolari, probabilmente incoraggiati da qualche candidato liberale di Brà e Alba.

Nel collegio di Giolitti – che, si noti bene, non aveva incluso i fascisti nella sua lista – le squadre fasciste minacciavano i popolari che erano suoi alleati al governo. Come avrebbe dovuto comportarsi il prefetto? Doveva difendere i popolari dalle aggressioni dei fascisti che in altri collegi facevano parte dei blocchi nazionali? Tali incoerenze si riproposero drammaticamente in molti collegi elettorali. E così, pur esaminando i vari aspetti delle elezioni, occorre ricordare il clima politico violento e di guerra civile nel paese in occasione delle politiche del maggio 1921.[21] Impressiona rileggere i tanti periodici e quotidiani che registravano l'elevato numero di scontri, assalti, imboscate, feriti e morti. Le relazioni dei prefetti inducono a ritenere che, specie in alcune aree del paese, l'ordine pubblico fosse ormai fuori controllo sin dai primi mesi del 1921, in concomitanza con il dilagare del fascismo specie nel Centro-Nord, come si evince dal caso emblematico di Ferrara. Occorrerà indagare scrupolosamente e senza censure il peso che tali violenze esercitarono sul corretto andamento delle consultazioni. Per tale ragione, il focus storiografico sulle differenti dinamiche dei territori – proposto dal gruppo di ricerca – potrebbe favorire una più approfondita comprensione degli eventi.[22]

21. Il tema della violenza politica è stato oggetto di una attenzione crescente negli ultimi anni. Senza voler entrare nel merito di una questione cruciale e al tempo stesso complessa, che rimanda anche all'utilizzazione di uno strumentario ermeneutico interdisciplinare, le scansioni elettorali, sia politiche che amministrative (anche quelle a ridosso del primo conflitto mondiale), potrebbero costituire dei casi di studio particolari per comprendere meglio come si sia imposta nella società la dimensione della violenza nello scorcio iniziale del Novecento. Oltre al volume di Enzo Traverso, *A ferro e fuoco. La guerra civile europea, 1914-1945*, Bologna, il Mulino, 2007, si vedano su questi aspetti alcune rassegne storiografiche: Francesco Soverina, *La violenza politica di massa. Guerre stermini, genocidi nella prima parte del novecento*, in «Resistoria», 6 (2009-2010), pp. 7-39; Luca Madrignani, *Tra psicosi rivoluzionaria e guerra civile. La regia guardia nella crisi dello stato liberale, 1919-1923,* in «Contemporanea», 2 (2012), pp. 205-233; Giulia Albanese, *Brutalizzazione e violenza alle origini del fascismo*, in «Studi storici», 1 (2014), pp. 3-14; Steven Forti, *Ripensare i "bienni rossi" del novecento? Linguaggio e parole della politica*, in «Diacronie. Studi di storia contemporanea», 20 (2014). Per un lavoro storico sul territorio si veda Andrea Baravelli, *Le forme nero. Nascita affermazione del fascismo in Emilia Romagna*, Milano, FrancoAngeli, 2022.

22. In particolare, sulle elezioni politiche del 1921, sui numerosi episodi di violenza e sulla gestione dell'ordine pubblico, si vedano: Acs, Mi, Dgps, Elezioni politiche b. 86 e b. 87; Archivio dell'Istituto Luigi Sturzo (Asils), Fondo Gabriele De Rosa, Carte Corradini, elezioni politiche 1921, b. 14, f. 12. Nelle Carte Corradini sono raccolte anche le numerose circolari di Giolitti emanate già a partire dalla fine di dicembre del 1920 (sul porto d'armi, sulla circolazione degli autocarri, ecc.).

Con regio decreto del 2 aprile 1920, n. 320, il governo pubblicava i nuovi collegi elettorali. Nella nuova sistemazione delle circoscrizioni elettorali, i collegi furono drasticamente ridotti da 54 a 34, con l'aggiunta di 6 collegi espressioni delle nuove province; si passava da una configurazione incentrata sulla dimensione provinciale a una impostata, tendenzialmente, su base regionale. Ad esempio, i tre collegi dell'Abruzzo previsti nel 1919 venivano accorpati in un unico collegio con capoluogo L'Aquila e i seggi assegnati restavano 18, mentre l'ex collegio di Milano diventava collegio di Milano-Pavia, con 28 deputati (20 di Milano e 8 di Pavia).[23]

L'elettorato era stato concesso ai cittadini delle nuove province con due provvedimenti alla fine del 1920. Per i nuovi territori venne emanato un altro decreto, il n. 330 del 21 marzo 1921, in cui si stabiliva il numero dei collegi, ossia 6; in tale decreto, si decise anche che il collegio di Zara (un solo deputato da eleggere) fosse un collegio uninominale.[24] Complessivamente il numero dei deputati da eleggere alla Camera saliva a 535, rispetto ai precedenti 508.

Occorre poi evidenziare il fatto che i partiti meglio attrezzati a usare in modo compatto e rigido il proprio simbolo in tutte le circoscrizioni furono i socialisti, i popolari, i repubblicani e i comunisti. I liberali si presentarono nei collegi con molteplici sigle: come liberal-democratici, demosociali e riformisti. Per ciò che concerne invece le liste che facevano riferimento ai blocchi nazionali, si può constatare che mostravano sfumature diverse in ogni collegio, assumendo le sembianze dei protagonisti politici che coordinavano le liste nei territori di riferimento. Potremmo definirli "blocchi a contrassegno adattabile", per cui nel contrassegno da presentare includevano, a seconda dei collegi, il fascio (Bologna), la bandiera monarchica, oppure l'aquila (per i nazionalisti), o in taluni casi, la stella a cinque punte e il fascio (come a Milano e Parma). Ad esempio, nel collegio Bari-Foggia (dove si presentava Salandra) il simbolo scelto fu una spiga di grano, un

23. Ciò si verificò anche per il collegio delle Marche, che nel 1919 ne avevano 2; stessa decisione per quello di Bari, che viene unito con Foggia; Bergamo con Brescia; Cagliari con Sassari; un unico collegio per Catania, Messina e Siracusa; stesso discorso per Girgenti, Caltanissetta e Trapani; e poi Catanzaro, Cosenza e Reggio Calabria; Mantova e Cremona; Pisa, Livorno con Lucca e Massa Carrara; Venezia con Treviso; Verona con Vicenza. Infine, l'ex collegio di Ferrara-Rovigo fu smembrato: Ferrara formò un unico collegio con Bologna e con l'aggiunta dell'ex collegio di Ravenna-Forlì.

24. Il primo decreto reale venne promulgato il 28 novembre 1655 e il secondo il 30 dicembre 1920 n. 1861. I collegi di Trieste e Bolzano ebbero 4 deputati; Gorizia 5 deputati; Istria 6 deputati e Trento 7 deputati.

ramo d'olivo e grappoli d'uva intrecciati tra loro. In Abruzzo, nel collegio di L'Aquila (dove era candidato il sottosegretario all'Interno, Corradini), si optò semplicemente per la bandiera nazionale. Insomma, i "blocchi a contrassegno adattabile" – utilizzati per favorire l'inserimento nelle liste di fascisti e nazionalisti – non potevano certo costituire una tappa intermedia per la formazione di un vero e proprio partito liberale su scala nazionale, considerando la profonda disomogeneità politica dei candidati e le loro diverse finalità ed ambizioni. Più che un partito, i blocchi rappresentarono, in fin dei conti, un cartello elettorale parziale e disomogeneo. Né i blocchi avrebbero potuto conseguire quell'enorme surplus, in termini di seggi parlamentari, che il maggioritario di lista aveva invece consentito di raggiungere alle amministrative d'autunno.

Analizziamo ora brevemente i risultati delle elezioni politiche del 1921.

Il numero dei votanti aumentò dell'1,8% se confrontato alle consultazioni precedenti, raggiungendo la percentuale complessiva del 58,4% (6.701.496) sugli aventi diritto al voto. Occorre annotare anche la bassa percentuale dei votanti in alcune aree del Sud; in determinate città, come Napoli, Bari e Palermo, l'astensione risultò molto significativa. Per ciò che concerne le regioni, le percentuali più alte di partecipazione al voto si registrarono in Lombardia (71%), Emilia, Toscana e Veneto, mentre le più basse in Sicilia (45,2%), Calabria e Abruzzo.

Il Partito socialista ufficiale ottenne il 24, 7% dei voti e 123 seggi (33 seggi persi rispetto al 1919, di cui 15 andarono ai comunisti); il Partito comunista raccolse il 4,6% e 15 seggi. Il Partito popolare si attestò al 20,4%, ottenendo ben 108 seggi. Nonostante parziali arretramenti verificatisi in alcuni collegi, la schiacciante vittoria in Trentino portò al Ppi ben 7 deputati.

Il blocco nazionale, che si era presentato in diversi collegi, anche sulla scia del successo amministrativo, ottenne il 19, 1% dei voti e 105 seggi; il Partito liberale il 7,1% e 43 seggi; il Partito liberal democratico il 10, 4% e 68 seggi; i demosociali con il 4,7% e 29 seggi. I fascisti contarono alla fine 35 deputati, quasi tutti eletti nelle liste dei blocchi (tranne De Stefani e Paolucci eletti a Verona e Napoli). Si può asserire che, nonostante la scissione e le violenze politiche della guerra civile ormai montante, il Partito socialista riuscì a mantenere posizioni di rilievo. Ad esempio, le *débâcle* elettorali in Piemonte ed Emilia Romagna (a Reggio Emilia i socialisti di Prampolini non si presentarono per protestare contro le violenze fasciste) furono parzialmente tamponate con la crescita percentuale del Psu nei collegi meridionali, favorita anche dai collegi più larghi.

Esaminando con maggiore attenzione i risultati nelle aree regionali, si può rilevare il notevole recupero –rispetto alle politiche del 1919 – dei liberali in Piemonte e nel collegio di Torino in particolare. Un parziale recupero avvenne in Lombardia, mentre i blocchi in Emilia (egemonizzati dai fascisti) e in Toscana conseguirono risultati notevoli rispetto alle politiche precedenti e alle amministrative d'autunno. Spiccava poi il peculiare successo dei demosociali nei collegi meridionali (Campania e Molise), e in Sicilia in particolare (33, 6% regionale e 42% nel collegio di Catania).

Anche il Ppi manteneva un forte radicamento in alcune aree del paese, specie nelle zone rurali e artigianali come la Brianza monzese. Nel collegio di Brescia – che riuniva Bergamo e Brescia (più marcato risultava il voto per i popolari nella provincia di Bergamo) – si notava una differenza del consenso tra città e provincia: assai più elevata era la forza dei cattolici in provincia, rispetto a Bergamo città e Brescia città. La medesima dinamica si può riscontrare nell'analisi del voto di una regione cattolica come il Veneto, in cui si manifestava una forte dicotomia tra la notevole forza elettorale del Ppi in provincia rispetto al pur consistente consenso ottenuto nelle città: ad esempio, nelle città di Verona e Vicenza si affermavano i socialisti come partito di maggioranza. Tra le città capoluogo di provincia e altre non capoluogo si segnalano in particolare Lucca, Macerata, Faenza e Fermo.

Impressionano i cambiamenti sopraggiunti nel giro di pochi mesi se guardiamo i risultati di alcune città come Ferrara, in cui il Psu passava dalla maggioranza assoluta in comune e provincia con il 66% (38 consiglieri su 40) al 31%, mentre il blocco a guida fascista saliva al 57%. A Bologna città, il blocco aveva triplicato i voti giungendo al 33%, mentre il Psu dal 66% passava al 49%.

Come si accennava poc'anzi, il Psu registrò una buona *performance* elettorale al Sud e in alcune grandi città: ad esempio, a Bari città giungeva al 51%, a Cagliari al 33%, a Napoli al 26%. Risultava peculiare invece – per ragioni legate alle lotte per le rivendicazioni della terra – la distribuzione del consenso ai socialisti a Foggia città, con il 20%, e il resto della provincia, con il 52%.[25]

25. Il Psu confermava la propria forza elettorale nelle grandi città come Milano e Bologna (49,5%), Padova (53,4%), Verona (50,1%), Modena (44%).

Il Pcd'I otteneva un notevole successo nei grandi agglomerati urbani come Torino, Milano e, al Sud, nella città di Taranto con il 36%. I repubblicani si affermavano nelle tradizionali aree di insediamento come la Romagna (Forlì, Cesena e Ravenna), Ancona e, tra le grandi città, si confermavano a Roma con il 10%.

Giovanni Schininà

Il biennio elettorale 1920-1921 nella dialettica tra centro e periferia

Nell'ambito della storia dei rapporti tra centro e periferia durante l'Italia liberale, il momento storico situato tra il voto amministrativo dell'autunno 1920 e il voto politico del maggio 1921 è un frangente estremamente significativo. Un giudizio su questa fase aiuta a comprendere sia l'esito finale del modello incarnato dall'esperienza governativa di Giovanni Giolitti sia la profondità della crisi che investe e porta alla dissoluzione l'intero Stato liberale.

L'analisi che segue si concentrerà su tre aspetti: le ipotesi di periodizzazione, i caratteri dell'intervento del ministero e degli apparati statali periferici (con uno sguardo particolare allo scioglimento dei consigli comunali e all'uso dei prefetti) e infine i risultati elettorali, anche attraverso il confronto tra il voto amministrativo e quello politico.

1. *I tempi della crisi*

In merito alla periodizzazione, si tratta di misurare il grado di sintonia temporale tra la storia delle relazioni tra centro e periferia e le fasi specifiche della politica nazionale in quanto espressione dei ministeri, del Parlamento, delle forze politiche organizzate o della "piazza". È in fondo lo stesso che chiedersi quanto incida sul corso degli eventi nazionali la dinamica concreta dei rapporti tra gli apparati statali e gli enti locali, che ha il suo perno nel Ministero dell'interno nelle due accezioni relative rispettivamente alla gestione dell'ordine pubblico e alla gestione dell'amministrazione civile. Si può sostenere che proprio in questa fase, forse più che in altri momenti, queste due gestioni videro sublimata, esaltata, la loro strettissima interconnessione, come dimostrarono le drammatiche campagne elettorali. Tra i modelli di riferimento per la periodizzazione, nell'ambito dell'ultimo ministero a guida Giolitti (estate 1920-estate 1921), mi limito a citarne due. Il primo individua un momento iniziale che è legato alla soluzione della questione di Fiume e dell'occupazione delle fabbriche ed è fondato sul recupero giolittiano del controllo politico della situazione e sulla speranza di coinvolgere il riformismo turatiano. In questo schema, un secondo momento, che parte dal congresso socialista di Livorno di inizio 1921 e arriva fino all'estate dello stesso anno, contempla il tramonto di quella speranza e l'ingresso elettorale del movimento fascista nei blocchi nazionali.

L'altro modello è quello che fa riferimento alle tre fasi individuate da Paolo Farneti, che alla perdita di autonomia della società politica nell'immediato dopoguerra fa seguire un periodo di "stasi" o vuoto di potere. In questa seconda fase, il potere decisionale sembrerebbe tornare nelle mani di piccoli gruppi e poche persone, ma in una situazione politicamente rarefatta e segnata dai veti incrociati e dallo squadrismo dilagante, che apre la strada alla terza fase, quella della conquista del potere da parte del fascismo.[1]

Nella lettura di Farneti il fallimento del tentativo giolittiano di restaurare le regole tradizionali del gioco parlamentare, nonostante i successi conseguiti con il trattato di Rapallo e la neutralizzazione dell'occupazione operaia delle fabbriche, rimanda al deterioramento della situazione economica e alla scelta di cooptare e così legittimare il fascismo nei blocchi nazionali senza riappropriarsi al contempo del monopolio della forza legittima. Noi aggiungeremmo quale ulteriore fattore, non meno importante, l'incapacità di ripristinare il modello d'anteguerra fondato sul leader che si costruisce la maggioranza parlamentare grazie anche all'uso elettorale dei prefetti. In questo caso non si tratta soltanto dello scolorire della destrezza di Giolitti (lo stesso vale per qualunque leader liberale in quel dopoguerra) nella gestione del grosso dei deputati e dei loro capigruppo all'interno della Camera. La questione va ricondotta infatti ai caratteri dell'intervento dello Stato nei confronti delle amministrazioni locali e della politica in periferia. Dopo aver affrontato questo tema torneremo, in conclusione, sulle ipotesi di periodizzazione.

1. Paolo Farneti, *La crisi della democrazia italiana e l'avvento del fascismo: 1919-1922*, in *La caduta dei regimi democratici*, a cura di Juan J. Linz, Paolo Farneti e Mario R. Lepsius, Bologna, il Mulino, 1981, pp. 205-248.

2. *Prefetti e scioglimenti*

Come già ipotizzato da più parti, e confermato da Marcello Saija nel suo studio *I prefetti italiani nella crisi dello stato liberale*,[2] tra il 1920 e il 1921 si verifica uno scollamento nella dialettica tra centro e periferia. Svanisce o si inceppa infatti il cosiddetto "circolo virtuoso" tra ministero e rappresentanti locali, fatto di scambi reciproci ma anche di interventi talora "modernizzanti" o efficientisti nel governo locale, seppure sempre in una logica contrattuale, parziale e settoriale. In verità, come abbiamo già cercato di dimostrare in precedenti nostri scritti, la crescente impotenza di Giolitti e dei suoi prefetti nel controllare e indirizzare politicamente la periferia era stata già visibile in occasione delle elezioni amministrative del 1914.[3] In questo caso l'associazionismo di massa aveva contribuito a un processo di autonomia crescente da parte dei nuovi notabilati locali, anche nel Mezzogiorno, e Giolitti ne aveva pagato le conseguenze, dovendo cedere la guida del governo a Salandra.

Nel 1919-1921, un ulteriore tassello, ossia il protagonismo dei partiti di massa, i socialisti a guida massimalista e i popolari, entrambi ostili alle logiche giolittiane, rese più complicata la gestione della lotta locale, senza che i tradizionali potentati locali della vasta, confusa e conflittuale area costituzionale abbandonassero le loro propensioni particolaristiche (sebbene nelle elezioni amministrative del 1920 si produssero, anche dal "basso", segnali di ricompattamento in funzione anti-socialista in numerosi comuni, specialmente del Centro-Nord).

Le intenzioni di ammodernamento e sistemazione finanziaria dei consigli comunali, laddove presenti, dovettero lasciare peraltro più spazio alla tematica dell'ordine pubblico che ingombrava in maniera crescente l'agenda dei prefetti, di fronte alle sfide sempre più stringenti delle agitazioni sociali di città e campagne, da sinistra, e delle azioni violente dello squadrismo, da destra.

Un'altra novità fondamentale rispetto all'anteguerra riguardava poi la neonata legge elettorale, in particolare lo scrutinio di lista, che impegnava i prefetti in un'inedita trattativa per la formazione delle liste di candidati.[4] Nel 1921, ad arrovellare i funzionari nella composizione di

2. Marcello Saija, *I prefetti italiani nella crisi dello stato liberale*, Milano, Giuffrè, 2001.

3. Giovanni Schininà, *Le città meridionali in età giolittiana. Istituzioni statali e governo locale*, Acireale-Roma, Bonanno, 2002.

4. Cfr. ad esempio Saija, *I prefetti italiani*, pp. 305 ss.

tali liste erano nel Centro-Nord le pressioni dei fascisti, nel Sud l'ostinata frammentazione del panorama notabilare, che rendeva impraticabile o assai difficoltosa la logica coalizionale dei blocchi nazionali. Tale frantumazione trovò inoltre un potente stimolo nel cosiddetto voto aggiunto. La possibilità per l'elettore di esprimere preferenze in diverse liste moltiplicava infatti le opportunità e le convenienze di accordi sottobanco tra i candidati, che scavalcavano spesso in tal modo gli stessi prefetti. L'accorpamento di diverse province in unico collegio elettorale (che si verificò ad esempio in centro Italia o in Sicilia) costrinse peraltro alcuni prefetti a operazioni congiunte, rendendo oltremodo intrigato il loro compito, sia per le differenti strategie e finalità coltivate dai vari funzionari che per le pretese spesso inconciliabili dei rappresentanti dei singoli territori. Difficoltà e dissidi tra prefetti emersero così non di rado nella compilazione delle liste, nella campagna elettorale, nell'atteggiamento verso le violenze e lo squadrismo fascista.[5]

Se consideriamo tutti insieme questi fattori e meccanismi, in fondo non appare così determinante il quesito se la gestione giolittiana si distinguesse o meno dal precedente governo Nitti, che era stato portatore di un progetto che alcuni hanno considerato innovatore e democratico, altri invece ambiguo e contraddittorio. È vero che Giolitti una volta tornato al potere cambiò i vertici della Direzione generale della pubblica sicurezza e i responsabili del Ministero dell'interno (Camillo Corradini divenne sottosegretario) nonché i principali prefetti filonittiani. Ma nel complesso sia la «manovra dei prefetti» (l'avvicendamento cioè dei funzionari a capo delle province), sia la collaborazione con i vertici della Direzione generale dell'amministrazione civile, sia probabilmente anche le linee di politica generale (compreso l'atteggiamento verso le vertenze del mondo del lavoro e le occupazioni delle terre e delle fabbriche) non furono poi così differenti da quelle nittiane.

Sul piano dell'intervento elettorale, mentre Nitti rinunciò a utilizzare nelle elezioni politiche del 1919 il vecchio modello di «costruzione delle elezioni», Giolitti ambì a ripristinare, nelle elezioni politiche del 1921, l'intru-

5. Si vedano, ad esempio, per la circoscrizione di Bologna-Ferrara-Ravenna-Forlì le differenze tra il prefetto di Bologna, Cesare Mori, e quello di Ferrara, Samuele Pugliese, apertamente filofascista già in fase di compilazione delle liste (quello di Verona resisterà invece alle pressioni dei fascisti che formeranno una lista autonoma). Cfr. in proposito Saija, *I prefetti italiani*, pp. 263 ss.

sione tipica dei suoi metodi precedenti, che forse, per la verità, non andrebbero troppo amplificati neppure per l'epoca prebellica, quanto meno nella loro capacità di successo e diffusione generalizzata. Alla fine, comunque, i risultati non furono soddisfacenti per nessuno dei due presidenti del Consiglio e non sembra che le indicazioni fornite da Giolitti ai prefetti siano state sufficienti alla protezione vincente dei soli candidati filogiolittiani. Ciò vale anche per il Mezzogiorno, dove pure il compito poteva apparire più semplice, essendo sia i fascisti che i socialisti massimalisti più deboli elettoralmente. Più in generale sembra dunque che entrambi i presidenti del Consiglio abbiano faticato a controllare e orientare gli indirizzi politici degli enti locali.

Per una verifica di tale assunto va considerato anche l'altro nodo cruciale dei rapporti tra centro e periferia in età liberale, vale a dire lo scioglimento dei consigli comunali. Le statistiche degli anni del dopoguerra segnalano un'indubbia impennata dei casi, ben 294 nel 1920, prodotto quasi naturale dell'invecchiamento dei consigli eletti nell'ormai lontano 1914 e soprattutto degli esiti delle elezioni politiche del novembre 1919, a cui seguì un'ondata di dimissioni di sindaci e consiglieri.[6] La gran parte degli scioglimenti varati nel corso del 1920, ossia 220, si verificò infatti nei primi quattro mesi dell'anno e coinvolse non pochi capoluoghi di regione, soprattutto del Centro-Nord, nei quali gli esiti del voto politico, favorevoli al Partito socialista, determinarono le dimissioni in massa dei consigli locali, come riconosciuto espressamente dalle relazioni che accompagnavano i relativi decreti.[7]

6. Come ricordato in una statistica delle elezioni generali amministrative del 1920 (Ministero dell'economia nazionale, Direzione generale della statistica, *Statistica delle elezioni generali politiche per la XXVI legislatura (15 maggio 1921)*, Roma, S.A.I. Industrie Grafiche, 1924, appendice, p. XLIX), poiché le discussioni sull'allargamento del nuovo sistema elettorale proporzionale applicato alle elezioni politiche del 1919 non sortirono effetti, per non ritardare ulteriormente la ricostituzione dei consigli comunali e provinciali si stabilì che le nuove elezioni avvenissero con il vecchio sistema maggioritario, nel periodo compreso tra il settembre e il novembre 1920.

7. Ciò sembra confermato dal fatto che, alla fine del 1920, le regioni che riportavano esplicitamente il più alto numero di motivazioni legate alle dimissioni in seguito ai risultati delle elezioni politiche, furono l'Emilia Romagna (13), la Lombardia (10), il Veneto-Friuli (9), il Piemonte (6), la Sicilia e la Toscana (5). I capoluoghi i cui consigli furono sciolti, tra il dicembre 1919 e il marzo 1920, furono Messina, Ferrara, Parma, Torino, Padova, Arezzo, Venezia, Livorno, Modena, Siracusa, Piacenza, Mantova, Como, Caserta, Chieti, Foggia, Belluno a cui si aggiunsero nell'estate Rovigo e Girgenti. La graduatoria annuale di scioglimenti per regioni vede in testa il Veneto e il Friuli (41), seguiti da Campania (32), Sicilia

In base a una dettagliata statistica coeva che considerava i consigli comunali sciolti o non funzionanti, retti sia da commissari straordinari che da commissari prefettizi, alla fine dell'agosto del 1920, ossia poco prima della tornata elettorale amministrativa, il fenomeno interessava il 21% dei comuni italiani e ben il 40% della popolazione (ciò attestava il fatto che erano coinvolte le grandi città).[8]

L'incidenza di comuni privi di una normale rappresentanza amministrativa non era omogenea sul territorio. Scomponendo i dati per grandi aree otteniamo che i commissariamenti in percentuale, sul totale dei comuni delle rispettive aree, erano assai più elevati nel Sud, nelle Isole (Puglia e Sicilia in testa) e nel centro Italia, a differenza del Nord con l'eccezione del Veneto e dell'Emilia-Romagna. Ciò potrebbe indicare specialmente per il centro Italia (Toscana, Umbria) e alcune regioni meridionali (come Sicilia e Puglia) la presenza di una motivazione politica, connessa alle aree di forte agitazione sociale e presenza socialista. Nel Mezzogiorno, complessivamente, stando almeno al contenuto delle relazioni prefettizie allegate ai decreti di scioglimento, continuavano in ogni caso a prevalere le cause legate alla cattiva gestione e al malfunzionamento delle amministrazioni municipali.

La connotazione politica appare affermarsi con maggiore evidenza successivamente: la crescita degli scioglimenti dei consigli, in particolare nel 1921 (356 casi), era legata all'escalation del conflitto politico nella dimensione locale e alla scelta sempre più decisa da parte del fascismo di attaccare gli avversari socialisti e democratici partendo proprio dalle amministrazioni locali. L'aumento di casi in quell'anno era dovuto soprattutto allo scioglimento di comuni sotto la pressione dello squadrismo e, per la prima volta nel Novecento, coinvolgeva in maniera sovradimensionata,

(29), Emilia-Romagna (28), Lombardia (26), Calabria e Toscana (23). Le province con più scioglimenti furono, al Centro-Nord, Rovigo, Cremona, Verona, Arezzo e poi, a seguire, Roma, Novara, Mantova, Forlì e Parma, al Sud-Isole furono Potenza, Messina, Cosenza, Campobasso, Avellino, Bari, Caserta, l'Aquila. I dati riportati sono frutto dello spoglio delle Gazzette ufficiali del regno d'Italia del 1920.

8. Cfr. Tabella 1. Nello specifico 757 comuni (con 9.030.245 abitanti, ossia il 25% della popolazione totale) risultavano retti da regi commissari straordinari, dunque attraverso una procedura più articolata. 1008 comuni (5.414.434 abitanti, ossia il 15%) erano retti da commissari prefettizi. Quest'ultima modalità era più diffusa in Lombardia e Veneto. Va ricordato che generalmente dopo alcuni mesi di commissariamento prefettizio, i prefetti proponevano la conversione dei funzionari già nominati in commissari regi straordinari tramite la procedura ufficiale di scioglimento.

rispetto al numero totale dei comuni, l'area di Centro-Nord e le province appunto investite dalla violenza fascista.[9] Ciò ci suggerisce che anche lo Stato liberale avallava, in molti casi, l'abbattimento delle amministrazioni socialiste.[10] È pur vero che, anche nella questione specifica degli scioglimenti dei consigli comunali, quanto meno nella sua registrazione ufficiale, apparivano già evidenti nel corso del 1921, nel passaggio dal governo Giolitti a quello Bonomi, i segnali di sfaldamento o difficoltà di gestione da parte della macchina ministeriale, piuttosto che una strategia preordinata dall'alto. L'assalto violento ai comuni e ai consiglieri socialisti e comunisti con la conseguente paralisi municipale era un fenomeno nuovo che si imponeva nei fatti, scavalcando la tradizionale autorità prefettizia e preannunciando la crisi dello Stato liberale sul versante centro-periferia.

Non mancavano casi di una certa imparzialità da parte di funzionari statali nei confronti di amministrazioni socialiste. Si veda ad esempio la vicenda di Cremona, dove l'ispettore ragioniere Aloj, chiamato a svolgere un'inchiesta, riferiva al ministero sulla strumentalità della richiesta di scioglimento da parte delle opposizioni (in testa i fascisti) e prendeva, in un certo senso, le difese della giunta vicina al deputato socialista riformista Garibotti. Quest'ultima, insediatasi nel giugno 1921, sempre con una maggioranza socialista ma in sostituzione della precedente giunta guidata dai massimalisti, aveva, a detta dell'ispettore, mutato rotta rispetto alle partigianerie della giunta "comunista". La nuova giunta aveva impostato una linea temperata e conciliante di risanamento finanziario, che l'ispettore si augurava potesse perseverare.[11] Lo stesso prefetto di Cremona, dopo aver

9. Cfr. *Annuario statistico italiano 1919-21*, Roma 1925, p. 172. A capeggiare la lista regionale dei consigli comunali sciolti sono l'Emilia Romagna (86) e il Veneto (82), seguiti da Lombardia (50), Toscana (32), Umbria (22), Puglia (21) e Sicilia (20). Netta è la prevalenza del Centro-Nord anche tra i consigli provinciali disciolti (nel 1920 tale sorte toccò a quelli di Ravenna, Parma e Rovigo; nel 1921 a quelli di Modena, Ferrara, Bologna, Rovigo, Arezzo, Perugia, Trapani e Mantova).

10. Secondo Marcello Flores e Giovanni Gozzini, *Perché il fascismo è nato in Italia*, Bari-Roma, Laterza, 2022, pp. 72, 73, 79, 133, 135, l'autunno del 1920, e in particolare i fatti di Palazzo d'Accursio a Bologna, segnarono il passaggio di testimone nella violenza anti-socialista tra forze dell'ordine e squadrismo, in assenza di chiare direttive centrali di contrasto al fascismo.

11. Archivio Centrale dello Stato, Ministero dell'Interno, Direzione Generale dell'Amministrazione Civile (d'ora in avanti Acs, Mi, Dgac), b. 1428, Relazione andamento amministrazione comunale di Cremona, 21 ottobre 1921. L'ispettore, peraltro, di fronte alla politica tributaria affermava che «nessuna amministrazione di qualunque colore avrebbe potuto

constatato che la massa degli oppositori all'amministrazione socialista si divideva tra i sostenitori di azioni radicali (manifestazioni, serrate, assalti) e chi aspettava gli esiti dell'inchiesta affidandosi alle scelte governative, assicurava il ministero di incoraggiare «gli atteggiamenti di chi preferisce l'attesa».[12]

Probabilmente era più rappresentativo della tolleranza nei confronti dello squadrismo il caso di Grosseto, il cui prefetto ribatteva alle accuse di ostacolare le amministrazioni socialiste, dimessesi in gran parte a seguito delle violenze fasciste del giugno e luglio 1921, affermando di aver sostituito i commissari prefettizi con funzionari più capaci e imparziali e di aver cercato invano di convincere i socialisti a tornare in consiglio comunale, seguendo le istruzioni ministeriali.[13] Per il prefetto le responsabilità ricadevano sui socialisti che usavano le dimissioni come «arma politica per aggravare la situazione, fare opera disgregatrice e impressionare l'opinione pubblica contro il movimento fascista».[14] In dicembre, il funzionario propose lo scioglimento del Consiglio comunale di Grosseto e la conversione in regio commissario straordinario del commissario prefettizio nominato il 1° luglio 1921.

Dopo l'avvento del governo Mussolini il ruolo politico degli scioglimenti si accrebbe. Il picco nazionale di scioglimenti dei consigli comunali registrato nel 1923 (561 casi) fu infatti riconducibile all'attenzione particolare del fascismo al potere. Stavolta, ormai abbattute con la forza le amministrazioni socialiste del Centro-Nord, ritornava la tendenza tradizionale che vedeva il Sud e le Isole maggiormente protagoniste in percentuale. Come ha osservato Luigi Ponziani,[15] la nuova impennata del numero degli scioglimenti corrispondeva a una fase in cui il fascismo si rivolgeva

evitare l'inasprimento fiscale». Aloj lasciava in conclusione al ministero la valutazione sulla scelta o meno di intervenire, allo scopo di disperdere il sussistente «pericolo comunista». Si veda anche il telegramma di Farinacci al ministero con cui si sollecitava il richiamo dell'ispettore Aloj.

12. Ivi, telegramma del prefetto di Cremona, 18 luglio 1921 e rapporto del 12 giugno 1921. Il prefetto rilevava inoltre che l'inchiesta avrebbe svelato che il dissesto finanziario era imputabile a tutte le amministrazioni precedenti e allo stesso commissario prefettizio, in carica tra il marzo e l'ottobre 1920. Garantiva infine la vigilanza del municipio, dell'abitazione di Garibotti, delle cooperative "rosse".

13. Acs, Mi, Dgac, b. 1435, rapporti del 26 agosto e 17 settembre 1921.

14. Ivi, relazione prefettizia del 27 agosto.

15. Luigi Ponziani, *Il fascismo dei prefetti. Amministrazione e politica nell'Italia meridionale 1922-1926*, Roma, Donzelli, 1995, pp. 22-25.

principalmente alla conquista delle amministrazioni meridionali (con un processo che avrebbe comunque scontato la capacità di resistenza e camuffamento dei ceti dirigenti liberali in sede locale).

3. *La competizione elettorale del 1920*

La frattura Nord-Sud ci introduce all'ultima parte della nostra riflessione, relativa più in particolare alle elezioni del 1920 e del 1921, al loro svolgimento, agli esiti e alle peculiarità territoriali. Si può parlare in effetti di un unico ciclo elettorale di 8-9 mesi, uno snodo cruciale con caratteristiche proprie all'interno della periodizzazione della crisi dello Stato liberale.

Nel 1920 era già presente un elevato livello di violenza ed era questo il segnale, come osserva Ponziani, che il protagonismo di socialisti e fascisti creasse una «fibrillazione inedita» nei comuni, dove si cominciava a giocare la sopravvivenza non solo del sistema delle autonomie locali ma della stessa democrazia italiana.[16] Dalla disamina della documentazione inerente si ha comunque l'impressione che nel corso delle elezioni amministrative del 1920 i prefetti, pur schierati apertamente a favore delle coalizioni costituzionali, non appoggiassero sistematicamente e omogeneamente le violenze anti-socialiste e che spesso si limitassero a registrare l'esacerbarsi di una conflittualità (evidente in regioni come Toscana e Puglia) che contemplava violenti scontri tra fascisti e socialisti massimalisti, ma anche colluttazioni tra socialisti e popolari o perfino tra costituzionali e popolari.[17] Il prefetto di Novara, Giulio Rossi, ad esempio, parve seguire una linea di mediazione tra le parti ostili, assai infervorate, preferendo la prevenzione alla repressione, cercando di dissuadere da eccessi i socialisti ma anche i costituzionali e i fascisti, intervenendo per impedire il contatto tra le forze contrapposte in campagna elettorale e durante il comizio di festeggiamento per la vittoria dei socialisti.[18]

16. Ivi, p. 38.

17. Archivio Centrale dello Stato, Ministero dell'Interno, Direzione Generale della Pubblica Sicurezza (d'ora in avanti Acs, Mi, Dgps), 1920, bb. 102, 103. Non mancavano del resto frequenti proteste e interrogazioni parlamentari di socialisti contro la partigianeria di prefetti o funzionari di Pubblica sicurezza (ad esempio nelle province di Ascoli, Bari, Milano, Pesaro, Novara, Foggia, Siracusa) ma anche rimostranze di popolari e costituzionali contro le violenze di socialisti.

18. Ivi, b. 103, telegrammi del prefetto di Novara del 14, 25 ottobre, 3 novembre e resoconti del 2 e 10 novembre 1920.

L'opzione dei funzionari a sostegno delle liste "costituzionali" fu chiara e netta e non doveva comprendere ancora un appoggio diretto ai fascisti, che preferirono non presentarsi con proprie liste elettorali ma parteciparono comunque alla campagna con azioni violente contro i socialisti.

Quasi la metà dei prefetti già nel maggio del 1920 aveva motivato il suo parere favorevole ad un rinvio delle elezioni amministrative con la necessità di aggregare il «blocco dei partiti d'ordine». Tra questi funzionari si trovavano soprattutto quelli delle grandi città (Milano, Bologna, Napoli, Firenze, Genova, Venezia), fattore che probabilmente incise sulla scelta di rinvio.[19] Espliciti in tal senso erano i commenti di alcuni prefetti, che riportiamo di seguito con la data del telegramma inviato al ministero: Milano, 23/5/1920: «in questa provincia le elezioni fatte ora sono ad esclusivo vantaggio del partito socialista [...] unendo le due elezioni sarà più facile avere aggruppamenti tra liberali e popolari se non sul programma almeno sui nomi in modo da far fronte alla minacciata invadenza del partito socialista»; Perugia, 24/5/1920: «opinione prevalente nei circoli partiti ordine è che, di fronte promettente risveglio forze costituzionali, specie in alcuni centri, sarebbe opportunissimo rinvio elezioni comunali, non oltre però agosto settembre prossimo»; Piacenza, 23/5/1920: il prefetto, sebbene contrario al rinvio a causa delle lunghe gestioni straordinarie, lo trovava opportuno per evitare il voto «in momenti di aspra agitazione» dei lavoratori della terra e nella previsione che, forse, dopo un nuovo governo, il partito popolare avrebbe potuto rinunciare «alla tattica intransigente» finora seguita, «il rinvio potrebbe favorire combinazioni e accordi che imminenza elezioni rende non agevoli»; Pesaro, 24/5/1920: «nei riguardi politici ritengo che proroga potrebbe essere utile diminuendo probabilità finora molto grande che maggior parte comuni cada in potere socialisti rivoluzionari mentre la contemporaneità del voto comunale e provinciale "sarebbe utile" nello spronare più svogliati elettori costituzionali»; Teramo, 24/5/1920: rinvio elezioni «gioverebbe al raggiungimento di quelle intese democratiche [...] riterrei più opportuno rinvio elezioni dopo mietitura e prima della vendemmia»; Chieti,

19. Ivi, b. 102, telegramma di Nitti ai prefetti del 22 maggio1920, in cui, in merito alle due ipotesi di elezioni (nei termini stabiliti o con rinvio), si chiedeva ai funzionari notizie sulle impressioni e le tendenze locali e il loro parere; prospetto pareri dei prefetti sulla proroga delle elezioni amministrative.

27/5/1920: il prefetto esprimeva la necessità del rinvio elezioni per non avvantaggiare i partiti estremi; Pisa, 23/5/1920: «le classi proletarie e specialmente contadine [...] continuano essere malcontente ed eccitate, dalla non ancora completa organizzazione forze partito cattolico, dal disorientamento, frazionamento e apatia classi padronali deriva ambiente ancora caotico, troppo acceso [...] ritengo che sia preferibile rinvio tutte elezioni amministrative autunno dopo la vendemmia».[20]

I risultati autunnali del voto alle comunali (ciò vale meno per le provinciali) sembrarono confermare che la strategia di unione delle forze costituzionali espressa dal basso, specialmente nelle grandi città, potesse frenare l'avanzata dei partiti di massa e ciò ebbe non poca influenza sulla decisione di Giolitti di far sciogliere anticipatamente la Camera e di sostenere la costruzione di blocchi nazionali, aperti all'inserimento di candidature fasciste nelle liste del 1921.[21]

Nelle città più popolose il ricompattamento delle forze costituzionali, e in alcuni casi anche cattoliche (il Ppi non presentò liste autonome a Torino, Venezia, Milano), si giovò del calo di voti socialisti al Centro-Nord e permise la vittoria a Torino, Venezia, Firenze, Genova, Roma. Ma anche nei tre grandi comuni conquistati dai socialisti (Milano, Bologna e Livorno) si segnalò un certo recupero dei partiti liberali e anti-socialisti.[22]

In realtà il risultato fu più equilibrato negli altri capoluoghi e contemplò una maggioranza di forze costituzionali (compresi i repubblicani

20. Ivi, b. 103. Per il rinvio con motivazioni legate all'esigenza di superare le agitazioni agrarie o per preparare meglio le elezioni e far coincidere comunali e provinciali si espressero i prefetti di Bologna, Venezia, Verona, Macerata, Mantova, Reggio Emilia, Rovigo, Bergamo, Pavia, Udine. Contrari ad un rinvio (per il rischio di disordini, per il numero elevato di commissariamenti, per le condizioni disastrose dei comuni, ma anche per opportunità politiche) furono invece i prefetti di Forlì, Massa, Ravenna, Reggio Calabria, Foggia.

21. Ad esempio a Firenze (ivi, b. 102, rapporto dell'11 novembre 1920) il prefetto Olivieri riferiva sulla partecipazione al blocco d'ordine di Fasci di combattimento e nazionalisti. A Milano dove i socialisti vinsero di misura sul blocco costituzionale (50,7 a 49,3%) il prefetto Lusignoli già il 29 agosto aveva informato sulle divisioni nel mondo cattolico, consigliando al sottosegretario all'Interno di sentire l'esponente popolare Meda. Osservò inoltre che sebbene i fascisti avevano optato per l'astensione su pressione degli arditi, molti elettori fascisti avrebbero comunque votato per il blocco (ivi, tel. del 19 ottobre 1920).

22. Le liste del Psi registrarono rispetto al voto politico di un anno prima un calo di 13 punti percentuali a Torino, di 7 punti a Venezia, di 5 a Bologna e Firenze, di 4 a Livorno, di 3 a Milano, di 1 a Roma. Crebbero invece a Genova (+6%) e nelle città meridionali (Napoli +5%, Palermo e Messina +4%, Bari +2%) senza però mettere in discussione il vantaggio dei partiti costituzionali.

e i socialriformisti) in poco più di una trentina di comuni e un successo dei socialisti in una ventina di città.[23] Questi ultimi, rispetto al voto del 1919, registrarono trends contrastanti anche nell'ambito delle stesse regioni, con l'eccezione del Piemonte dove il regresso fu generalizzato. E così, in Toscana, al forte avanzamento a Grosseto (+25%) e, in misura minore, a Siena e Lucca (dove però l'unione tra liberali e popolari era riuscita a ottenere la maggioranza) fece da contraltare il calo di Massa, Pisa e Arezzo. Analogamente, in Emilia Romagna, alla notevole crescita socialista di Reggio Emilia, e a quella di lieve misura a Parma (dove l'accorpamento delle forze di centro e destra aveva vinto agevolmente), si contrappose il vistoso calo a Modena e Ravenna e la stasi a Ferrara e Piacenza; mentre in Lombardia e Veneto spiccarono le avanzate socialiste di Cremona, Pavia, Sondrio, Rovigo, Treviso, Vicenza.[24] Non fu casuale che molte delle province o città segnate da progressi nel voto socialista furono oggetto della violenza squadrista, in modo particolare nel 1921.[25]

23. Il Ppi prevalse in termini di voti a Lucca e Treviso. Le forze costituzionali di vario colore alla fine avanzarono in metà dei comuni capoluoghi. L'unione di tutte le forze moderate o conservatrici, grazie alla mancata presentazione di una lista popolare, conquistò parecchi comuni come Brescia, Padova, Sondrio, Parma, Porto Maurizio, Siena ma ciò non significava che la somma percentuale fosse superiore al dato congiunto del 1919 (ciò si verificò ad esempio a Torino, Padova, Venezia, Milano, Firenze, Ancona ma non a Grosseto, Cremona, Siena). La sostanziale parità complessiva del Ppi nel confronto con il 1919 deve tenere poi conto sia della peculiarità citata che dei trends altalenanti, con picchi di crescita tra il 5 e il 10 % in città venete e friulane (Verona, Vicenza, Treviso, Udine, Belluno), del centro Italia (Teramo, Chieti, Massa, Pisa, Reggio Emilia, Ascoli Piceno) e di quasi tutto il Sud (Lecce in testa), e sconfitte nette (Benevento, Macerata, Firenze, Pesaro, Como, Forlì, Roma).

24. Quasi ovunque nei capoluoghi meridionali e insulari i socialisti aumentarono i loro suffragi rispetto al 1919 con picchi significativi a Foggia, Salerno, Teramo, Caltanissetta, Trapani, Agrigento, Sassari.

25. Come ricordano Flores e Gozzini, *Perché il fascismo è nato in Italia*, p. 76, ricerche statistiche comparate su base provinciale e comunale hanno individuato una correlazione geografica tra la crescita della violenza e dell'organizzazione fascista e i consensi elettorali al Psi nelle elezioni amministrative del 1920 (Dahilia S. Elazar e Alisa C. Lewin, *The Effects of Political Violence: A Structural Equation Model of the Rise of Italian Fascism (1919-1922)*, in «Social Science Research», 28, 2 (1999), pp. 184-202) e nelle politiche del 1919 (Daron Acemoglu *et al.*, *War, Socialism and the Rise of Fascism: An Empirical Investigation*, in «The Quarterly Journal of Economics», 137 (2022), pp. 1233-1296). La campagna elettorale dell'aprile-maggio 1921 (mesi in cui si toccò il picco dei morti per violenza politica, ossia 217, di cui 144 militanti di sinistra uccisi dai fascisti, ben 110 nel solo mese di maggio, Flores e Gozzini, *Perché il fascismo è nato in Italia*, pp. 73, 84, 167) fu poi uno spartiacque per la crescita organizzativa e la mobilitazione dei Fasci di combattimento.

Se si considera che a guida socialista risultarono, a livello nazionale, circa 2000 comuni (cioè uno su quattro), ben un terzo dei consiglieri provinciali e più della metà dei comuni in Emilia Romagna e Toscana (rispettivamente il 65 e il 52%), e che i popolari mantenevano circa il 20% dei consensi, la scelta di sciogliere anticipatamente la Camera, sulla base soltanto dei risultati delle amministrative dell'autunno 1920, potrebbe oggi apparire azzardata.[26] Probabilmente sulla scelta del capo di governo incise anche la consapevolezza di un probabile blocco nei lavori parlamentari e la speranza di un indebolimento della sinistra rivoluzionaria dopo la scissione di Livorno.[27] Recentemente è stato osservato in proposito che la decisione giolittiana di costituire i blocchi nazionali corrispondeva a una strategia centrista per garantire la continuità di una maggioranza moderata in Parlamento e che in realtà le nuove coalizioni elettorali furono piuttosto «una concentrazione di reticoli clientelari e trasformisti ormai palesemente inadeguati sia a garantire i rapporti di forza tradizionali in tempi di sistema elettorale proporzionale e suffragio universale maschile, sia a [...] garantire la mera trasmissione di contenuti e direttive dal centro alla periferia».[28]

La volontà giolittiana di approfittare dei segnali di rilancio unitario delle forze costituzionali in periferia si trasmise naturalmente ai funzionari dello Stato responsabili nelle varie province.

26. Aveva una maggioranza socialista quasi un terzo dei comuni di Lombardia e Umbria e circa un quarto dei comuni di Piemonte, Veneto, Lazio e Marche. Nel Sud spiccava il dato pugliese (17%). Il Ppi controllava ben il 43% dei comuni veneti e il 31% di quelli lombardi, con percentuali più basse nel Sud (dove il miglior risultato era raggiunto in Sicilia, il 13%). I repubblicani confermarono la loro concentrazione nelle regioni centrali (Emilia-Romagna, Marche, Toscana, Lazio, Umbria). I dati provinciali che più colpiscono riguardano il numero di comuni socialisti: la totalità a Rovigo, non a caso oggetto successivamente di un gran numero di scioglimenti, compreso il Consiglio provinciale; quasi il 90% nel bolognese e nel mantovano; più dell'80% nelle province di Reggio Emilia e Siena, seguite da Grosseto, Forlì e Ferrara (circa il 70%) e poi Ravenna, Pavia, Firenze, Pisa, Modena, Milano e Pesaro (circa il 60%). Nel Sud spiccano i dati di Foggia (metà dei comuni a guida socialista) e Siracusa (40%). Per il Ppi cifre simili sono riscontrabili nelle province di Treviso, Bergamo e Vicenza (con il 60-70% di comuni conquistati). Cfr. in merito Ugo Giusti, *Le correnti politiche italiane attraverso due riforme elettorali dal 1909 al 1921*, Firenze, Alfani e Venturi, 1922, p. 32 e Ministero dell'economia nazionale, *Statistica delle elezioni generali politiche per la XXVI legislatura*, appendice pp. LVI-LIX.

27. Cfr. in merito Marco Sagrestani, *Le elezioni politiche del maggio 1921 nei collegi toscani*, in *Il biennio nero in Toscana. Crisi e dissoluzione del ceto politico liberale*, a cura di Sandro Rogari, Firenze, Edizione dell'Assemblea, 2022, pp. 75-76.

28. Flores e Gozzini, *Perché il fascismo è nato in Italia*, p. 167.

4. *Il voto del 1921*

La lettura dei documenti d'archivio ci conferma che nelle elezioni del maggio 1921 vi furono anche prefetti che, critici o dubbiosi in merito all'inclusione di esponenti fascisti in prima fila nelle liste, cercarono di interpretare alla lettera le indicazioni del ministero rivolte a garantire il corretto svolgimento delle elezioni e la repressione delle violenze da qualunque parte provenissero, comprese quelle fasciste.[29] Le istruzioni impartite da Giolitti, miranti a garantire assoluta vigilanza, fermezza e imparzialità (si vedano quelle del 19 e 22 aprile 1921), intimarono ai prefetti di Emilia-Romagna e Toscana di indicare immediatamente i nomi degli ufficiali conniventi da trasferire (a seguito delle gravi violenze fasciste e dato che «purtroppo la forza pubblica manca al suo dovere»). La maggior parte dei funzionari rispose assicurando il proprio impegno e motivando le *defaillances* con l'insufficienza delle forze disponibili o con l'impossibilità di controllare tutto il territorio di fronte alla tattica specifica dei camion usata dagli squadristi (che partivano «da punti remoti della campagna»).[30] Qualche prefetto (Modena, Bologna, Bari, Siena) indicò i nomi dei funzionari da rimuovere, affermando di avere diffidato i vertici fascisti locali (Bari, Pisa) o deferito alcuni responsabili (Siena) e riconoscendo le connivenze delle autorità (Mori ad esempio scrisse: «in effetti anche qui forza pubblica non corrisponde sempre a precise direttive su violenze fasciste»).[31]

Alcuni dichiararono la propria impotenza o addossarono la colpa all'atteggiamento offensivo dei socialisti. Il prefetto di Rovigo, Frigerio, che pur perorava la sospensione dell'allontanamento di un tenente dei carabinieri (il

29. Si tratta dei prefetti di Pisa (il filonittiano De Martino), di Bologna (Mori, difensore dell'autorità e credibilità dello Stato di fronte all'illegalità delle azioni fasciste), di Torino (Taddei). Cfr. Acs, Mi, Dgps, 1921, bb. 85, 86, 87; Saija, *I prefetti italiani*, pp. 298 ss.; per le diversità di approccio tra il prefetto di Firenze e quello di Pisa cfr. Sandro Rogari, *Nascita e sviluppo del fascismo toscano in chiave comparata*, in *Il biennio nero in Toscana*, pp. 20-21.

30. Acs, Mi, Dgps, 1921, b. 87, telegramma del prefetto di Verona del 25 aprile 1921. Il prefetto di Alessandria (ivi, b. 85, telegramma del 27 aprile) che assicurava di «cercare energicamente di frenare in tutti i modi l'azione violenta dei fascisti contro i comunisti», chiese ulteriori rinforzi di carabinieri, motivando la richiesta anche con il fatto che nei grandi centri della provincia non si poteva fare affidamento sulle guardie municipali perché affiliate alle amministrazioni socialiste.

31. Per i telegrammi, compresi tra il 20 e il 24 aprile 1921 cfr. ivi, b. 85 e, per quello del prefetto di Siena, b. 87.

23 aprile scrisse «è bene che situazione non sia turbata da manifestazioni fasciste ma occorre sospendere provvedimento»), ammise: «ho la sensazione che la mia azione non sia adeguatamente interpretata dall'Arma [...] I fascisti trovano anziché tutori della legge loro simpatizzanti tutti gli ufficiali dell'Arma». Frigerio chiamò in causa il questore Rebecchi che, a suo dire, esplicava un'opera incerta, non equilibrata, non all'altezza della situazione e, in maggio, gli aveva ordinato di assicurare «ad ogni costo a tutti i partiti indistintamente libertà di propaganda e voto» e che fosse «prevenuta e repressa qualunque violenza, intimidazione».[32] L'ispettore generale di sicurezza Gaudino, descrivendo l'aggravarsi della situazione a Rovigo, dove i fascisti erano «sussidiati» da agrari e commercianti ed imbaldanziti dagli squadristi di Bologna e Ferrara allo scopo di provocare le dimissioni delle amministrazioni socialiste, affermò che «lo stato delle cose» (sequestri di persona, incendi, distruzione di leghe) non poteva essere fronteggiato con la forza di cui si disponeva: l'invio di rinforzi era necessario se si voleva «frenare, moderare il movimento fascista e se si vuole dare la sensazione che il governo si interessi a ricondurre la calma».[33]

Con maggiore chiarezza i prefetti di Siena e Modena, dopo aver elencato una serie di violenze di fascisti e comunisti, riconoscevano e motivavano le simpatie dei carabinieri per i fascisti. Il primo dei due, dopo aver affermato «ho l'impressione che in qualche circostanza armi e munizioni sono state fornite ai fascisti da militari», concludeva infatti: «è conseguenza dell'essere stati esposti agli insulti e al ludibrio pubblico dei sovversivi». Il secondo prefetto ammetteva di aver reclamato le disposizioni invano, perché i «carabinieri, a lungo vilipesi dai socialisti non sanno reprimere i loro sentimenti di solidarietà per i fascisti».[34]

A tutela degli enti locali eletti il prefetto di Pisa, De Martino, che dichiarava di aver fatto diffidare il direttorio fascista locale, commentò così la sua richiesta di rinforzi: «occorre dare in tutta la provincia sensazione che vi siano presidi efficienti per tutelare almeno le amministrazioni comunali contro ogni ulteriore violenza».[35] Il prefetto di Massa affermò che la situazione era assai diversa da quella delle elezioni del 1919, anche per

32. Ivi, b. 85, telegrammi dell'11 maggio 1921.

33. Ivi, telegrammi del prefetto di Rovigo del 21 e 23 aprile 1921, dell'ispettore Gaudino del 3 maggio 1921.

34. Ivi, telegrammi del 20 aprile 1921.

35. Ivi, telegrammi del 27 aprile 1921.

un mutato atteggiamento dei partiti: da un lato vi era un «salutare risveglio» delle forze liberali, di cui «bisognava tutelare lo sviluppo e l'azione», dall'altro erano presenti per la prima volta con liste proprie i comunisti (con concorso «palese o occulto» dei numerosi anarchici di Carrara e della Camera del lavoro che non avrebbero esitato a reagire alla provocazione di una intromissione dei fascisti provenienti da altre province). Egli osservò del resto: «né d'altro canto (è giustizia riconoscerlo) i partiti sovversivi hanno finora, in questi ultimi tempi, giustificato con violenze o soprusi quella reazione riscontrabile in altre province».[36]

Il prefetto di Piacenza, in una lettera a un senatore locale, tentò poi di sintetizzare il dilemma dei prefetti: «l'urgenza poi dell'invocato invio delle guardie regie è resa anche più manifesta [...] dalla necessità in cui si trova la Prefettura di usare verso i fascisti locali, che sono parte essenziale ed attiva del blocco elettorale nazionale, certi riguardi, per cui devesi in ogni caso preferire l'azione preventiva a quella repressiva».[37] Tra l'altro, in maggio lo squadrismo si diffuse anche al Sud e i funzionari di alcune province meridionali segnalarono un'escalation delle violenze fasciste (a Crotone, nel casertano e in particolare nella Sicilia sudorientale, con una sequenza di eccidi e violenze che contraddistinsero il fascismo agrario del circondario ragusano nella primavera ed estate del 1921, in seguito al successo di socialisti e socialriformisti ottenuto alle elezioni amministrative del 1920 nella provincia siracusana).

Sembra dunque che la maggior parte dei prefetti non riuscisse a separare l'obiettivo della conquista di una maggioranza per i blocchi nazionali dalla tolleranza, se non connivenza, verso l'azione violenta dello squadrismo durante la campagna elettorale.[38] Su ciò né Giolitti né il sottosegretario all'Interno Camillo Corradini riuscirono a intervenire efficacemente, nonostante le numerose circolari inviate nella seconda metà del mese di aprile ai funzionari periferici.[39] Prevaleva ormai presso la maggior parte

36. Ivi, telegrammi del 25 aprile 1921.

37. Ivi, lettera del prefetto Bertone, 6 aprile 1921.

38. Saija lo documenta per i prefetti di Milano, Pavia, Firenze, Rovigo, Ravenna, Napoli.

39. Flores e Gozzini insistono sullo "sfarinamento" della catena di comando tra il centro dello Stato e le amministrazioni periferiche (Flores e Gozzini, *Perché il fascismo è nato in Italia*, pp. 80 e 167 ss.) e ritengono che l'avvento del fascismo «è anche la storia di un movimento che dalla periferia avvolge un centro che ha perso almeno parte delle proprie capacità di controllo e comando», ivi, p. 113. Secondo i due storici, per la maggior parte dei prefetti dell'Italia centro-settentrionale «l'inserimento dei fascisti nel Blocco Nazionale equivale a un segnale di via libera alle violenze squadriste» e l'inerzia o la connivenza

dei prefetti e, soprattutto, dei responsabili delle forze di polizia e dei carabinieri la consapevolezza che, per conseguire l'affermazione elettorale delle forze costituzionali e la sopravvivenza dello Stato liberale, non fossero più sufficienti i vecchi metodi ma servisse la legittimazione del fascismo, anche attraverso il riconoscimento della violenza squadrista, divenuta indispensabile per mettere fuori combattimento il movimento operaio e il socialismo massimalista, considerato il pericolo maggiore.[40]

Tali affermazioni sembrano trovare riscontro in alcuni risultati elettorali, annunciati da arresti, intimidazioni, aggressioni e paralisi delle amministrazioni socialiste. Nelle consultazioni politiche del 1921 le sinistre subirono infatti i peggiori tracolli elettorali in città come Reggio Emilia, Ferrara, Perugia, Massa, Torino, Modena, Rovigo, l'Aquila, Grosseto e Pesaro, mentre ressero meglio o addirittura progredirono laddove l'atteggiamento delle prefetture fu meno tollerante con lo squadrismo (Pisa e in certa misura anche Bologna).[41] A dar forza a questa interpretazione vi è anche il fatto che in alcuni casi (Reggio Emilia, Massa, Torino, Pesaro) si trattò delle poche città in cui i votanti diminuirono rispetto al 1919 (presumibilmente a seguito di impedimenti e dissuasione nei confronti dell'elettorato socialista).

La diversità dell'atteggiamento prefettizio potrebbe inoltre spiegare le differenze, anche rilevanti, tra i capoluoghi di una stessa regione (ad esempio in Toscana dove al calo delle sinistre rispetto al 1919 a Massa, Grosseto, Firenze e Livorno fece da contraltare la crescita notevole a Pisa, Siena, Lucca). In controtendenza rispetto al generale calo delle sinistre in

diventano allora collaborazione attiva, ivi, p. 169. Rogari ritiene comunque non fondato sostenere che l'autorità centrale del paese (sia il governo Giolitti che quello successivo di Bonomi) avesse un atteggiamento lassista o, peggio, connivente con le violenze fasciste, cfr. Rogari, *Nascita e sviluppo del fascismo toscano*, p. 19. Cfr. anche Marco Mondini, *La politica delle armi. Il ruolo dell'esercito nell'avvento del fascismo*, Roma-Bari, Laterza, 2006; Fabio Fabbri, *Le origini della guerra civile. L'Italia dalla Grande Guerra al fascismo 1918-1921*, Torino, Utet, 2009; Luca Madrignani, *"Viva la Regia Guardia". Camicie nere e poliziotti nella guerra civile italiana 1919-1922*, in «Italia contemporanea», 40, 273 (2013), pp. 519-548.

40. Nelle parole del prefetto di Siena (Acs, Mi, Dgps, 1921, b. 85, telegramma del 26 aprile 1921) il fascismo «ha ridestato le sopite energie dei costituzionali» mentre i partiti estremi sembravano «voler tutto tentare per mantenere le posizioni del 1919».

41. La somma dei voti di socialisti e comunisti, in relazione alle elezioni del 1919 e 1920, registrò a Reggio Emilia un calo rispettivamente del -61% e -70%, del -35% a Ferrara, -25% a Perugia, -21% e -14% a Massa, -17% e -4% a Torino, -15% e -8% a Modena, -12% e -6% a l'Aquila, -10% e -35% a Grosseto, -8% e -13% a Rovigo, -7% e -2% a Bologna.

settentrione, spiccano poi alcuni capoluoghi lombardi e veneti (Cremona, Pavia, Padova, Mantova, Verona, Como, Vicenza, Brescia, Bergamo).

Ma la principale disomogeneità elettorale rispetto al 1919 fu data dal fatto che la sinistra (socialista e comunista) perse nettamente (circa 20 punti) in Emilia Romagna e Umbria (e in minor misura in Piemonte e Marche), ma guadagnò in tutte le regioni del Sud, in media dal 2% al 7% (le percentuali più basse in Puglia e Sicilia, dove esisteva un fenomeno squadrista, nonostante alcuni capoluoghi come Bari e Foggia compensarono le perdite registrate in comuni della provincia, come Cerignola).[42] In maniera corrispondente le forze costituzionali (dai liberali ai riformisti di varie tendenze) rispetto al 1919 crebbero al Centro-Nord e persero qualche punto nel comparto Sud-Isole.[43]

L'aspetto forse più evidente dell'incapacità del ministero giolittiano nel realizzare i propri obiettivi fu la mancata presenza omogenea dei blocchi nazionali su tutto il territorio. L'eterogenea concentrazione filogovernativa, presente al Centro-Nord, nel Lazio e parzialmente in Puglia, non riuscì infatti a realizzarsi nel Meridione. Qui, la generale frammentazione liberale, la forte affermazione della democrazia sociale e dei riformisti in Sicilia (42%) e in Campania (31%), così come i discreti risultati delle liste di combattenti in Sardegna e Calabria (29% e 13%) impedirono a Giolitti di costruirsi un serbatoio consistente di deputati fedeli come era successo in altri periodi precedenti. Per di più, rispetto alle elezioni comunali di qualche mese prima, il fronte costituzionale registrò nel Mezzogiorno un certo arretramento, se consideriamo le percentuali relative alle maggioranze dei consigli municipali.[44]

Le elezioni del 1921 in verità segnalarono una sostanziale stabilità del quadro politico-elettorale, simboleggiata in particolare dai risultati ottenuti dal Ppi (20,4% rispetto al 20,5% del 1919), ma in fondo anche da quelli conseguiti dai socialisti che, seppure ormai divisi al loro interno, perdevano nel complesso (insieme ai comunisti) ancora solo il 3% rispetto al 1919.[45] I blocchi nazionali non raggiunsero nemmeno la metà dei voti dell'intero e variegato fronte dei partiti costituzionali e riformisti. Tale frammentazione non a caso si riprodurrà nella Camera in maniera crescente nel 1921 e nel

42. Cfr. Tabella 3.

43. Nello specifico regionale liberali e blocchi nazionali al Nord aumentarono in Emilia Romagna e Piemonte, al Centro in Umbria e Toscana, al Sud in Abruzzo.

44. Cfr. Tabella 4.

45. Cfr. Tabella 2.

1922, quando si passò da 11 a 14 gruppi parlamentari. I liberali giolittiani non superavano gli 80 deputati e si sarebbero peraltro separati in due tronconi. Sul piano dei nuovi eletti si registrava la presenza inedita di seggi delle correnti estreme (35 fascisti e 15 comunisti), quantificabile intorno a un decimo dell'intero corpo rappresentativo, che in una situazione di parità tra gli schieramenti (costituzionali/partiti di massa) avrebbe potuto contribuire ad aggravare la crisi nella formazione dei governi.

Conclusioni

Ritornando alla questione della periodizzazione, possiamo dunque affermare che non fu il dato elettorale in sé a segnalare una situazione di sfacelo delle forze liberali o dei partiti di massa (i votanti tra l'altro, toccando nel 1921 il 56,5%, aumentarono rispetto al 52% segnato nel 1919 e al 55% del 1920). L'impasse semmai si riprodusse immediatamente dopo e nella logica parlamentare, dove la frantumazione e i veti incrociati fecero saltare l'ipotesi di una coalizione compatta di forze costituzionali a guida giolittiana. Le elezioni del 1921 furono un tornante periodizzante nel senso che dimostrarono che la "restaurazione" del controllo politico della classe liberale non poteva più realizzarsi tramite il versante dei rapporti tra Stato e amministrazioni locali.

In conclusione, la dialettica tra centro e periferia attestava che la messa fuori gioco delle forze di opposizione, in particolare dei socialisti su posizioni massimaliste, non passava attraverso il voto, sebbene le elezioni comunali del 1920 avessero ispirato ai liberali non poche speranze in tale direzione. Ciò ebbe due conseguenze dirette: la diffusa consapevolezza che il tradizionale ombrello protettivo prefettizio non funzionasse più come in passato e la convinzione che il recupero del controllo politico degli enti locali sarebbe dovuto avvenire attraverso un'azione repressiva o violenta, come avrebbe dimostrato di lì a breve l'escalation ulteriore dello squadrismo e degli scioglimenti dei consigli comunali. Ma a usufruirne non sarebbe stato più soltanto, o tanto, la leadership liberale. In una seconda fase, il fascismo, arrivato al potere, avrebbe utilizzato lo strumento degli scioglimenti dei consigli locali per tentare, attraverso un'operazione trasformistica, di affermare il controllo anche sui poteri locali nel Mezzogiorno.

Tabella 1. Percentuale dei comuni retti da commissari straordinari o commissari prefettizi alla fine del mese di agosto 1920

	% numero comuni commissariati sul totale regionale		% di popolazione residente in comuni commissariati sul totale regionale
Toscana	46,0	Puglia	60,4
Veneto	41,2	Umbria	56,9
Puglia	40,7	Toscana	56,4
Sicilia	40,4	Veneto	51,5
Calabria	34,9	Campania	49,5
Emilia-Romagna	34,3	Sicilia	47,3
Basilicata	27,0	Calabria	45,3
Lazio	26,8	Emilia-Romagna	42,0
Umbria	26,3	Sardegna	39,1
Abruzzi-Molise	24,4	Basilicata	39,0
Marche	23,6	Liguria	36,2
Campania	23,6	Abruzzi-Molise	32,8
Sardegna	17,1	Marche	27,0
Liguria	13,4	Lazio	25,5
Lombardia	9,9	Piemonte	22,2
Piemonte	3,6	Lombardia	20,8
Italia	**21,0**	**Italia**	**40,3**
Nord	15,0	Nord	33,0
Centro	31,9	Centro	43,9
Sud	28,7	Sud	48,0
Isole	28,7	Isole	45,8

Fonte: Rielaborazione personale della tabella in Ministero dell'economia nazionale, *Statistica delle elezioni generali politiche per la XXVI legislatura*, appendice, p. L.

Tabella 2. Percentuali schieramenti politici alle elezioni politiche (1919), comunali (1920)*, politiche (1921)

	1919	**1920***	**1921**
PSI	**32,3**	**24,3**	**24,7**
PCd'I			**4,6**
PPI	**20,5**	**19,4**	**20,4**
Costituzionali	**46,3**	**56,0**	**46,2**
Lib/Ld	35,4		17,5
Bn			19,1
P.econ./agrari	1,5		0,8
Rad/DS/soc.rif	5,1		7,1
Combatt.	4,1		1,7
PRI	**0,9**	**0,3**	**1,9**

*Per le elezioni comunali del 1920 sono disponibili i dati relativi alle maggioranze dei consigli comunali. Per le elezioni dei consigli provinciali del 1920 il dato percentuale relativo al numero di consiglieri provinciali è il seguente: Psi 34,3 - Ppi 18,8 - Cost. 44,7 - Pri 2,3. Nel 1921 sono presenti anche altre liste nelle circoscrizioni del Nord e del Sud, che totalizzano circa il 2% a livello nazionale.

Tabella 3. Differenze percentuali tra il voto del 1919 e il 1921 per grandi aree geografiche

	Nord	Centro	Sud	Isole
PSI-PCd'I	**-8,1**	**-4,4**	**+3,3**	**+2,2**
PPI	**-0,4**	**-1,0**	**-0,7**	**+0,4**
Costituzionali	**+3,8**	**+2,5**	**-3,8**	**-2,6**
Lib/Ld/Ldr	-13,5	-26,8	-13,3	-27,0
Bn	+20,5	+36,0	+7,7	+8,6
P.econ./agrari	-0,9	+0,1	-1,7	+0,9
Rad/DS/soc.rif	-0,2	-5,6	+6,2	+18,1
Combatt.	-2,2	-1,2	-2,7	-3,2
PRI	**+0,7**	**+2,9**	**+0,3**	

Tabella 4. Percentuali voto del 1919, 1920 (comunali)* e 1921 per grandi aree geografiche

	Nord			Centro			Sud			Isole		
	1919	1920	1921	1919	1920	1921	1919	1920	1921	1919	1920	1921
PSI-PCd'I	**46,4**	**31,4**	**38,3**	**38,9**	**34,1**	**34,5**	**10,0**	**8,0**	**13,3**	**6,9**	**5,7**	**9,1**
PPI	**25,5**	**25,7**	**25,1**	**22,0**	**18,3**	**21,0**	**13,0**	**6,2**	**12,3**	**12,4**	**12,4**	**12,8**
Costituz.	**27,2**	**42,6**	**31,0**	**36,1**	**46,1**	**38,6**	**77,0**	**85,8**	**73,2**	**80,7**	**81,9**	**78,1**
PRI	**0,9**	**0,3**	**1,6**	**3,0**	**1,5**	**5,9**	-	-	**0,3**	-	-	-

* Per le elezioni comunali del 1920 sono disponibili i dati relativi alle maggioranze dei consigli comunali

Elisabetta Colombo

Forme di rappresentanza nel primo dopoguerra europeo

Introduzione

Nel volume che raccoglie i risultati elettorali dell'Europa occidentale dal 1815, Peter Flora invita a interrogarsi in una prospettiva storica di lungo periodo sulla *diversity within unity* e *unity of diversity* europea.[1] Sebbene queste pagine siano dedicate a un breve lasso di tempo compreso tra il 1919 e il 1923, ossia tra l'introduzione in Italia della rappresentanza proporzionale e l'approvazione della legge Acerbo, l'invito del sociologo austriaco offre lo spunto per collocare queste riforme entro un'analisi comparativa di più lungo periodo sulla rappresentanza politica e sulle sue concrete traduzioni in sistemi elettorali. È nel lungo periodo, del resto, che nel frammentato sistema di Stati-nazione europei si concreta, con tempi e intensità diversi, quel processo di democratizzazione che, nel corso del XIX e XX secolo, determina sia l'istituzionalizzazione delle elezioni come fonte di legittimazione del potere sia l'estensione del suffragio.

Se il processo di costruzione della moderna democrazia non può essere inquadrato in un limitato torno d'anni e considerato esclusivamente come il prodotto della sperimentazione seguita al crollo dell'ordine europeo prebellico, di certo la guerra accelera tendenze in atto nel lungo periodo.[2] Così, al termine del conflitto si assiste a un adeguamento delle strutture rappresentative alle articolazioni sociali. Per superare lo

1. Peter Flora, *Editorial Introduction. The Unity and Diversity of Europe*, in Daniele Caramani, *The Societies of Europe. Elections in Western Europe since 1815. Electoral Results by Constituencies*, London, Macmillan, 2000, p. V.

2. Enfatizza la stretta correlazione tra guerra e riforme costituzionali Mark Mazower, *Le ombre dell'Europa. Democrazie e totalitarismi nel XX secolo*, Milano, Garzanti, 2019, p. 9.

svilimento del ruolo dei parlamenti – dinamica consueta in tempo di guerra – si procede a diversi mutamenti istituzionali.[3] Nei paesi sconfitti e in quelli nati nell'Europa centro-orientale dalla disgregazione degli imperi, le monarchie cedono il passo alla repubblica e si approvano nuove costituzioni. Nei paesi vincitori, invece, spesso si rinegoziano i patti di cittadinanza. Per quanto qui rileva, il *terminus a quo* dell'analisi, il 1919, è riconoscibile come il momento della generalizzazione del suffragio universale, del prevalere della scelta in favore del sistema elettorale proporzionale, preferito al maggioritario per trasformare i voti in seggi parlamentari, e del crescente protagonismo dei partiti di massa.[4] Saranno i primi due aspetti (universalizzazione del suffragio e sistema elettorale proporzionale) ad essere indagati in queste pagine. In particolare, dell'elettorato si analizzeranno l'affermazione del principio dell'eguaglianza del voto e, all'opposto, i meccanismi di esclusione – elitari, sessisti e corporativi.[5] Con riguardo al sistema elettorale sarà invece prestata attenzione alla diffusione del sistema proporzionale, ma anche a permanenze o ripensamenti maggioritari.

1. *Il principio dell'eguaglianza del voto e i meccanismi di esclusione dall'elettorato*

Il 1918 segna in Italia il definitivo superamento della normativa elettorale a suffragio ristretto e di una concezione del diritto di voto come capacità, sostanzialmente ricondotta a requisiti o di status economico o di istruzione e

3. Sugli esecutivi usciti dal conflitto «forti e interventisti» nel campo politico, ma anche in quello economico, si rimanda a Fabio Rugge, *Administration and Crisis Management: the case of Wartime (comparative report)*, in *L'administration et la gestion de la crise: le cas de la guerre/Administration and crisis management: The case of wartime*, a cura di Id., Bruxelles, IISA, 2000, pp. 13-30. Per l'impatto del primo conflitto mondiale sulle istituzioni liberali di governo, si veda Andrea Guiso, *La guerra di Atena. Il «luogo» della Grande guerra nell'evoluzione delle forme liberali di governo: Regno Unito, Francia e Italia*, Firenze, Le Monnier, 2017.

4. Lo ha compendiato di recente Giovanni Schininà, *Il voto del 1919 in una prospettiva europea*, in *Le elezioni del 1919. Alle origini del sistema politico dell'Italia contemporanea*, a cura di Id., Firenze, Le Monnier, 2021, p. 25.

5. Della triplice impronta (elitista, corporativa e sessista), che connota la concezione originaria dell'elettore, scrive Yves Mény, *Istituzioni e politica. Le Democrazie: Stati Uniti, Francia, Gran Bretagna, Italia e Repubblica Federale Tedesca*, Rimini, Maggioli, 1990, pp. 214 ss.

professionali.[6] È il riconoscimento del diritto di partecipazione politica come diritto soggettivo, inalienabile. Si supera, dunque, la tradizionale interpretazione restrittiva dell'art. 24 dello Statuto albertino, che attribuisce a «tutti i regnicoli [...] i diritti civili e politici [...], salve le eccezioni determinate dalle leggi». Secondo quella interpretazione, l'articolo avrebbe fissato il solo "godimento" dei diritti politici, cioè una capacità potenziale, non il loro esercizio.[7] Tutti i cittadini godono del diritto di voto, non tutti però hanno la capacità necessaria a esercitarlo. La prevalenza di questa concezione "capacitaria" riguarda anche l'elettorato passivo. Sicché, l'individuazione della rappresentanza politica si configura a lungo non come competizione tra partiti e programmi, ma come ricerca dei più capaci sulla base di esclusioni che la legislazione elettorale era andata progressivamente riducendo.[8]

Negli anni in questione, peraltro, e nel composito panorama europeo, non sono solo i meccanismi di esclusione dal voto a essere rimossi (o in parte rimossi), ma anche le norme che – negando uguale peso politico a ciascun voto – avevano con ciò negato il valore dell'eguaglianza.[9] Norme non egualitarie erano rimaste operative in molti sistemi elettorali. Basti ricordare che solo la fine del regno di Prussia cancella il sistema plutocratico del voto per classi, alla cui base vi era il principio sinallagmatico secondo cui i cittadini che sostenevano finanziariamente lo Stato dovevano poterne influenzare la gestione in maniera corrispondente al peso della contribuzione fiscale.[10] O si pensi al voto plurimo, introdotto in Belgio con la re-

6. Il suffragio universale maschile, senza limitazioni, è introdotto – come noto – con la legge 16 dicembre 1918, n. 1985. Essa tralascia le esclusioni del 1912 relative agli uomini con meno di 30 anni che non avevano ottenuto la licenza elementare, né effettuato il servizio di leva.

7. Su questi profili, si rimanda a Carlo Bersani, *Cittadinanze ed esclusioni*, in *Storia d'Italia. Annali 22: Il Risorgimento*, a cura di Alberto Mario Banti e Paul Ginsborg, Torino, Einaudi, 2007, pp. 607 ss.

8. Si vedano almeno Raffaele Romanelli, *Alla ricerca di un corpo elettorale. La riforma del 1882 e il problema dell'allargamento del suffragio* e *Le regole del gioco. L'impianto del sistema elettorale in Italia (1848-1895)*, in Id., *Il comando impossibile. Stato e società nell'Italia liberale*, Bologna, il Mulino, 1995, pp. 157-277 e Pier Luigi Ballini, *La questione elettorale nella storia d'Italia. Da Depretis a Giolitti (1876-1892)*, Roma, Archivio storico della Camera dei deputati, 2003, vol. 3.

9. Marco Meriggi, *L'Europa dall'Otto al Novecento*, Roma, Carocci, 2006, pp. 18-21.

10. Un'esposizione del voto per classi è in Fabio Rugge, *Il governo delle città prussiane tra '800 e '900*, Milano, Giuffrè, 1989, pp. 92-103. Si veda anche Thomas Kühne, *Dreiklassenwahlrecht und Wahlkultur in Preussen, 1867-1914: Landtagswahlen zwischen Korporativer Tradition und Politischem Massenmarkt*, Düsseldorf, Droste, 1994.

visione costituzionale del 1893 e le leggi elettorali dell'anno successivo. In quell'occasione, la democratizzazione realizzata con l'introduzione del suffragio universale era stata limitata prevedendo come correttivo appunto il voto plurimo, che attribuiva due voti a elettori distinti per censo e tre voti a elettori distinti per cultura. Proprio nel 1919, invece, il voto plurimo viene cancellato e sarebbe stato poi definitivamente abrogato con la revisione costituzionale del 1920-1921. In diversi casi, insomma, tra Otto e Novecento l'introduzione del suffragio universale maschile era stata temperata dall'assegnazione agli strati superiori della società di una funzione paterna e tutoria nei confronti delle masse. Sono questi temperamenti a essere spesso cancellati al termine della Prima guerra mondiale, quando nel complesso si supera una concezione dell'elettore di connotazione elitista.[11]

Solo in parte, invece, viene superata la connotazione sessista dell'elettorato, per cui si può ritenere universale il voto anche se il diritto a esercitarlo è riservato unicamente agli uomini. Della permanenza di questa concezione ormai datata è esempio l'Italia.[12] Il suffragio universale riconosciuto nel 1918 agli italiani è infatti ancora solo maschile, in anni in cui altrove il voto è spesso esteso alle donne. Alla Finlandia e alla Norvegia, che l'avevano loro attribuito rispettivamente nel 1906 e nel 1913,[13] si aggiungono alla fine della Prima guerra mondiale – ma l'elenco non è completo – l'Austria nel 1918, la Germania e i Paesi Bassi nel 1919, la Svezia nel 1921.[14] L'Islanda riconosce il suffragio universale alle donne

11. Non mancarono in Italia tardive proposte di introdurre il voto plurimo per l'elezione di consigli nazionali di categoria, da istituirsi con sede in diverse città italiane (il Collegio agricolo a Bologna, il Consiglio marittimo a Genova, ecc.). Questa proposta, prospettata da Mussolini nel novembre 1922 in una intervista al corrispondente del «Petit Parisien», è ricordata da Pier Luigi Ballini, *Sistemi elettorali del primo dopoguerra: dalla genesi della «legge Acerbo» al ritorno all'uninominale fittizio*, in *Il partito politico dalla grande guerra al fascismo. Crisi della rappresentanza e riforma dello Stato nell'età dei sistemi politici di massa (1918-1925)*, a cura di Fabio Grassi Orsini e Gaetano Quagliariello, Bologna, il Mulino, 1996, p. 339.

12. Sulle battaglie per il voto alle donne nell'Italia giolittiana, si veda Debora Migliucci, *Per il voto alle donne. Dieci anni di battaglie suffragiste in Italia (1903-1913)*, Milano, Bruno Mondadori, 2006.

13. Già nel 1907 il voto era stato riconosciuto alle donne norvegesi, i cui mariti pagavano 300 corone nel contado e 400 in città. Cfr. Caramani, *The Societies of Europe*, pp. 740 e 744.

14. Dieter Nohlen e Philip Stöver, *Elections in Europe*, in *Elections in Europe. A Data Handbook*, a cura di Dieter Nohlen e Philip Stöver, Baden-Baden, Nomos, 2010, pp. 79 e 86. Nel 1922 nei Paesi Bassi per Caramani, *The Societies of Europe*, pp. 53, 700, 703.

nel 1920, ma, a proposito di esclusioni, lì, – come in altri paesi nordici – coloro che ricevono l'assistenza pubblica saranno ancora esclusi dal voto.[15] Anche il Regno Unito comincia a eliminare la discriminazione di genere nel 1918, per quanto le limitazioni presenti nell'iniziale riconoscimento del voto femminile saranno cancellate solo nel 1928. In altri paesi, il suffragio universale è ottenuto simultaneamente da uomini e donne, come nel 1917 in Russia, nel 1918 in Polonia, nel 1919 in Lussemburgo e nel 1922 in Irlanda.[16]

Se nel primo dopoguerra è solo in parte superata la connotazione sessista del voto, sono addirittura rari i casi in cui si rintracciano datate permanenze corporative, rispondenti a diversi modelli di relazioni politiche. Alla fine del primo conflitto mondiale scompare infatti «l'Europa del Cinquecento che [era sopravvissuta] nell'Europa dell'Ottocento», legata a elezioni sulla base di ordini o corpi privilegiati come nel granducato di Baden, ma anche in Baviera, Sassonia e Württemberg.[17] Nel Regno Unito, invece, gli *university seats*, che assicuravano una rappresentanza alle università britanniche,[18] sopravvivranno ancora per un trentennio all'introduzione del suffragio universale avvenuta nel 1918, quando pure viene abolito il voto in più di due collegi elettorali. Solo con l'adozione del *Representation of the People Act* del 1948 sarà infatti cancellata definitivamente, con il voto multiplo e le *two-member constituencies*, anche questa persistenza corporativa.

In Italia, il dibattito sulla rappresentanza si sofferma sul riconoscimento della rappresentanza agli interessi organizzati, che Luigi Einaudi bolla sulle pagine del «Corriere della Sera» come ascendenza medievale. «La sovranità – scrive nel maggio 1919 – in uno Stato non può essere divisa. Deve essere una. Altrimenti ritorniamo al regime feudale, allo smi-

15. Si è considerata la data del 1920, invece del 1915, perché in quell'anno erano presenti restrizioni di voto legate all'età (40 anni) per donne e servitori. Cfr. Ólafur Th. Hardarson e Gunnar Helgi Kristinsson, *Iceland*, in *Elections in Europe*, p. 954.

16. Cfr. Nohlen e Stöver, *Elections in Europe*, p. 79.

17. Lo scrive Pierre Rosanvallon, *Il popolo introvabile. Storia della rappresentanza democratica in Francia*, Bologna, il Mulino, 2005, p. 117.

18. Nel 1918 permane anche il *business vote*, che richiamava datate forme di associazionismo professionale. Dal 1948 rimarrà in vigore per le sole elezioni locali. Cfr. Caramani, *The Societies of Europe*, pp. 945-960. Analogamente, nel 1922 l'Irlanda attribuisce due voti sia ai laureati alla National University of Ireland e alla Dublin University sia agli uomini d'affari. Con la costituzione del 1937 gli *university seats* saranno trasferiti dall'Assemblea al Senato. Cfr. ivi, pp. 549 e 551.

nuzzamento, alla lotta quotidiana». E nel novembre successivo riproporrà, a proposito di rappresentanza degli interessi, l'immagine di un «regresso spaventoso verso forme medievali di rappresentanza politica».[19]

Considerazioni analoghe si ritrovano nella dottrina giuridica, che si è allontanata dalle teorizzazioni orlandiane sulla separazione tra Stato e società, tra ordinamento giuridico e ordine politico, approdando con Santi Romano al riconoscimento dell'utilità della formazione di gruppi intermedi, giuridicamente strutturati, tra l'individuo e lo Stato. L'individuazione di un processo in atto di socializzazione dello Stato, che orienta Romano verso il pluralismo, non si traduce però in proposte di rappresentanza degli interessi, che anzi per lo stesso Romano smembrerebbero la sovranità dello Stato, riproponendo l'antico modello dell'ordinamento feudale.[20]

È già stato rimarcato il fallimento delle proposte che si intrecciano in Italia nel 1919, per superare una dottrina dello stato fondata sul rapporto individualistico tra cittadino e Stato.[21] Il collegamento della rappresentanza ai nuovi assetti sociali e alla disseminazione dei centri di interesse – anche sulla scia o in reazione all'esperienza dei soviet e dei consigli di fabbrica della Russia rivoluzionaria – suggerisce il riconoscimento di un ruolo costituzionale ai "corpi intermedi" nella Camera dei deputati, nel Consiglio superiore del lavoro e nel Senato.

Nel dibattito sull'introduzione del sistema proporzionale, tre diversi progetti (dei deputati liberale giolittiano Giovanni Camera, socialista indipendente Annibale Vigna e cattolico Livio Tovini), oltre a vari interventi parlamentari, declinano il tema della doppia rappresentanza, politica e professionale, con differenti orientamenti politici. La tradizionale rappresentanza politica individuale e unitaria, che non lascia espressione alla pluralità di interessi nazionali, prevale però sull'introduzione di una rappresentanza professionale e sindacale. Accantonato con l'approvazione della legge sulla proporzionale, il tema si riaffaccia dopo le elezioni legislative del 1919, le prime a suffragio universale maschile e con sistema

19. Le citazioni sono tratte da Luigi Einaudi, *Consiglio superiore del lavoro o parlamento?*, in «Corriere della Sera», 23 maggio 1919 e Id., *Parlamento e rappresentanze di interessi*, in «Corriere della Sera», 29 novembre 1919.

20. Così Virgilio Mura, *Pluralismo e neo-statualismo nella cultura giusfilosofica italiana del primo novecento*, in *I giuristi e la crisi dello Stato liberale in Italia fra Otto e Novecento*, a cura di Aldo Mazzacane, Napoli, Liguori, 1986, pp. 385 ss.

21. Mi si consenta di rimandare a Elisabetta Colombo, *Dal maggioritario al proporzionale. Forme di rappresentanza tra concezione individualistica e tendenze corporative*, in *Le elezioni del 1919*, pp. 65-91.

proporzionale, proprio per le critiche che investono il nuovo sistema elettorale.[22] Anche questa volta, però, la proposta "neo-corporativa" rimane senza esito.[23]

Negli stessi anni è rimesso in discussione il ruolo del Consiglio superiore del lavoro, arena di rappresentanza e di mediazione degli interessi degli industriali e dei lavoratori, istituita nel 1902.[24] La sua trasformazione da organo consultivo del Ministero d'agricoltura, industria e commercio in un Parlamento del lavoro, da dotare di attribuzioni di tipo legislativo, e la contestuale cancellazione del Senato sono prospettate infatti dopo la Prima guerra mondiale, che aveva favorito esperienze di compenetrazione tra l'alta burocrazia ed esponenti degli interessi e delle professioni.[25] L'ipotesi divide però al proprio interno sia il fronte socialista che quello cattolico. Né miglior esito ha la soluzione "mediana" elaborata da Meuccio Ruini, sottosegretario del Ministero dell'industria, commercio e lavoro nel governo presieduto da Vittorio Emanuele Orlando. Essa contempla la delega al Consiglio di specifiche funzioni legislative relative al lavoro da parte del Parlamento, che però avrebbe mantenuto l'indirizzo politico generale, oltre alla facoltà di annullare le decisioni del Consiglio stesso e di avocarne a sé la competenza. Il dibattito per modificare composizione e funzioni del Consiglio approderà a un riordinamento provvisorio solo nell'ottobre 1922, su proposta di Stefano Cavazzoni, esponente di destra del Partito popolare, ministro del Lavoro e della previdenza sociale nel governo guidato da Mussolini. Di lì a poco, però, lo stesso Consiglio superiore del lavoro sarà abolito.[26]

22. Per questi aspetti si veda Ballini, *Sistemi elettorali del primo dopoguerra*, pp. 317 ss.

23. Sulla rappresentanza corporativa e sull'organizzazione politica degli interessi sociali, si rimanda a Lorenzo Ornaghi, *Stato e corporazione. Storia di una dottrina nella crisi del sistema politico contemporaneo*, Milano, Giuffrè, 1984.

24. Si veda Enzo Balboni, *Le origini della organizzazione amministrativa del lavoro*, Milano, Giuffrè, 1968.

25. Il fenomeno non è solo italiano. In Francia, il tema della rappresentanza degli interessi si salda a quello della valorizzazione della competenza tecnica e, alla fine del 1918, la *Confédération générale du travail* propone di istituire un Consiglio nazionale economico, dando diretta rappresentanza alle organizzazioni sindacali, operaie e imprenditoriali. Cfr. Rosanvallon, *Il popolo introvabile*, pp. 256 ss. Ivi, pp. 113 ss. le proposte di fine Ottocento di trasformare il Senato in Camera a carattere professionale e/o di istituire una terza Assemblea rappresentativa del lavoro.

26. Sul tema cfr. *Il Consiglio superiore del lavoro (1903-1923)*, a cura di Giorgio Vecchio, Milano, FrancoAngeli, 1988 e Dora Marucco, *La riforma del Senato nel primo dopoguerra: i tentativi di trasformare il Consiglio superiore del lavoro in parlamento tecnico del lavoro*, in «Trimestre», 21, 1-4 (1988), pp. 237-280.

Infine, diverse proposte di riforma toccano in Italia il Senato, nel primo dopoguerra ancora di nomina regia e vitalizia, mentre a livello internazionale già nel secolo precedente si era spesso assistito alla trasformazione delle Camere alte in Camere – almeno in parte – elettive. In Italia – come accennato – l'esistenza del Senato è messa addirittura in discussione dalle proposte, condivise dai socialisti massimalisti e da una parte del sindacalismo cattolico, di sostituirlo con un Consiglio superiore del lavoro dotato di funzioni deliberative.[27] Ma non mancano, nel 1919, diverse proposte per riformare il Senato in senso elettivo. È concepito come luogo della rappresentanza organica dei corpi della nazione nel programma di Bologna del Partito popolare italiano, mentre come Camera elettiva su base corporativo-sindacale nel programma nazionalista redatto da Alfredo Rocco e Maurizio Maraviglia. Solo in parte elettivo è invece nel progetto di riforma dei senatori Ruffini-Greppi. A membri di diritto e di nomina regia vitalizia sono infatti affiancati membri eletti da qualificati collegi elettorali o cooptati dalle due Camere entro varie categorie, aumentate di numero e aggiornate rispetto a quelle previste dall'articolo 33 dello Statuto albertino. L'intento – come esplicitato dallo stesso Ruffini – è di evitare l'occupazione da parte dei partiti di tutto lo spazio politico e di integrare e correggere la rappresentanza individuale data dal suffragio universale con «una rappresentanza organizzata, qualitativa, sintetica», ritenendo che le categorie costituiscano una forma di rappresentanza organica degli interessi economici, professionali e culturali.[28]

Nonostante le eterogenee soluzioni proposte, gli interessi organizzati non trovano rappresentanza nel Parlamento italiano. Né la trovano i governi locali,[29] a differenza di quanto avviene in diverse realtà europee soprattutto nelle seconde Camere. A queste ultime è riservata scarsa attenzione nell'am-

27. Esplicite proposte di soppressione del Senato erano già comparse, ad esempio, nel congresso socialista di Roma nel 1900, nel convegno nazionale repubblicano di Firenze nel 1918, nel congresso nazionale di Roma dell'Associazione nazionale combattenti nel 1919 e, nello stesso anno, anche nel manifesto futurista e nel programma dei Fasci di combattimento. Una sintesi sui progetti di riforma del Senato di inizio Novecento è offerta da Piero Aimo, *Bicameralismo: una questione irrisolta nella storia costituzionale*, in *Dai parlamenti in Europa ai parlamenti d'Europa. Un cammino tra storia e diritto*, a cura di Romano Orrù, Lucia G. Sciannella e Anna Ciammariconi, Napoli-Roma, Edizioni scientifiche italiane, 2008, pp. 67-79.

28. La citazione è ripresa da *Relazioni della Commissione speciale per la riforma del Senato*, Roma, Tipografia delle Mantellate, 1919, p. 25.

29. Non mancarono tuttavia proposte in tal senso, tra cui quella di una rappresentanza diretta dei comuni e delle province in Senato, avanzata nel congresso nazionale dei popolari, svoltosi a Napoli nel 1920.

bito delle analisi sulla storia della rappresentanza. Non rileva qui indagare le ragioni di questa minor fortuna storiografica. Qui le seconde Camere interessano in quanto offrono rappresentanza a interessi organizzati e a soggetti territoriali. La funzione di rappresentanza dei territori, nella declinazione della rappresentanza delle componenti "statali", è assolta dalle Camere alte nelle Confederazioni o Federazioni, come in Svizzera o in Germania. In Austria, in particolare, la Costituzione del 1920, scritta sotto il diretto influsso di Hans Kelsen, concentra la rappresentanza organica degli interessi economici e territoriali nel Bundesrat: il Consiglio federale emanazione dei Länder, nella costituzione del 1929 eloquentemente rinominato Consiglio delle regioni e delle professioni.[30] Ma una rappresentanza dei territori si trova anche negli Stati unitari. Il Senato francese della Terza repubblica – da Léon Gambetta definito «Un Grand Conseil des Communes françaises» – dà rappresentanza, attraverso il ricorso al voto indiretto, alle comunità locali e soprattutto ai piccoli comuni e alle aree rurali, più conservatrici rispetto a quelle urbane, contribuendo a bilanciare la portata democratica del suffragio universale maschile riconosciuto all'altra Camera.[31]

Un ulteriore contributo al dibattito su diritti individuali e diritti collettivi è offerto negli anni considerati dall' «ordinamento sindacale» elaborato nella, inattuata, *Carta di Libertà del Carnaro*. Ricco di suggestioni riconducibili all'ideologia mazziniana, al sindacalismo anarchico-rivoluzionario e a posizioni propugnate dalle logge massoniche politicamente più avanzate, l'articolato della costituzione si deve al sindacalista rivoluzionario e deputato socialista Alceste De Ambris, Capo di gabinetto del comando fiumano.[32] Del testo, revisionato soprattutto stilisticamente da Gabriele D'Annunzio, il costituzionalista Gaspare Ambrosini scriverà nel 1925 che disegnava «il modello più insigne di completo ordinamento sindacale finora escogitato».[33] La repubblica del Carnaro, infatti, non solo

30. Si vedano, tra gli altri, Robert Walter, *Hans Kelsen e le origini della costituzione federale austriaca del 1920*, in «Scienza &Politica», 3, 5 (1991) pp. 29-41 e Patrizia Macchia, *Il Bundesrat austriaco. Genesi e vicende della Seconda Camera di un federalismo debole*, Torino, Giappichelli, 2007, pp. 31-34 e 37-38.

31. Sull'evoluzione del Senato francese si rimanda a Paul Smith, *A History of the French Senate*, 2 voll., Lewiston-New York, Edwin Mellen Press, 2005, vol. I.

32. Cfr. Enrico Serventi Longhi, *Alceste De Ambris. L'utopia concreta di un rivoluzionario sindacalista*, Milano, FrancoAngeli, 2011, pp. 158-161.

33. Gaspare Ambrosini, *Sindacati, Consigli tecnici e Parlamento politico. Con riferimento alle Costituzioni russa e tedesca, alla Carta di Libertà del Carnaro e ai Progetti italiani*, Roma, A.R.E., 1925, p. 111.

assicura un ampio riconoscimento a profili di democrazia diretta e di autonomia, ma si connota per un ordinamento corporativo alla cui base vi è il lavoro produttivo, organizzato in sette corporazioni (da D'Annunzio riviste e aumentate a dieci), cui ogni lavoratore avrebbe dovuto iscriversi obbligatoriamente. L'impianto di quell'ordinamento – secondo la lezione di De Felice – si differenzia sia dal corporativismo organico cattolico sia dal successivo corporativismo fascista, di cui si dibatterà alla Camera negli anni che precedono la legge elettorale politica del 1928.[34]

Dunque, l'Italia recepisce solo in parte le istanze tipiche del primo dopoguerra: non l'apertura al voto femminile, né la rappresentanza corporativa degli interessi organizzati e dei territori. Accoglie piuttosto – come si vedrà – il riconoscimento del partito politico, assegnandogli il ruolo di tramite del rapporto tra stato e società.

2. *La diffusione, non senza eccezioni o ripensamenti, del sistema proporzionale*

Se precocemente, nel 1899, il Belgio aveva introdotto il sistema di voto proporzionale a livello nazionale – e addirittura la Danimarca l'aveva sperimentato nella breve parentesi del Rigsråd (1855-1865) – il primo ventennio del Novecento ne vede la diffusione in Europa. E si può subito dire che, in generale, il suo effetto fu quello di favorire la sopravvivenza delle vecchie élites, nonostante lo scemare dei loro sostenitori. In particolare, molte delle costituzioni approvate alla fine della guerra prevedono l'adozione del sistema elettorale proporzionale, che diventa il più diffuso nel continente europeo: dalla Norvegia alla Finlandia, dai Paesi Bassi alla Germania, dall'Austria alla Cecoslovacchia, dalla Lettonia

34. Renzo De Felice, *Introduzione*, in *La Carta del Carnaro nei testi di Alceste De Ambris e di Gabriele d'Annunzio*, a cura di Id., Bologna, il Mulino, 1973, pp. 8-10. Si vedano anche *Lo Statuto della Reggenza italiana del Carnaro. Tra storia, diritto internazionale e diritto costituzionale*, a cura di Augusto Sinagra, Milano, Giuffrè, 2009; e Carlo Ricotti, *La Carta del Carnaro. Dannunziana massonica autonomista*, Roma, Fefé, 2015. Sul dibattito che precedette la legge del 1928, si veda Francesco Perfetti, *La Camera dei fasci e delle corporazioni*, Roma, Bonacci, 1991, pp. 13-98 e, più in generale, sul corporativismo fascista e sulla sua circolazione transnazionale, Matteo Pasetti, *L'Europa corporativa. Una storia transnazionale tra le due guerre mondiali*, Bologna, Bononia University Press, 2016.

alla Romania.[35] A questo trend non si sottrae l'Italia. Esso conosce, tuttavia, almeno due significative eccezioni: il Regno Unito e la Spagna. In Francia la fortuna della c.d. "proporzionale" è più contrastata. Il sistema proporzionale introdotto oltralpe nel 1919 viene dapprima mitigato da uno scrutinio misto, che prevede un correttivo maggioritario e un doppio turno.[36] Nel 1928 però sarà ripristinato il tradizionale sistema uninominale a doppio turno.

Nei paesi che hanno adottato la proporzionale non mancano critiche contro la frammentazione dei partiti prodottasi con la sua introduzione: dalla Germania alla Cecoslovacchia, dalla Polonia all'Italia.[37] Qui la discussione del sistema di voto si riaccende all'indomani delle elezioni del 1919 e prosegue dopo l'unica modifica di rilievo apportata prima delle successive elezioni politiche del 1921, ossia la revisione dei collegi elettorali. Né il dibattito cessa dopo le elezioni, mettendo in rilievo il portato dell'introduzione della proporzionale non solo sul sistema elettorale ma anche sulla concezione della rappresentanza politica e sul funzionamento del regime parlamentare.[38] La riflessione e le controversie si appuntano sul passaggio dai vecchi ministeri di gabinetto, legittimati da un elettorato oligarchico, al moderno governo dei partiti, più strettamente legato al Parlamento e ai partiti radicati nel paese.[39] Il confronto tocca la crisi di

35. Per la produzione in serie di costituzioni nell'Europa del dopoguerra si rinvia al classico lavoro di Boris Mirkine-Guetzévitch, *Le costituzioni europee*, Milano, Edizioni di comunità, 1954, p. 13.

36. Infatti ogni elettore poteva votare tanti candidati quanti erano i seggi da assegnare e i candidati che ottenevano la maggioranza assoluta erano subito eletti. A questo criterio maggioritario subentrava poi una logica proporzionale. Si vedano René Rémond, *Les réformes électorales en France aux XIXe et XXe siècles*, in *Political Strategies and Electoral Reforms: Origins of Voting Systems in Europe in the 19th and 20th Centuries*, a cura di Serge Noiret, Baden-Baden, Nomos Verlagsgesellschaft, 1990, pp. 108-117 e Gilles Le Béguec, *Il caso francese*, in *I sistemi elettorali in Europa tra Otto e Novecento*, a cura di Maria Serena Piretti, Roma-Bari, Laterza, 1997, pp. 81-129, in particolare pp. 121 ss.

37. Mazower, *Le ombre dell'Europa*, p. 30.

38. Cfr. Ballini, *Sistemi elettorali del primo dopoguerra*, pp. 326 ss. Contesta che la crisi dello stato liberale sia dipesa o sia stata accelerata dall'introduzione della proporzionale Serge Noiret, *Riforme elettorali e crisi dello Stato liberale. La 'proporzionale' 1918-1919*, in «Italia contemporanea», 174 (1989), pp. 38 ss.

39. Il ruolo decisivo della proporzionale nel determinare questo passaggio è stato messo in discussione da Fabrizio Rossi, che rimarca l'importanza dell'«impatto *politico* dell'esperienza di guerra» rispetto a quello «*tecnico* della legge elettorale». Cfr. Fabrizio Rossi, *Le ripercussioni delle elezioni del 1919 sul rapporto tra governo e parlamento*, in *Le elezioni del 1919*, p. 94.

governabilità e di legittimità che investe il sistema politico italiano, rendendo più urgente l'esigenza di riforme istituzionali. Ben sette crisi di governo, oltre a un rimpasto, interessano in effetti la Camera negli anni dal 1919 al 1922. Sono, in alcuni casi, crisi parlamentari provocate dai partiti di massa; in altri casi, crisi extraparlamentari, rimpasti ed elezioni anticipate innescate dai presidenti del Consiglio liberali per ridimensionare le opposizioni, compresi i popolari, tramite l'intervento della Corona.[40] Ad ogni modo, l'instabilità italiana non costituisce un'eccezione nel panorama europeo del dopoguerra. «Dopo il 1918 – scrive Mazower – non vi fu praticamente nessun paese in Europa dove la durata media dei governi superasse un anno».[41] Infatti, i 260 giorni, che costituiscono la durata media dei governi italiani del dopoguerra, è superiore a quella francese (239 giorni), tedesca (210 giorni) e spagnola (166). Solo i paesi del nord Europa presentano dati migliori, per quanto inferiori al periodo prebellico.[42]

Proprio il problema della governabilità porterà Giacomo Matteotti, in occasione della proposta di estendere alle elezioni locali la proporzionale, a ipotizzarne una correzione: l'introduzione di un premio di maggioranza da assegnare al partito che avesse ottenuto più voti.[43] Nel marzo 1920 Francesco Saverio Nitti, all'epoca presidente del Consiglio dei ministri e ministro dell'Interno, aveva infatti presentato alla Camera dei deputati un disegno di legge per l'applicazione dello scrutinio di lista con rappresentanza proporzionale alle elezioni provinciali e comunali (ma solo per i comuni con più di 30 mila abitanti o capoluogo di provincia). La proporzionale per le elezioni locali era stata introdotta in Belgio fin dal 1895, ancora prima che per le legislative, nel caso in cui alla prima elezione nessun partito avesse ottenuto la maggioranza dei voti, e nel 1919 nella repubblica di Weimar per i Länder e le municipalità, oltre che per le elezioni del Reich. In Italia, socialisti e popolari, che erano stati i più convinti sostenitori della pro-

40. Lo ricostruisce Rossi, ivi, pp. 99 ss.

41. Mazower, *Le ombre dell'Europa*, p. 30.

42. Così Juan J. Linz, *Il crollo dei regimi democratici: un modello teorico*, in *La caduta dei regimi democratici*, a cura di Juan J. Linz, Paolo Farneti, M. Rainer Lepsius, Bologna, il Mulino, 1981, p. 76.

43. Lo ha evidenziato Maria Serena Piretti, *La giustizia dei numeri. Il proporzionalismo in Italia (1870-1923)*, Bologna, il Mulino, 1990, pp. 303-308. Della stessa autrice si veda anche *Il premio di maggioranza: dalla legge "Acerbo" alla Commissione Bozzi*, in *Il premio di maggioranza. Origini, applicazioni e implicazioni di una peculiarità italiana*, a cura di Alessandro Chiaramonte e Giovanni Tarli Barbieri, Roma, Carocci, 2011, pp. 43-46.

porzionale per l'elezione della Camera dei deputati, esprimono posizioni divergenti sulla proposta Nitti. Sturzo e il Partito popolare auspicano una maggiore estensione della proporzionale, fino a comprendere tutti i comuni, anche quelli più piccoli. Viceversa, come detto, i socialisti presentano nel maggio 1920 un progetto di legge che, per garantire la governabilità, prevede un premio di maggioranza e ha come primi firmatari i riformisti Matteotti e Turati.[44]

In base al progetto, da applicare senza distinzione a tutti i comuni, si sarebbero attribuiti i due terzi dei seggi alla lista che avesse riportato più voti, mentre il rimanente terzo dei seggi sarebbe stato diviso tra le altre liste con il sistema del quoziente. Solo alle minoranze si sarebbe quindi applicato il criterio proporzionale, tanto che all'epoca il deputato popolare Livio Tovini dichiarò che il progetto era «in sostanza un progetto maggioritario» e, analogamente, il compagno di partito Paolo Cappa parlò di «rappresentanza proporzionale ristretta a tipo maggioritario».[45]

«Quanto mai scivolosa» è stata definita la motivazione addotta da Turati, per giustificare l'elaborazione del progetto e il misconoscimento della proporzionale. Quella motivazione genericamente rimandava alla differenza delle elezioni politiche da quelle amministrative.[46] Il giudizio è condivisibile. Va però sottolineato che, nonostante il previsto premio di maggioranza, il progetto Matteotti avrebbe offerto maggiori garanzie di rappresentanza alle minoranze rispetto alla legge maggioritaria in vigore. Tutti i partiti e gruppi avrebbero infatti avuto la possibilità di partecipare alla ripartizione di un terzo dei seggi. Viceversa, il voto limitato ai 4/5 previsto nel caso di cinque o più consiglieri da eleggere, che era stato introdotto negli anni Ottanta dell'Ottocento con le riforme crispine, e all'epoca era ancora in vigore, garantiva di fatto alla minoranza solo 1/5 dei seggi,

44. Sui due progetti si vedano Giuseppe De Cesare, *L'ordinamento comunale e provinciale in Italia dal 1862 al 1942*, Milano, Giuffrè, 1977, pp. 647-655; Ballini, *Sistemi elettorali del primo dopoguerra*, pp. 321 ss.; Vincenzo G. Pacifici, *L'introduzione della proporzionale nelle elezioni amministrative: le incertezze di Francesco Saverio Nitti (febbraio-maggio 1920)*, in «Clio», 32, 4 (1996), pp. 675-715 e Tito Forcellese, *La mancata introduzione della proporzionale alle elezioni amministrative del 1920. L'invenzione del premio di maggioranza*, in «Le Carte e la storia», 21, 1 (2015), pp. 81-98. Ivi, p. 86 la ambivalente posizione di Turati sul progetto.

45. Cfr. *Atti parlamentari. Camera dei deputati. Discussioni*, leg. XXV, rispettivamente tornate del 27 luglio 1920, p. 4136 e del 10 novembre 1920, p. 5338.

46. Cfr. Piretti, *Il premio di maggioranza*, p. 44.

risultando eletti i candidati che avessero ottenuto il maggior numero di voti. La motivazione della presentazione del progetto è in realtà politica.[47] Al governo di importanti comuni già nel periodo prebellico (si pensi alle vittorie a Milano e Bologna nel 1914), i socialisti confidano, sulla scia dei risultati delle elezioni politiche del 1919, in un successo alle imminenti consultazioni locali, ma temono le ricadute di un'eventuale introduzione della proporzionale, ossia lo spezzettamento dei partiti e la difficoltà – o addirittura l'impossibilità – di costituire solide maggioranze omogenee e di assicurare la governabilità.

Più attento alle minoranze rispetto al sistema vigente è anche il progetto di legge extra-parlamentare, che si aggiunge a quelli di Nitti e Matteotti.[48] Alla base del progetto vi sono i risultati delle simulazioni elettorali effettuate da Ugo Giusti e dall'Unione statistica delle città italiane sui dati elettorali di diversi comuni. Quei risultati contribuiscono a fissare una correlazione tra sistema elettorale proporzionale e instabilità di governo, mostrando – sulla scorta dei voti ottenuti nelle precedenti consultazioni – che, con il sistema elettorale proporzionale proposto da Nitti, circa la metà di quei comuni non avrebbe avuto una maggioranza solida.[49]

La fine della legislatura fa decadere tutti i progetti. Ciò nonostante, la soluzione per la correzione della proporzionale elaborata nel progetto socialista impone il tema del premio di maggioranza nel dibattito politico e sarà recepita dal progetto governativo redatto da Giacomo Acerbo e presentato da Mussolini non per le elezioni locali ma per quelle della Camera dei deputati. Come noto, il progetto prevede un unico collegio nazionale e riserva al partito più votato una maggioranza di due terzi dei seggi, mentre

47. Lo ha ricostruito Forcellese, *La mancata introduzione della proporzionale*, p. 83.

48. Il progetto attribuisce la metà dei consiglieri alla lista più votata. L'altra metà dei consiglieri è ripartita col sistema proporzionale. La lista più votata partecipa a questa ripartizione proporzionale in base alla metà dei voti ottenuti. Cfr. De Cesare, *L'ordinamento comunale e provinciale*, pp. 647-648.

49. Le simulazioni interessarono 93 grandi comuni. Limitando l'indagine alle 13 città con oltre 100 mila abitanti, 7 (Roma, Napoli, Genova, Firenze, Venezia, Livorno e Bari) non avrebbero avuto una maggioranza e le rimanenti 6 ne avrebbero avuta una debolissima. Né risultati diversi emersero dall'approfondimento operato da Giusti sui piccoli comuni della provincia di Firenze, anche se – come detto – il disegno di legge Nitti riguardava solo i comuni maggiori. Si vedano Ballini, *Sistemi elettorali del primo dopoguerra*, pp. 323 ss. e Maurizio Ridolfi, *Geografia elettorale e culture politiche territoriali, prima e dopo la Grande guerra. Gli studi di Alessandro Schiavi e Ugo Giusti*, in *Le elezioni del 1919*, pp. 55 ss.

alle minoranze tocca la ripartizione proporzionale del terzo rimanente.[50] Relatore di maggioranza è Antonio Casertano, deputato demosociale poi iscritto al gruppo radicale, che nel 1921 – in qualità di presidente della commissione Interni della Camera – era stato relatore di maggioranza anche del progetto di riforma della legge elettorale locale. È lo stesso Casertano a esplicitare, con chiara e strumentale finalità politica, il legame tra i progetti di legge Matteotti e Acerbo nella relazione di maggioranza su quest'ultimo progetto.

> Anzi non è da dimenticare che l'attuale progetto ha il suo precedente parlamentare in un disegno di legge di parte socialista accolto con favore dalla parte popolare. Nella seduta 6 maggio 1920 gli onorevoli Matteotti, Casalini, Turati, Grossi, Bacci e Santini presentarono un disegno di legge per introdurre la proporzionale nelle elezioni amministrative, con che però fosse rispettato il bisogno di costituire una maggioranza omogenea necessaria al funzionamento dell'amministrazione, come fu spiegato nella relazione dei proponenti.[51]

Non nasconde comunque le analogie tra la legge Acerbo e la – sopra accennata – soluzione (blandamente) proporzionale introdotta in Francia nel 1919, la cui adozione in Italia era stata patrocinata nel 1922 da Michele Bianchi, segretario generale del Pnf.[52]

Restano le diversità europee, richiamate nella frase d'apertura di Peter Flora. L'Italia del primo dopoguerra, infatti, si colloca solo in parte entro tendenze consolidate. Da un lato, è riconosciuto il suffragio universale maschile, ma né il voto femminile né una rappresentanza diretta alle forze produttive, portatrici di istanze politiche, e/o ai territori. D'altro lato, si abbandona la proporzionale, ma non per tornare al maggioritario, bensì per sperimentare il premio di maggioranza; un sistema – come criticamente rilevato all'epoca dal popolare Giovanni Gronchi – che «non [aveva] precedenti in nessuna altra Nazione».[53]

50. La soglia minima del 25 per cento dei consensi per fare scattare il premio fu fissata, mentre era in corso la discussione in Aula, in una riunione della commissione dei diciotto, presieduta da Giolitti, a suo tempo nominata dal presidente della Camera Enrico De Nicola per riferire sul progetto di legge. Cfr. *Storia del parlamento italiano*, *XII*, a cura di Domenico Novacco, Palermo, S.F. Flaccovio, 1967, pp. 280-292.

51. La citazione è ripresa da Igor Pellicciari, *Tra decidere e rappresentare. La rappresentanza politica dal XIX secolo alla Legge Acerbo*, Soveria Mannelli, Rubbettino, 2004, p. 126.

52. Piretti, *Il premio di maggioranza*, pp. 43-46.

53. Citato in Pellicciari, *Tra decidere e rappresentare*, p. 143.

Fabrizio Rossi

Giolitti e lo scioglimento della Camera del 1921

Introduzione

Il tema riguardante Giolitti e lo scioglimento della Camera del 1921 merita, a nostro avviso, due premesse. La prima concerne il percorso di Giolitti come premier. È singolare che il più grande statista dell'età liberale dopo Cavour inizi e termini la sua carriera di presidente del Consiglio in coincidenza con due procedure fra loro strettamente connesse: il voto di sfiducia e lo scioglimento della Camera. Tale binomio istituzionale si manifesta, infatti, sebbene a parti invertite, sia nel suo primo governo (nel 1892, dopo il voto di sfiducia iniziale, segue lo scioglimento della Camera), sia nel suo ultimo governo (nel 1921, dopo lo scioglimento e le elezioni, segue il voto di sfiducia della Camera neoeletta).[1]

Entrambi i casi confermano le dinamiche di "lunga durata" della forma di governo della doppia fiducia.[2] Il venir meno della fiducia della Camera provoca le dimissioni del governo, ma il re può respingerle concedendo al premier lo scioglimento della Camera. Il rapporto fiduciario con la Corona consente al premier di ottenere lo scioglimento anticipato, ma la Camera neoeletta può sfiduciare il governo che presenta il proprio programma all'inizio della legislatura.

La seconda premessa riguarda il rapporto sovrano/premier nell'esercizio del potere di scioglimento. Nelle sue memorie Giolitti sostiene di essersi

1. In realtà, sia nel 1892 che nel 1921, i voti sono favorevoli al governo, ma l'esigua maggioranza ottenuta in entrambi i casi induce Giolitti a considerarli come voti di sfiducia secondo una prassi assai diffusa in età liberale.

2. Cfr. Fabrizio Rossi, *Saggio sul sistema politico dell'Italia liberale. Procedure fiduciarie e sistema dei partiti fra Otto e Novecento*, Soveria Mannelli, Rubbettino, 2001.

sempre «conformato al concetto che ogni legislatura debba compiere il ciclo quinquennale previsto dallo Statuto»,[3] ma, in realtà, si rivela lo "specialista" degli scioglimenti anticipati: 1892, 1904, 1909 (seppur con un anticipo di pochi mesi), 1913, 1921. Ciò che colpisce, tuttavia, non sono tanto i ripetuti scioglimenti ottenuti da Giolitti quanto il fatto che il re glieli abbia sempre concessi. Nonostante si ripeta spesso che, almeno a partire da Depretis,[4] il potere di scioglimento della Camera passi dalle mani del re a quelle del premier, secondo il modello inglese, in realtà tale potere rimane sempre una prerogativa regia. Non a caso il re nega lo scioglimento a Menabrea (1869), a Depretis (1879), a Rudinì (1898) imponendolo invece a Pelloux (1900).[5] Anche lo "specialista" Giolitti dovrà imbattersi nel diniego del sovrano quando nel febbraio 1922 chiederà, quale condizione per accettare l'incarico di formare il governo, il decreto di scioglimento "in bianco", da usare contro l'eventuale voto di sfiducia iniziale dei popolari di Sturzo.[6]

Analizzeremo lo scioglimento del 1921 sotto un profilo istituzionale (a chi spetti il potere di decidere le elezioni anticipate) e sotto un profilo politico (i motivi e i risultati di quella decisione).

1. *La polemica sul potere di scioglimento della Camera*

I socialisti hanno ben presente il ruolo del re nella decisione dello scioglimento della Camera. Cercano quindi di evitarlo facendo pressioni sulla Corona. Il socialista riformista Turati agita lo spettro di una campagna elettorale centrata sull'antagonismo monarchia/repubblica e, implicitamente, sul connesso tema dell'Assemblea costituente, riproposto da più parti politiche nel primo dopoguerra:[7] «L'atto dello scioglimento della Ca-

3. Giovanni Giolitti, *Memorie della mia vita*, Monza, Garzanti, 1945, p. 607.

4. Augusto Barbera, *Tendenze nello scioglimento delle Assemblee parlamentari*, in «Associazione per gli studi e le ricerche parlamentari», 7 (1996), p. 8.

5. Per il caso del 1869 cfr. Aldo Berselli, *Il governo della Destra*, Bologna, il Mulino, 1997, p. 30. Per il caso del 1879 cfr. Gaetano Arangio-Ruiz, *Storia costituzionale del Regno d'Italia, 1848-1898*, Napoli, Jovene, 1985 (1ª ed. 1898), p. 339. Per il caso del 1898 cfr. Domenico Farini, *Diario di fine secolo*, vol. II, Roma, Bardi, 1962, pp. 1319-1320. Per il caso del 1900 cfr. Luigi Pelloux, *Quelques souvenirs de ma vie,* a cura e con un'introduzione di Gastone Manacorda, Roma, Istituto per la storia del Risorgimento, 1967, pp. 207-208.

6. Marcello Soleri, *Memorie*, Roma, Libro Aperto, 2013 (1ª ed. 1949), p. 142.

7. Cfr. *Potere costituente e riforme costituzionali*, a cura di Paolo Pombeni, Bologna, il Mulino, 1992, pp. 195-224. Vedi anche E. Spagnoli, *Il dibattito sull'Assemblea Costi-*

mera, al di sopra del presidente del Consiglio e del Governo, riguarda le prerogative del re, e le elezioni si farebbero per la Repubblica italiana».[8]

Turati, sebbene lontano dalle rivendicazioni repubblicane del suo compagno Treves,[9] sembra voler mettere in guardia il sovrano, seppur con qualche forzatura, sul rischio istituzionale che potrebbe correre la Corona, lasciando svolgere le elezioni nel contesto di una strisciante "guerra civile" tra socialisti e comunisti da un lato e fascisti dall'altro.

Il socialista riformista Modigliani, sottolineando che le elezioni si intendono fare «perché i partiti che vogliono rinnovare sono alla Camera troppo forti», prende di mira direttamente il re:

> Se un diritto di iniziativa incondizionata in materia di scioglimento spettasse alla Corona e questa ne usasse come arma in favore di un partito, la risposta non potrebbe essere che una sola: abbasso la Corona![10]

Di fronte al grido dei deputati socialisti «abbasso il re»,[11] Giolitti e i ministri abbandonano l'Aula in segno di protesta. Il giovane presidente della Camera De Nicola (ben visto anche dai socialisti riformisti nella prospettiva di una eventuale successione a Giolitti) invita Modigliani a «rispettare il sentimento della grande maggioranza della Camera e del paese», ma non interrompe l'intervento dell'oratore, né sospende la seduta. Secondo Turati il fatto che tutti i parlamentari (compresi quelli di maggioranza) rimangano «fermi al loro posto», senza uscire dall'Aula imitando i ministri, esprimerebbe una larvata critica a Giolitti e, più in generale, alle ipotesi di scioglimento.[12] A tal fine, i socialisti propongono di votare la fissazione della data e dell'ordine del giorno della prima seduta dopo l'interruzione per le festività pasquali, anziché rinviare *sine die* la ripresa dei lavori parlamentari. Lo scopo è fare emergere la volontà dell'Assemblea di continuare a vivere, approvando le molte riforme pronte per l'esame in Aula: le otto ore lavora-

tuente in Italia fra il 1917 e il 1919 (tesi di laurea in Storia contemporanea presso l'Università degli Studi di Roma "La Sapienza", a.a. 2003-2004, relatore Giovanni Sabbatucci, correlatore Roberto Gualtieri).

8. Atti Parlamentari (da ora in poi AP), *Camera*, 15 marzo 1921, p. 8844.

9. *Potere costituente e riforme costituzionali*, pp. 206-214.

10. AP, *Camera*, 23 marzo 1921, pp. 9709-9710.

11. *Il fallimento del gran piano di attacco contro il ministero*, in «La Stampa», 24 marzo 1921.

12. AP, *Camera*, 23 marzo 1921, p. 9716. Anna Kuliscioff non si meraviglierebbe se, di fronte a tali «schiaffi morali», Giolitti presentasse le sue dimissioni. Cfr. Filippo Turati, Anna Kuliscioff, *Carteggio*, V, *1919-1922. Dopoguerra e fascismo*, Torino, Einaudi, 1977, p. 691.

tive, il lavoro a domicilio, il controllo operaio delle industrie, la modifica dell'articolo 5 dello Statuto.[13] Proprio questa riforma costituzionale (volta a sottrarre al re i poteri di fare la guerra e la pace, attribuendoli al Parlamento) è usata dall'ex combattente Susi per criticare l'incoerenza Giolitti, che, da un lato, propone il rafforzamento dei poteri parlamentari, dall'altro «fa uso e abuso dell'articolo 9 dello stesso Statuto», utilizzando i poteri del re per sciogliere la Camera.[14]

Né il monito turatiano sulle elezioni come possibili "apripista" della Costituente, né l'attacco di Modigliani alla Corona sul potere di scioglimento, facilitano il tentativo socialista di coalizzare un fronte anti-elezioni facendo leva sulle forze politiche democratiche. Il popolare Cingolani, sottolineando che né in Parlamento né nel paese «c'è aria di Costituente», critica l'«uso strumentale» di un voto procedurale (la fissazione della data della ripresa dei lavori parlamentari) per attaccare il governo.[15] Il radicale Sacchi conferma «la fede nelle istituzioni plebiscitarie» (distinguendo, secondo la tradizione democratica, i plebisciti a suffragio universale dallo Statuto *octroyée*), ma ribadisce anche la devozione per la persona del re.[16] Alla fine, la Camera, dando un contentino al principio della propria autonomia, indica la data della ripresa dei lavori, collocandola però a distanza di quasi un mese (il 19 aprile), sorta di foglia di fico per coprire la prospettiva di uno scioglimento ritenuto ormai imminente (avverrà, infatti, il 7 aprile).[17]

Secondo le informazioni fornite da Turati, le elezioni, di fatto sulla bocca di tutti, sarebbero invece tenute nascoste da Giolitti agli stessi ministri, facendo pensare

> all'instaurazione di un cancellierato che in Italia è incostituzionale [...] Se ad iniziativa del Governo responsabile, le elezioni si svolgessero in questo clima di violenza [...] alla nuova legislatura si imporrebbe di rivendicare alla Camera elettiva il diritto di autoconvocazione e di autoscioglimento, il diritto, in altre parole, di esistere, a dispetto di chicchessia.[18]

13. AP, *Camera*, 23 marzo 1921, p. 9711.
14. Ivi, p. 9713.
15. Ivi, p. 9715.
16. Ivi, p. 9713.
17. Nello stesso decreto regio di scioglimento è indicata la data di convocazione della nuova Camera, l'11 giugno 1921. Cfr. *Gazzetta Ufficiale del Regno d'Italia*, n. 82, giovedì 7 aprile 1921.
18. AP, *Camera*, 23 marzo 1921, p. 9716. Il diritto di autoconvocazione della Camera era stato già introdotto dalla riforma regolamentare del 6 agosto 1920 ma si trattava di un

La questione del premier-cancelliere era stata già affrontata da Sonnino nel 1897 nel celebre saggio *Torniamo alla Statuto* sottolineando l'usurpazione dei poteri del re da parte del premier/maestro di palazzo. Orlando riprenderà questo tema alla Costituente, analizzandolo però dal punto di vista non del «Premier usurpatore» ma del «Capo dello Stato usurpato», ritenendo addirittura che nella Costituzione del 1948 il presidente della Repubblica sia, di fatto, una sorta di «re fannullone»[19] (per restare nella metafora "merovingica" innescata da Sonnino). In realtà, né in età statutaria, né in età repubblicana, il Capo dello Stato è un re fannullone, conservando i decisivi poteri di nomina del governo e di scioglimento della Camera.[20]

Turati cercherà, tuttavia, fino all'ultimo, di sventare le elezioni con un atto parlamentare:

> Ho preparato un ordine del giorno con cui la Camera metterebbe in mora la monarchia, diffidandola della responsabilità del delitto che forse per incoscienza arteriosclerotica il presidente del Consiglio sta tramando. Ma dovrebbe avere la firma di ogni partito, Orlando, Pantano, Mauri, Boselli - capigruppo o ex presidenti del Consiglio - che sono tutti personalmente del mio parere, come lo è tutta la Camera; ma la firma non la danno... Naturalmente io non posso fare da solo o soltanto coi nittiani e coi socialisti.[21]

Dopo le elezioni, Turati, pur ricorrendo all'iperbole del colpo di Stato, imputerà lo scioglimento del 1921 più che alla Corona o al presidente del Consiglio, proprio alla passività della Camera:

diritto "riservato alla maggioranza" non ad una minoranza (seppur cospicua, di 200 deputati) come richiesto dai socialisti Modigliani e Matteotti. Cfr. AP, *Camera*, 6 agosto 1920, pp. 4966-4969.

19. AP, *Assemblea Costituente*, 23 ottobre 1947, pp. 1469-70.

20. Nel 1951 anche De Gasperi è accusato da Togliatti di essere un «Premier-cancelliere» che, bypassando il Parlamento, fa e disfa i governi mediante crisi extraparlamentari e rimpasti. Il premier replica che, secondo la Costituzione repubblicana (come peraltro in età liberale), sono legittime sia le crisi extraparlamentari (dimissioni volontarie del presidente del Consiglio, nominato dal Capo dello Stato) sia i rimpasti (sostituzioni di ministri, la cui nomina è proposta dal presidente del Consiglio al Capo dello Stato). AP, *Camera*, 17 aprile 1951, pp. 27493-27494.

21. Turati, Kuliscioff, *Carteggio,* V, *1919-1922*, p. 683. Nell'ultima seduta della Camera, il 23 marzo 1921, è presente nelle tribune il ministro della Real Casa, il senatore Mattioli-Pasqualini, a conferma di come il re si tenga direttamente informato sulla situazione parlamentare. Cfr. *Ipotesi intorno alle elezioni*, in «Corriere della Sera», 25 marzo 1921.

> Il colpo di Stato, la cui responsabilità risaliva anche al di sopra dello stesso capo del Governo, fu lasciato fare. Non credo ridonderà ad onore dei maggiori uomini di quella Assemblea – essi che lo potevano – di non aver voluto, di non aver osato impedirlo.[22]

2. *I motivi dello scioglimento*

Il discorso deve partire naturalmente dal "terremoto elettorale" del novembre 1919.

L'appello pacifista rivolto da Nitti «agli operai e ai contadini», chiedendone la collaborazione contro la sedizione fiumana, viene raccolto nelle elezioni del 1919, premiando però i socialisti e i popolari, percepiti come le forze politiche che più di ogni altra si erano impegnate per porre fine alla guerra. La grande novità del voto è data, tuttavia, dal fatto che la classe dirigente liberale, per la prima volta nella storia unitaria, perde la maggioranza in Parlamento.

Dopo di allora, e fino all'ottobre del 1922, i presidenti del Consiglio continueranno a provenire dalla galassia liberal democratica, ma dovranno fare i conti con un Partito socialista "anti-sistema" (il più grande della Camera ma intenzionato «a fare come in Russia» e quindi indisponibile alla collaborazione con i governi liberal democratici), e un Partito popolare, alleato necessario ma scomodo, in quanto portatore del metodo sturziano degli accordi preventivi e vincolanti sulla composizione e il programma del governo, in aperto contrasto con le tradizionali prerogative della Corona e del premier in tale materia.

I premier liberali, costretti quindi all'alleanza con i popolari per garantirsi la fiducia della Camera, cercano di svincolarsi da tale condizionamento facendo leva sulla fiducia della Corona, seguendo però due modi diversi. Nitti e Bonomi, affidandosi al potere regio di nominare il premier, si dimettono volontariamente (crisi extraparlamentari del 1920 e del 1922) nel tentativo (fallito) di ricevere dal sovrano un nuovo incarico. Giolitti, nel 1921, fa invece affidamento sul potere regio di scioglimento della Camera. Nel mutato quadro politico dopo le elezioni del 1919, lo scioglimento si trasforma da strumento "congiunturale" per ridefinire periodicamente gli equilibri interni alla maggioranza di governo (cercando, via via,

22. AP, *Camera*, 24 giugno 1921, p. 213.

di inglobarvi, seppur in modo subalterno, socialisti, nazionalisti e cattolici), in strumento, per così dire, "sistemico", volto a ripristinare la perduta autosufficienza politica della classe dirigente liberale, emancipandosi dai condizionamenti dei partiti di massa.[23]

In realtà, nel febbraio del 1920, Anna Kuliscioff parla di elezioni anticipate ancora in senso "collaborazionista", volte cioè a rafforzare la maggioranza progressista di Nitti (in difficoltà con i cattolici),[24] chiedendo a Turati come si sarebbero comportati i socialisti di fronte a tale evenienza:

> Appoggerete il governo se dovesse anche sciogliere la Camera e fare le elezioni sulla piattaforma del vostro programma? Bada che non vi è nulla di fantastico in questa ipotesi, tanto più che credo non troverebbe alcun ostacolo neppure nella volontà di S.M. il re [...] Giolitti non si farebbe il minimo scrupolo di fare un colpo di scena del genere, ma Nitti, che pure cerca di scimmiottare il Giolitti in molte cose, chissà se avrà il coraggio di attaccarsi a quest' ancora di salvezza.[25]

Turati è scettico al riguardo:

> Se si faranno nuove elezioni in estate, la situazione si ripresenterà ad un dipresso come l'attuale: solo è probabile che noi decresceremo, e sarebbe un bene, e i popolari aumenteranno. Bisognerebbe (mi diceva or ora Leonida, che domani va in clinica per la sua uretra, e che ti saluta), fare il possibile perché le nuove elezioni mandassero almeno 250 socialisti alla Camera, di guisa che fossero obbligati a prendere il potere. Sarebbe un via d'uscita...dal suo punto di vista.[26]

Una via d'uscita "collaborazionista" sembra voler essere imboccata il 18 marzo del 1921 dal gruppo parlamentare socialista, dichiarando di essere disponibile ad «un'azione parlamentare costruttiva», volta a rimpingua-

23. «Giolitti scioglie la Camera senz'altro motivo plausibile che quello di ridurre popolari e socialisti». Cfr. Introduzione di Nino Valeri a Giovanni Giolitti, *Discorsi extraparlamentari*, Torino, Einaudi, 1952, p. 52.

24. I popolari, critici per come Nitti ha gestito gli scioperi di postelegrafonici e ferrovieri nel gennaio del 1920 (accordi col sindacato "rosso", nessun riconoscimento a quello "bianco", che continuava a far funzionare i servizi pubblici), usciranno a marzo dal governo, garantendo però la sopravvivenza di Nitti con un voto di fiducia "di attesa". Cfr. Fabrizio Rossi, *Le crisi di governo dalla guerra al fascismo (1915-1922),* in «Storia, Amministrazione, Costituzione», 26 (2018), p. 239.

25. Turati, Kuliscioff, *Carteggio,* V, *1919-1922*, p. 363.

26. Ivi, p. 370. Leonida Bissolati, espulso dal Partito socialista nel 1912, era rimasto grande amico di Turati. Morirà di lì a poco, il 6 maggio 1920.

re la sempre più assottigliata maggioranza giolittiana. Tale dichiarazione, sebbene sconfessata dalla direzione massimalista del partito,[27] è tuttavia sufficiente a far cambiare idea al direttore del «Corriere della Sera», Luigi Albertini, favorevole ora alle elezioni pur di scongiurare ogni ipotesi di collaborazione tra Giolitti e i socialisti riformisti: «se la dilazione ad un momento più calmo non può avvenire che a costo di simile resa a discrezione delle forze costituzionali, allora piuttosto si interroghi il paese».[28] Un'altra «potente spinta alla tendenza elezionista» viene dall'attentato anarchico al teatro Diana di Milano nella notte tra il 23 e il 24 marzo 1921, in segno di protesta per la detenzione di Enrico Malatesta, provocando 21 morti e 200 feriti.[29]

Vengono dunque al pettine i due grandi problemi di Giolitti: il rapporto con i socialisti e la gestione della sua eterogenea maggioranza. Dopo l'instabilità dei gabinetti Nitti (mega rimpasto di marzo, crisi del maggio e del giugno 1920), il governo Giolitti, invocato da tutti i settori liberal democratici, compresi gli ex-interventisti, segue una linea pacifista in politica estera (abbandono dell'Albania, trattato di Rapallo con la Jugoslavia, liquidazione dell'avventura fiumana) e una linea progressista in politica interna (tassazione dei sopraprofitti di guerra, imposta di successione al 75% per i grandi patrimoni, nominatività dei titoli, progetto del controllo operaio nelle industrie).

Si mostra, inoltre, rispettoso delle prerogative parlamentari. A differenza di Nitti, che aveva cercato di abolire il prezzo politico del pane con decreto legge (ed anche per questo era stato costretto alle dimissioni), Giolitti sceglie invece la via del disegno di legge,[30] approvato dopo un lungo ostruzionismo socialista. Promuove, infine, l'istituzione delle Commissioni per gli affari esteri (coinvolgendole nelle trattative diplomatiche con la

27. Ivi, p. 681. Kuliscioff definisce la posizione massimalista «gramigna demagogica che non sarà tanto facile da estirpare».

28. *La mossa dei socialisti,* in «Corriere della Sera», 18 marzo 1921.

29. Renzo De Felice, *Mussolini il fascista*, vol. I: *La conquista del potere, 1921-1925,* Torino, Einaudi, 1966, p. 63. Anche l'attentato anarchico, e la morte del premier spagnolo Eduardo Dato, indebolisce la "fronda" anti-elezioni. Turati, Kuliscioff, *Carteggio*, V, *1919-1922,* p. 671.

30. Il «bolscevico dell'Annunziata» non manca tuttavia di usare il decreto legge contro il diritto di proprietà per fronteggiare la crisi degli alloggi. Cfr. Fabrizio Rossi, *Parlamento e decretazione d'urgenza nella crisi dello Stato liberale (1918-1925),* in *Parlamento e storia d'Italia, II, Procedure e politiche*, a cura di Vincenzo Casamassima, Andrea Frangioni, Pisa, Edizione della Normale, 2016, p. 249.

Jugoslavia), innescando l'ampia riforma regolamentare della Camera del 1920 (relatore Modigliani) sulle Commissioni permanenti, competenti per materia e designate dai gruppi parlamentari.

La caratura politica progressista di Giolitti non basta però a convincere i socialisti a sostenere il suo governo. Turati, ingabbiato nel mito dell'unità del partito, adotta un doppio registro. In privato, accusa i massimalisti di aver fatto cadere, nel maggio del 1920, il governo pacifista di Nitti («i miei compagni sono dei delinquenti [...] fanno l'arrembaggio alla nave ministeriale contro la politica estera nostra»), invitando ad appoggiare un governo Giolitti (o Nitti-Giolitti).[31] In pubblico, sostiene, invece, che la collaborazione di governo avrebbe «abbandonato le masse all'anarchismo», sottolineando una specie di «felice incoerenza» del partito, che appare, da un lato, il sabotatore del Parlamento "borghese", dall'altro il suo più energico difensore.[32]

In questo clima il massimalista Lombardo attacca frontalmente Giolitti: «se l'ostruzionismo più non si potesse compiere sul progetto del pane [...] esso si effettuerebbe contro tutta la vostra politica e voi presto o tardi dovreste sciogliere la Camera e indire le elezioni». Ma poi, a mo' di sfida, accusa il premier di non avere il coraggio di farle «perché sa di avere contro la volontà del paese». Giolitti replica che «la volontà del paese è rappresentata dalla maggioranza della Camera»[33] e, fiducioso come sempre nelle istituzioni rappresentative, si appresta a ricorrere di nuovo, con l'appoggio del re, all'appello popolare.

Il principale motivo di tale scelta va però individuato nella realistica presa d'atto della progressiva erosione della sua maggioranza. Ai nazionalisti e ai salandrini, già critici del *lasseiz faire* sull'occupazione delle fabbriche, delle tasse sui ceti abbienti, della politica estera pacifista, si aggiungono i democratici nittiani, il gruppo di Rinnovamento (il movimento degli ex reduci) e alcuni radicali. Tale progressiva erosione, spesso manifestata con «aggiramenti e imboscate»,[34] costringe Giolitti a ricorrere alle «questioni di fiducia» per ricompattare la maggioranza. Il 3 febbraio, sulla mozione Matteotti, che accusa il governo di incapacità nell'arrestare le violenze fasciste, i deputati favorevoli alla fiducia sono 226, (sotto la

31. Turati, Kuliscioff, *Carteggio*, V, *1919-1922*, pp. 487 e 500-501.
32. AP, *Camera*, 26 giugno 1920, pp. 2431-2432.
33. AP, *Camera*, 9 febbraio 1921, p. 7521.
34. Luigi Salvatorelli, Giovanni Mira, *Storia dell'Italia nel periodo fascista*, Torino, Einaudi, 1964, p. 186.

soglia della maggioranza assoluta di 255, calcolata sui 508 componenti dell'Assemblea).[35] Il 15 febbraio, sul passaggio all'esame degli articoli della legge sul pane, il voto di fiducia si assottiglia (207).[36] Il 23 febbraio, sull'ordine del giorno degli ex interventisti sulla questione del fiumano porto Baros,[37] i numeri scendono ancora (199), ma l'astensione socialista compensa, in qualche modo, le molte assenze dei liberali. Infine il 10 marzo, ancora su una questione procedurale relativa ai tempi e ai modi della discussione sulla politica estera, i socialisti passano dall'astensione al voto contrario, mescolando contraddittoriamente il loro pacifismo (critica alla spedizione militare francese in tre città tedesche)[38] al persistente nazionalismo "fiumano" degli ex interventisti. La massiccia ed eterogenea opposizione di 150 voti (nittiani, riformisti, socialisti, comunisti, il gruppo di Rinnovamento, alcuni radicali) viene interpretata dalla stampa come una larvata opposizione alle elezioni, che si vorrebbero impedire anche attraverso una crisi di governo.[39]

Giolitti, da tempo sottoposto al "fuoco incrociato" di chi lo critica per la sua debolezza nel reprimere le violenze delle sinistre e di chi, invece, lo accusa di essere connivente con lo squadrismo fascista, e ora attaccato, da destra e da sinistra, anche sulla politica estera, si sfoga con l'amico Frassati, che condivide con lui l'opinione di una Camera in cui «l'incoscienza di molti deputati ha sorpassato ogni limite di umana decenza». [40]

35. AP, *Camera*, 3 febbraio 1921, pp. 7331-7333.

36. AP, *Camera,* 15 febbraio 1921, pp. 7708-7713.

37. Giolitti non ricorre formalmente alla questione di fiducia ma sottolinea che il voto "procedurale" sulla data dello svolgimento della mozione Gasparotto è «un pretesto per una opposizione puramente politica» e in questo caso «è dovere di ogni governo sapere se ha una maggioranza» (e il voto, in questi casi, si svolge sempre con appello nominale palese). AP, *Camera*, 23 febbraio 1921, p. 8032.

38. Il segretario del Partito socialista Bacci attacca il governo anche sulla politica interna: «Giolitti è sorto come instauratore della pace e ci ha dato la guerra civile, come istauratore dell'economia pubblica e ci ha dato un dilagare continuo della disoccupazione... assiste alla distruzione dei nostri presidi proletari, come le Case del popolo e le Camere del lavoro». AP, *Camera,* 10 marzo 1921, p. 8633.

39. *La manovra combinata. Il retroscena: folle paura delle elezioni*, in «La Stampa», 11 marzo 1921.

40. *Dalle Carte di Giovanni Giolitti. Quarant'anni di politica italiana. III. Dai prodromi della grande guerra al fascismo, 1910-1928,* a cura di Claudio Pavone, Milano, Feltrinelli, 1962, p. 329.

Altro esempio della difficile “gestione” della Camera, è la frequente richiesta della verifica del numero legale, procedura ostruzionistica utilizzata dai socialisti durante l’esame della legge sul pane[41] e ripresa ora dai settori della maggioranza più ostili alle elezioni. Tale richiesta è avanzata anche sul voto per l’istituzione della commissione sull’aggiornamento (in rapporto alla popolazione) delle circoscrizioni dei collegi elettorali, adempimento necessario per legge e naturalmente sollecitato da Giolitti. Turati ne propone il rinvio per consentire l’intesa tra i partiti ai fini di una equa rappresentanza proporzionale nella composizione della commissione, precisando, tuttavia l’estraneità dei socialisti «tanto all’ostruzionismo popolaresco (cioè dei popolari, n.d.a.) e ministeriale quanto alle manovre di quegli altri che tentano di profittarne per dare l’assalto alla diligenza ministeriale» (i settori liberal democratici favorevoli ad un ritorno di Nitti o all’ipotesi De Nicola).[42]

La stampa filogovernativa, specie la giolittiana «Tribuna», evidenzia proprio l’aspetto istituzionale del cattivo funzionamento dei lavori della Camera. Oltre all’ostruzionismo socialista, al ricorso al voto di fiducia, alle richieste di verifica del numero legale, si sottolineano le mancate relazioni delle Commissioni sui bilanci dei ministeri, sulla modifica dell’articolo 5 dello Statuto e sull’esame di Stato,[43] vero *punctum dolens*, quest’ultimo, del rapporto tra Giolitti e Sturzo. Secondo Giolitti, infatti, il disegno di legge sull’esame di Stato è uno dei motivi dello scioglimento poiché «solo dal responso dei comizi generali potevano essere risolte le contrarietà e le incertezze emerse fra gli stessi partiti costituzionali».[44] Secondo Sturzo, invece, è lo stesso premier ad ostacolarne l’approvazione: «il progetto Croce sull’esame di Stato era caduto in commissione con i voti dei giolittiani, e Giolitti non si decideva a portarlo alla discussione della Camera, come gli fu richiesto dal segretario del gruppo».[45]

Nitti critica le «falsità» della stampa filogovernativa che «esagera o inventa i torti di questa Camera» il cui dovere, di fronte alle violente «lotte civili che si contendono i comuni d’Italia», è quello di rimanere «aperta» per accertare tutte le responsabilità di quelle violenze, accennando pure

41. AP, *Camera*, 12 febbraio 1921, pp. 7632-7634.

42. AP, *Camera*, 1° marzo 1921, p. 8260.

43. *Pro e contro l’appello al paese*, in «Corriere della Sera», 16 marzo 1921.

44. Giolitti, *Memorie della mia vita*, p. 608.

45. Luigi Sturzo, *Popolarismo e fascismo*, Roma, Edizioni di Storia e Letteratura, 2013, (1ª ed. 1924), p. 47.

ad una modifica, sul modello francese, dell'articolo 9 dello Statuto sullo scioglimento, garantendo maggiormente la Camera.[46]

Si può supporre che la scelta di Giolitti, avversata anche da alcuni dei suoi più fedeli amici,[47] possa essere stata influenzata dal successo dei blocchi nazionali (comprendenti anche i fascisti) nelle elezioni locali dell'autunno del 1920.[48] Tuttavia se sono conquistati centri importanti come Roma, Venezia, Genova, Napoli, Bari, Palermo, Firenze, Torino, anche i socialisti ottengono un buon risultato (2162 comuni su 8059 e 25 province su 69).[49] Inoltre, Giolitti ha ben presente la differenza tra la legge maggioritaria a livello locale (apprezzata anche da Matteotti),[50] e la legge proporzionale per le elezioni politiche che non ha mai amato. Proprio per questo è stato, tuttavia, osservato che l'estensione del sistema dei blocchi nazionali alle elezioni politiche sarebbe stato individuato come lo strumento per «aggirare la proporzionale», precostituendo «un'alleanza politica preelettorale» (capace di fronteggiare la compattezza dei partiti di massa), «assimilabile alla volontà di attribuire agli elettori il potere di scegliere, in forza di un'investitura popolare, la compagine di governo».[51]

La storiografia ha dato infine importanza al problema del rapporto di Giolitti con i socialisti. Lo «stupido e inconcludente» ostruzionismo socia-

46. AP, *Camera*, 1° marzo 1921, p. 8262 e 23 marzo 1921, p. 9714.

47. Il ministro degli Esteri Sforza (cfr. Salvatorelli, Mira, *Storia dell'Italia nel periodo fascista*, p. 188). Il vice-presidente del Senato Cefaly (cfr. Aldo A. Mola, *Il centenario del quinto governo Giolitti (1920-1921). Verso l'eclissi dei liberali in Italia*, in «Libro aperto», luglio-settembre 2021, p. 135). L'ambasciatore a Berlino Frassati (cfr. *Dalle Carte di Giovanni Giolitti*, p. 329).

48. Nino Valeri, *Giovanni Giolitti*, Torino, Utet, 1971, p. 316.

49. Angelo Tasca, *Nascita e avvento del fascismo*, vol. I, Roma-Bari, Laterza, 1974, (1ª ed. 1950), pp. 144-145.

50. Giuseppe De Cesare, *L'ordinamento comunale e provinciale in Italia dal 1862 al 1942*, Milano, Giuffrè, 1977, pp. 653-655.

51. Piergiorgio Corbetta e Maria S. Piretti, *Atlante storico-elettorale d'Italia, 1861-2008*, Bologna, Zanichelli, 2009, p. 85. Anche Turati sostiene che «il blocco nazionale mirava a distruggere la proporzionale [...] il blocco, triste necessità del sistema maggioritario, nel quale la metà più uno schiaccia tutti gli altri partiti, è implicitamente vietato dalla legge proporzionale [...] le elezioni a sistema proporzionale fatte con il blocco sono in realtà una truffa fatta alla legge e agli elettori», tanto più perché «il blocco si sblocca il giorno dopo». AP, *Camera*, 24 giugno 1921, p. 215. Seppur in un contesto diverso, Turati "anticipa" espressioni e concetti divenuti celebri in età repubblicana (la «truffa dei Blocchi» in un sistema proporzionale, le alleanze pre-elettorali «utili a vincere le elezioni ma non a costruire governi stabili»).

lista sulla legge sul pane,[52] peraltro abbandonato a metà febbraio 1921 per i buoni uffici di Turati,[53] non sembra possa aver influenzato più di tanto la decisione sullo scioglimento, che invece appare legato alla mancata evoluzione "collaborazionista" dei socialisti riformisti turatiani.

A tale riguardo, il *turning point* è rappresentato dal congresso socialista di Livorno del gennaio 1921. Mussolini riteneva imminenti le elezioni a seguito della probabile scissione "a destra" del partito: «solo così può determinarsi il fatto nuovo che conduca al potere quelli che saranno gli "epurati" del prossimo Congresso socialista».[54] Come è noto, invece, a Livorno la scissione avviene "a sinistra", con la nascita del Partito comunista, ma il congresso conferma anche l'indisponibilità ad una collaborazione con il governo non solo dei massimalisti, ma anche dei riformisti. Tramontata la prospettiva dell'accordo con Turati (da suggellare o meno con il ricorso alle urne), un "deluso" Giolitti[55] decide comunque di fare le elezioni nella prospettiva di ridurre il peso parlamentare di un Partito socialista spostato a sinistra.

3. *Il giudizio di Giolitti*

Nella relazione che accompagna il decreto di scioglimento,[56] Giolitti rovescia gli argomenti di Nitti e dei socialisti sul pericolo di elezioni svolte in un clima di guerra civile. Le «condizioni turbate in alcune province» sono, anzi, un motivo in più per farle, poiché «la volontà del Paese è la più grande delle forze per imporre a tutti di cessare violenze e per ristabilire l'impero della legge».[57] Giolitti non menziona affatto la difficile situazione parlamentare da tempo al centro del dibattito pubblico (erosione della maggioranza,

52. Turati, Kuliscioff, *Carteggio*, V, *1919-1922*, p. 629.

53. AP, *Camera*, 15 febbraio 1921, pp. 7708-7714.

54. Citato in Tasca, *Nascita e avvento del fascismo*, p. 199.

55. Giorgio Candeloro, *Storia dell'Italia moderna,* VIII, *1914-1922*, Milano, Feltrinelli, 1979, p. 369. De Felice, *Mussolini il fascista*, p. 49. Giovanni Sabbatucci, *La crisi del sistema politico liberale*, in *Il partito politico dalla grande guerra al fascismo*, a cura di Fabio Grassi Orsini e Gaetano Quagliariello, Bologna, il Mulino, 1996, p. 259.

56. *Gazzetta Ufficiale del Regno d'Italia,* 82, 7 Aprile 1921.

57. Gli scontri sanguinosi si intensificano però proprio durante la campagna elettorale provocando 105 morti e 431 feriti, un fenomeno che «non aveva e non avrebbe avuto di simili in tutta la storia d'Italia». De Felice, *Mussolini il fascista,* pp. 87-88.

cattivo funzionamento della Camera) ma indica due motivi: l'esigenza di eleggere i rappresentanti delle provincie annesse con la guerra (Trentino Alto Adige e Venezia Giulia) e le «mutate condizioni del paese» dopo il passaggio da una situazione di guerra (conflitto con l'Albania, contrasto con la Jugoslavia sulla questione fiumana) ad una situazione di pace, e dopo l'avviato risanamento del bilancio grazie all' abolizione del prezzo politico del pane e alla tassazione dei ceti abbienti.

Il primo motivo è debole. Lo stesso Giolitti cita i diversi "precedenti" sullo scioglimento a seguito di annessioni: nel 1866 si fa ricorso ad elezioni circoscritte al territorio veneto, nel 1870 si scioglie la Camera dopo l'annessione di Roma e del Lazio. Giolitti insiste piuttosto sulle «mutate condizioni del paese», sottolineando una politica estera pacifista (raggiunti i confini naturali, «l'Italia non ha più ragioni politiche che possono rendere difficile i suoi rapporti con altri popoli») e democratica (riproponendo la modifica statutaria che attribuisce al Parlamento piena autorità in materia di guerra e pace). Ma nella relazione è anche riproposta una collaborazione con i partiti di massa: con i popolari (il problema della libertà della scuola «non fu mai seriamente affrontato dal Parlamento») e con i socialisti (sviluppo delle cooperative, partecipazione degli operai al controllo delle industrie), appellandosi direttamente ai lavoratori.[58]

> Le classi lavoratrici hanno superato quel periodo di vaghe aspirazioni rivoluzionarie che furono e sono grave ostacolo a ogni progresso. Sarebbe logico che i lavoratori *invitassero i loro rappresentanti tutti* [corsivo nostro] a prendere nella vita politica una parte attiva anziché limitarsi alla funzione di sola critica.

Tuttavia la campagna elettorale svolta in un clima di guerra civile si orienta, di fatto, in senso anti-socialista, radicalizzando a "destra" i blocchi nazionali (sono eletti 35 fascisti, 11 nazionalisti, 20 salandrini e una ventina dei rappresentanti degli agrari). Nello stesso tempo si acuiscono i contrasti con i popolari (la direzione del partito manifesta subito la contrarietà alla richiesta avanzata da Giolitti di ottenere dalla nuova Camera i "pieni poteri" per realizzare la riforma della burocrazia).[59]

58. Secondo Luigi Albertini, Giolitti «trascina nella relazione i relitti di quella nefasta politica che mercanteggiò l'abbandono di un folle moto rivoluzionario» (cioè l'occupazione delle fabbriche). Cfr. «Corriere della Sera», 8 Aprile 1921 (non firmato). Secondo Sturzo, Giolitti, nella relazione, mira al «suo vecchio sogno di chiamare i socialisti unitari e temperati con lui al governo». Sturzo, *Popolarismo e fascismo*, pp. 46-47.

59. Giolitti, *Memorie della mia vita*, p. 613.

Come è noto, Giolitti fallisce l'obiettivo di ripristinare l'autosufficienza politica della classe dirigente liberale e, di conseguenza, di ritornare ad utilizzare in modo subalterno i partiti e i movimenti di massa come era accaduto prima del 1919. Una parte della storiografia attribuisce però a Giolitti la grave responsabilità di aver aperto la strada a Mussolini che, quale capo, di fatto, delle "destre" (circa 80-90 deputati tra fascisti, nazionalisti, salandrini, agrari), può ora affiancare al perdurante squadrismo, spregiudicate manovre parlamentari.[60]

Secondo Tasca, la scelta di far entrare i fascisti nei blocchi nazionali «ha legalizzato la loro azione terroristica...Da questo punto di vista Giolitti è stato, assai più di Mussolini, il Giovanni Battista del fascismo».[61] Salvemini rincara la dose: Giolitti anticipa Mussolini nel considerare le elezioni dei «ludi cartacei» e la differenza fra i due è soltanto «in quantità e non in qualità», aspirando Mussolini alla unanimità (vi sarebbe riuscito con le elezioni "plebiscitarie" del 1929), mentre Giolitti «si accontentava di fabbricarsi solo delle maggioranze». Per questo «Giolitti fu per Mussolini quel che Giovanni il battezzatore fu per Cristo: gli preparò la strada». Salvemini cita infine Gobetti, secondo cui «Mussolini non fece altro che estendere a tutta l'Italia i mazzieri di Giolitti».[62]

Se l'ex comunista Tasca e l'ex socialista Salvemini esagerano l'impatto politico dell'alleanza elettorale con i fascisti, l'opinione di Giolitti al riguardo è, al contrario, all'insegna dell'*understatement.* Da un lato, omette di ricordare la presenza dei fascisti nei blocchi nazionali e cita solo l'elezione di «una trentina» di essi, «la più parte giovani e animati da spiriti combattivi», ribadendo il suo «antico concetto», applicato in passato a tutte le forze politiche emergenti, che è sempre vantaggioso per le istituzioni avere «una reale forza del paese rappresentata in Parlamento».[63] Dall'altro sconfessa l'intento di aver voluto ripristinare l'egemonia della classe dirigente liberale, affermando di non essersi «proposto, né aspettato un capovolgimento della situazione in tal senso». Inoltre, ammettendo implicitamente

60. Danilo Veneruso, *La vigilia del fascismo. Il primo ministero Facta nella crisi dello Stato liberale in Italia,* Bologna, il Mulino, 1968, pp. 19-21.

61. Tasca, *Nascita e avvento del fascismo,* p. 194.

62. Gaetano Salvemini, *Fu l'Italia prefascista una democrazia*?, in «Il Ponte», VIII, 3 (1952), pp. 85-88.

63. Tra l'autunno del 1920 e il primo semestre del 1921 il fascismo diventa un movimento di massa, sia nelle campagne che nelle città. Tasca, *Nascita e avvento del fascismo,* pp. 151 e 193.

che i blocchi nazionali non sono stati in grado di «aggirare la proporzionale», critica nuovamente quest'ultima:

> Uno spostamento di oltre mezzo milione di voti dai partiti sovversivi a quelli costituzionali [...] che con il sistema maggioritario e con il collegio uninominale sarebbe stato sufficiente a ridurre più della metà il numero dei deputati socialisti, comunisti e repubblicani [...] con il sistema proporzionale non poteva portare che allo spostamento da venti a trenta seggi, quale appunto si ebbe.[64]

Tuttavia, non senza qualche contraddizione, Giolitti non considera «negativo» l'esito delle elezioni perché «la nuova Camera rappresentò, anzitutto, una rianimazione delle forze costituzionali».[65] In realtà tale "rianimazione" non avviene. Da un lato, fallisce il tentativo di formare un unico gruppo parlamentare, riunendo demosociali (che raccolgono ex radicali, ex combattenti e alcuni liberali indipendenti), demoliberali (in gran parte giolittiani) e socialriformisti (Bonomi diffida del progetto unitario, non volendo precludersi la possibilità di un'alleanza con una parte, almeno, dei suoi ex compagni socialisti).[66] Dall'altro, della radicalizzazione "a destra" dei blocchi nazionali farà subito le spese lo stesso Giolitti nel voto di fiducia della Camera neoeletta. I voti contrari di fascisti, nazionalisti, salandrini, nonché le riserve espresse dai demosociali e agrari sulla politica estera conciliante con la Jugoslavia, inducono il premier alle dimissioni. Rifiutando il reincarico propostogli dal re, Giolitti «riconobbe il fallimento del tentativo di avere una Camera che assicurasse una maggioranza stabile alle forze liberali e democratiche di centro».[67]

Conclusioni

Se le elezioni del 1921 possono dunque definirsi un errore politico di Giolitti, la responsabilità di tale errore va tuttavia attribuito, almeno per il 50%, anche «a quella ibrida e faziosa opposizione parlamentare», in cui i

64. Giolitti, *Memorie della mia vita*, pp. 608-610.
65. Ivi, p. 611.
66. Lucio D'Angelo, *La democrazia radicale tra la prima guerra mondiale e il fascismo*, Roma, Bonacci, 1990, pp. 201- 207.
67. Candeloro, *Storia dell'Italia moderna,* VIII, *1914-1922*, p. 370.

democratici nittiani e i socialisti si trovarono fianco a fianco della destra nazionalista e conservatrice e degli ex interventisti di sinistra.[68]

Più complesso è il giudizio su Giolitti "apripista" del fascismo. In primo luogo va sottolineato il tradizionale metodo giolittiano di "integrare" i movimenti di massa, anche violenti. Dopo le elezioni, Giolitti risponde a Turati che non sciolse i Fasci di combattimento, trattandosi di un movimento ormai di massa con 187.000 iscritti: «non è dunque una questione pura di polizia, ma è una questione di politica altissima che va risolta dal Parlamento». Confrontando poi il fenomeno fascista con quello socialista-rivoluzionario dell'occupazione di migliaia di fabbriche nel settembre del 1920, afferma che il governo intende «procedere con lo stesso sistema seguito allora» non intervenendo con la violenza «se non nei limiti della legge».[69] Nonostante gli eccessi rivoluzionari e gli episodi di violenza del «biennio rosso»,[70] l'equiparazione giolittiana non regge. Come per molti altri leader liberali, il limite di Giolitti fu quello di «non comprendere che la violenza, "epifenomeno" del movimento socialista, era la sostanza stessa del fascismo».[71]

In secondo luogo occorre ricordare che l'avvento di Mussolini al potere avviene un anno e mezzo dopo le elezioni del maggio 1921. Questo non breve periodo non può essere considerato un piano inclinato, destinato inevitabilmente a sfociare nel fascismo. Mussolini è ora il capo riconosciuto del drappello delle destre, ma nella nuova Camera socialisti e popolari sono ancora i due gruppi più forti.[72] Inoltre, per contrastare l'*escalation* del fascismo sono a disposizione due crisi parlamentari, nel febbraio e nel luglio del 1922. Purtroppo le possibili soluzioni di quelle crisi, volte a contenere il fascismo o a formare un vero e proprio governo anti-fascista, sono impedite dai reciproci veti di Sturzo e Giolitti (rispettivamente nel febbraio e nel luglio).

Dopo di allora la Camera esaurisce tutte le sue risorse. L'epitaffio di questa impotenza è espresso dal maestro del diritto pubblico italiano, Vittorio Emanuele Orlando, che, di fronte all'imminente marcia su Roma, ritiene che un nuovo dibattito e un nuovo voto della Camera siano «un'inutile accademia, simile a quella che nel luglio 1922 (di fronte alla deva-

68. Salvatorelli e Mira, *Storia d'Italia nel periodo fascista*, p. 189.

69. AP, *Camera*, 26 giugno 1921, p. 296.

70. Tasca, *Nascita e avvento del fascismo*, pp. 125-130 e 153-159.

71. Salvatorelli e Mira, *Storia d'Italia nel periodo fascista*, p. 177. Giolitti, riferendosi alla campagna elettorale, parla però di «lotte fra comunisti e fascisti». AP, *Camera*, 26 giugno, p. 295.

72. I socialisti hanno 123 seggi, i popolari 108.

stazione fascista della casa del deputato popolare Miglioli), aveva indicato un gabinetto di sinistra che poi non si è potuto fare».[73]

L'avvento del fascismo è il frutto di un concorso di colpe che coinvolge tutti i principali protagonisti del dopoguerra. Il massimalismo (e il riformismo) socialista, indisponibili a collaborare con un governo liberal democratico, l'incompatibilità politica e istituzionale tra Giolitti e Sturzo, l'illusione della classe dirigente liberale di poter ripristinare la propria egemonia usando come strumento il fascismo, non comprendendone la sostanza violenta ed eversiva, e, infine, l'atteggiamento della Corona alla quale, come sempre, sarebbe spettata l'ultima parola.

73. Antonino Repaci, *La marcia su Roma*, Rizzoli, Milano, 1972, p. 751.

Nicola A. D'Amelio

Il sistema elettorale alla prova delle elezioni della Camera dei deputati del 1919 e del 1921

Introduzione

Uno dei temi centrali negli studi sui sistemi elettorali riguarda gli effetti che essi possono avere sul sistema dei partiti e, più in generale, su quello politico. Nella storia del nostro paese il dibatto inerente si accompagna spesso a momenti di intensa, e anche radicale, trasformazione politica. Non a caso alcune tra le più importanti riforme elettorali si sono prodotte dopo le due guerre mondiali e, più recentemente, con la crisi della Prima repubblica e la conseguente dissoluzione dei partiti fino ad allora sue colonne portanti.

In questa sede ci occupiamo del sistema elettorale impiegato nelle elezioni politiche del 1919 e del 1921; importanti, le prime, perché mai in precedenza la competizione partitica si era giocata su di una base proporzionale,[1] e le seconde, perché costituiscono il momento elettorale che anticipa l'avvento del fascismo, in un clima in cui si susseguono eventi politici di grande rilievo, tra l'altro compresi in un breve lasso di tempo. La dimensione storica consente, in tal senso, di valutare con adeguata visione e maggiore chiarezza l'efficacia e le conseguenze delle soluzioni, nonché la loro adottabilità in nuovi contesti.[2]

A distanza di un secolo persistono ancora oggi interrogativi su tale riforma e sul suo essere, in qualche modo, concausa del crollo del regime liberale. Interrogativi ai quali certo non riusciremo a dare risposta esausti-

1. Già nel 1882 si abbandona la competizione maggioritaria in collegi uninominali adottando lo scrutinio di lista con collegi plurinominali dove si eleggono da due a cinque deputati, ma non classificabile come "proporzionale".

2. Serge Noiret, *La nascita del sistema dei partiti nell'Italia contemporanea. La proporzionale del 1919*, Manduria-Bari-Roma, Lacaita, 1994, p. 202, nota 7.

va, per la complessità delle vicende e per il tipo di analisi che qui si propone. Atteso, tuttavia, che anche un contributo parziale possa favorire la comprensione di eventi, situazioni e fatti pur lontani. Sullo sfondo del contesto storico di allora vengono osservate e analizzate le ragioni che hanno sostenuto l'implementazione del sistema e le sue caratteristiche strutturali, così come le aspettative dei promotori, i risultati conseguiti e gli scenari alternativi elaborati da simulazioni.

1. *Il contesto e le aspettative*

Alla conclusione della Grande guerra il quadro è desolante, il paese è distrutto e la situazione economica disastrosa. La smobilitazione delle forze armate, pur graduale, vede circa tre milioni di reduci alla ricerca di una collocazione, oltre a mezzo milione di invalidi. La "vittoria mutilata" alimenta idee e sentimenti su cui trovano origine diverse formazioni politiche, anticipatrici dell'avvento prossimo del fascismo, con segnali sovversivi che non mancano neppure sul fronte di sinistra.

La necessità di ridurre la distanza tra società e Stato, oltre all'esigenza di una ricomposizione delle divisioni sociali e di un'integrazione delle nuove forze politiche, impongono ampie riforme, tra cui non può mancare una seria revisione dell'istituto della rappresentanza,[3] alla prova del suffragio universale,[4] che riconosce e abilita le grandi masse nell'elettorato attivo.

In Italia, così come in diversi paesi europei,[5] si comincia a intravedere in un sistema elettorale proporzionale la chiave di volta per rilegittimare le istituzioni, canalizzando, altresì, le diverse forme di protesta su di un terreno pacifico, legale e democratico.

Tra le molteplici ragioni che si pongono alla base dell'esigenza di una modifica del sistema elettorale in Italia, vi è pure la volontà di rescindere i

3. Una interessante trattazione dell'epoca sull'istituto della rappresentanza sotto il profilo storico e teorico si riscontra in Francesco Ruffini, *Guerra e riforme costituzionali. Suffragio universale, Principio maggioritario, Elezione proporzionale, Rappresentanza organica,* Torino, Stamperia Reale di G.B. Paravia, 1920.

4. Il suffragio universale maschile fu introdotto con la legge del 30 giugno 1912, n. 666, con l'estensione dell'elettorato attivo a tutti i cittadini maschi di età superiore ai 30 anni senza requisiti di censo né di istruzione.

5. Cfr. Maurizio Griffo e Gaetano Quagliariello, *La rappresentanza proporzionale nella storia d'Italia*, in «Ventunesimo secolo», 8, 18 (2009), pp. 57-76.

legami notabilari e clientelari tra elettori ed eletti (o eleggibili) – cardini del "modello Giolitti"[6] – valorizzando programmi e idee che guardano all'interesse generale, più che a quello degli elettori del collegio rappresentato, e promuovendo a tal fine un ruolo nuovo dei partiti nel sistema politico. E di questo, diversi soggetti se ne fanno interpreti. Socialisti e cattolici, in primo luogo, che guardano a un ordine politico dove il partito andrebbe a occupare un ruolo centrale, «legittimo mediatore tra il paese legale e il paese reale».[7]

La soluzione elettorale che garantisce seggi in modo proporzionale al risultato elettorale appare anche come l'ultima ancora di salvataggio per la vecchia classe politica liberale. Un'opinione non insensata, considerate le scarse chances che questa avrebbe avuto di eleggere qualche suo rappresentante nei collegi uninominali, di fronte alla forte espansione del consenso riconosciuto ai partiti di massa.

Nel panorama delle idee affiorano aspirazioni e proposte suggestive, come ad esempio quella di arrivare ad una rappresentanza "specchio" della società. Soluzione tuttavia complessa e non riducibile ad una semplice formula matematica. Nel dibattito si inserisce anche il richiamo di una riforma del Senato verso una rappresentanza «degli interessi», complementare alla rappresentanza «politica», che si «incrocia» con l'introduzione della proporzionale.[8]

I pareri sono, ad ogni modo, tutt'altro che concordi. Non mancano anche i timori, in primis quello di una eccessiva frammentazione, che condurrebbe quasi certamente a governi di coalizione, intrinsecamente più deboli. Inoltre, il necessario allargamento dei collegi aumenta il rischio di un ulteriore allontanamento tra cittadini e rappresentanti, pur potenziando il ruolo dei partiti, come auspicato da socialisti e popolari, molto meno dai liberali. Lo stesso Giolitti considera l'introduzione del proporzionale come una «riforma di nessuna portata».[9]

Tra i sostenitori della riforma, spicca l'Associazione proporzionalista milanese, nata nel capoluogo lombardo nel 1911, la quale focalizza

6. Sul sistema "pseudo-parlamentare", cfr. Giuseppe Maranini, *Storia del potere in Italia*, Firenze, Nuova Guaraldi Editrice, 1983, pp. 234-257.

7. Paolo Pombeni, *Crisi, legittimazione, consenso*, Bologna, il Mulino, 2003, p. 257

8. Vincenzo Casamassima, *La democrazia italiana alla prova del primo dopoguerra. Il tornante delle elezioni del 1919, tra evoluzione del sistema politico-parlamentare e dinamiche della forma di governo*, in «Forum di Quaderni Costituzionali», 3 (2021), pp. 337-338.

9. Aldo A. Mola, *Giovanni Giolitti: la «maledetta proporzionale»*, in *Riforme elettorali e rivolgimenti politici in Italia*, a cura di Giuseppe Romanato e Lodovica M. Mutterle, Sommacampagna (Verona), Cierre, 2020, p. 35.

l'attenzione sui difetti del sistema maggioritario, ossia: una disomogenea distribuzione del numero degli elettori nei collegi; la propensione al clientelismo, alla corruzione e ai brogli; la dispersione dei voti cagione dell'astensionismo. La proporzionale, all'opposto, favorirebbe una campagna elettorale centrata più sui programmi e meno sui candidati, prospettando una rappresentanza non più come delega, ma come designazione dei migliori.[10] L'Associazione propone una riforma basata su un modello proporzionale con scrutinio di lista,[11] l'introduzione della scheda stampata di stato, il voto di preferenza (facoltativo), e i collegi regionali unici dove eleggere fino ad un massimo di 20 deputati.

Il tema dello scrutino di lista è sempre centrale nel dibattito e prevale, soprattutto in casa socialista, su quelli della dimensione delle circoscrizioni[12] e del suffragio universale. Ciò in quanto considerato un valido accorgimento nella lotta alla corruzione e contro il trasformismo politico. Nel favorire lo sviluppo di un regime centrato sul confronto tra idee e partiti con differenti programmi, incoraggerebbe anche il collegamento tra cittadini e azione di governo.[13] E per questo viene rigettata la possibilità di un voto ripartito proporzionalmente espresso verso candidati individuali in collegi uninominali.[14]

Rimangono altresì "stralciati" dalla discussione, il voto alle donne e l'obbligatorietà del voto, questioni sensibili viste come un possibile ostacolo al processo di riforma.

10. Cfr. Maria Serena Piretti, *La giustizia dei numeri. Il proporzionalismo in Italia (1870-1923)*, Bologna, il Mulino, 1990, pp. 123-134.

11. Ivi, pp. 135-137.

12. Ivi, p. 81.

13. Cfr. Serge Noiret, *La riforma elettorale del 1918-19*, in «Meridiana», 29 (1997), pp. 77-78

14. Cfr. Gaspare Ambrosini, *La proporzionale*, Roma, Istituto Italiano di Studi Legislativi, 1945, pp. 7-9. Il collegio uninominale non implica necessariamente una competizione maggioritaria, ma può ben declinarsi anche in un sistema proporzionale. La partita, naturalmente, si gioca su un piano completamente differente: l'obiettivo del candidato uninominale, collegato in gruppo con i candidati della stessa forza politica in altri collegi tutti appartenenti ad un certo "distretto", non è quello di arrivare primo nel collegio, ma quello di massimizzare i propri voti ed i seggi assegnati all'intero gruppo proporzionalmente nel "distretto", e di effettuare una performance (generalmente in termini di rapporto tra voti conseguiti e totale dei voti validi espressi nel collegio), migliore degli altri candidati del suo stesso gruppo. In Italia, nel dopoguerra, tale combinazione è stata adottata nelle elezioni del Senato (fino al 1992) e nelle elezioni dei consigli provinciali antecedenti la riforma attuata con la legge 7 aprile 2014, n. 56 (cd. "Legge Delrio").

2. *Le norme e il sistema elettorale*

Alla fine del 1918, alla Camera, viene nominata una commissione incaricata di elaborare un progetto di riforma.[15] Composta di nove deputati, di cui solo due espressamente contrari alla proporzionale, essa si pone il compito di affrontare i principali nodi riguardanti il disegno di un nuovo sistema elettorale. Tra questi, la dimensione delle circoscrizioni[16] (in termini di numero di deputati da eleggervi), la composizione delle liste, il tipo di scheda, le modalità di espressione del voto (compresa la libertà da parte dell'elettore di modificare la lista predefinita dal partito) e il metodo di ripartizione dei seggi. La commissione e il governo giungono dunque alla definizione di un testo da presentare al Parlamento e il 2 agosto 1919 inizia la discussione.

La rappresentanza proporzionale con scrutinio di lista si adotta con il R. D. 15 agosto 1919, n. 1455, assorbito poi nel testo unico del R. D. 2 settembre 1919, n. 1495, mentre la ripartizione del territorio del regno in 54 collegi plurinominali avviene con il R. D. 10 settembre 1919, n. 1576. Dopo le elezioni del 16 novembre 1919 (indette con R. D. del 29 settembre 1919, n. 1750), la legge elettorale si estende alle nuove province con due atti, il R. D. 18 novembre 1920, n. 1655 e il R. D. del 30 dicembre 1920, n. 1861. Alla vigilia della tornata elettorale del 1921, indetta con R. D. 7 aprile 1921, n. 345, viene pubblicata la tabella delle circoscrizioni nei territori annessi, con la designazione dei capoluoghi e con l'indicazione del numero dei deputati da eleggervi (R. D. 20 marzo 1921, n. 330), a cui si aggiunge la definizione completa del numero dei deputati da eleggere in ognuna delle 34 circoscrizioni interne ai vecchi confini del regno (R. D. 2 aprile 1921, n. 320).

Nella Tabella 1, si presenta un prospetto delle principali norme interessate al processo di modifica del sistema elettorale.

Dalla riforma origina un sistema basato sullo scrutinio di lista all'interno di collegi plurinominali, dove l'elettore può votare per un partito ed esprimere la propria preferenza per i candidati della lista votata (da una a quattro, in base al numero di seggi attribuiti al collegio) o, in alternativa, di altre li-

15. Cfr. Piretti, *La giustizia dei numeri*, pp. 171-184.

16. In questo testo utilizzeremo indifferentemente "collegio" e "circoscrizione"; per approfondimenti sui termini, rimandiamo a Giovanni Schepis, *I sistemi elettorali*, Empoli, Caparrini, 1955, pp. 15-33 e pp. 77-78.

ste (c.d. *panachage*).[17] I partiti, infatti, possono presentare una lista "chiusa" (o "completa"), con un numero di candidati pari ai seggi da distribuire nel collegio, e in tal caso si possono esprimere solo preferenze per quelli della lista votata; oppure una lista "aperta", con un numero di candidati inferiore, e dunque con la possibilità di esprimere preferenze per quelli di altre liste.

La ripartizione dei seggi avviene attraverso il metodo d'Hondt applicato in ciascun collegio.[18] Sono proclamati eletti i candidati che hanno riportato il maggior numero di preferenze sommate ai voti aggiunti ottenuti in altre liste.

Riguardo alla scheda, alle buste e alle modalità di espressione del voto, è sempre centrale il problema della segretezza. L'elettore è chiamato ad esprimere obbligatoriamente la propria preferenza su una scheda stampata che riporta un solo contrassegno di partito, senza i nomi impressi.[19]

3. *Le circoscrizioni*

I collegi elettorali del regno d'Italia (Tabella 2) sono 220 nel 1848, ma subiscono una riduzione l'anno successivo a causa della rioccupazione da parte degli austriaci delle province di Parma e Piacenza. Nel 1860 diventano 387 con l'aggiunta dei collegi della Lombardia, dell'Emilia e della Toscana. Con la proclamazione dell'Unità d'Italia, nel 1861, arrivano a 443, includendo quelli del Meridione e abbandonando quelli di Nizza e Savoia, a cui si sommano, nel 1865, i 50 delle province venete e dei distretti mantovani, portando il numero ad un totale di 493. Il picco massimo (508) si ottiene nel 1870 con i 15 collegi della provincia di Roma.

Nel 1882, con l'allargamento del suffragio che innalza il numero di elettori oltre i due milioni, si "sperimenta" lo scrutinio di lista e, a tal fine,

17. Tale dispositivo consente all'elettore di esprimere la preferenza per candidati non appartenenti alla lista votata, in alternativa al voto di preferenza per candidati della lista votata. In tal modo dando la possibilità, alle figure con ampio seguito personale, di essere "scelte" anche da elettori che, per ragioni ideologiche o altro, desiderano dare il voto a liste diverse da quella a cui queste figure appartengono, ma che, seppure in minima parte (vedi nota 18), beneficiano di questo "voto aggiunto".

18. La cifra elettorale di ciascuna lista, ossia il valore utilizzato per il calcolo dei seggi ad essa spettanti, è data dalla somma dei voti ottenuti nel collegio più il risultato della divisione tra voti aggiunti ottenuti dai propri candidati e numero di seggi spettanti al collegio.

19. Il testo della legge con un eccellente commento teorico pratico si riscontra in Camillo Montalcini, Annibale Alberti, *Legge elettorale politica*, Bologna, Zanichelli, 1919.

i collegi diventano plurinominali e le loro dimensioni vengono allargate, riducendone il numero a 165. Lo scrutinio di lista viene però ben presto abbandonato e, già nel 1892, dopo una nuova ripartizione dei seggi spettanti alle provincie[20] disposta con la legge n. 210 del 5 maggio 1891, si torna a votare nei precedenti 508 collegi uninominali, che restano tali fino all'ultima elezione maggioritaria del 1913, e costituiscono la base per la definizione dei collegi plurinominali nelle elezioni del 1919, quando si adotta per la prima volta il nuovo sistema proporzionale.

Il fatto di conservare inalterato, per oltre un trentennio, il disegno con i 508 collegi uninominali forgia dei veri e propri "territori storici", con tutti i vantaggi e gli inconvenienti relativi.[21]

Nella discussione sulla legge proporzionale attorno alla dimensione dei collegi si attivano forti contrasti. I confini delle circoscrizioni diventano oggetto degli interessi e delle aspettative di partiti, deputati, gruppi di pressione, autorità locali e anche della Chiesa, poco aperta all'idea di creare grandi circoscrizioni al fine di favorire una corretta applicazione della riforma.[22] I liberali mirano a mantenere il massimo numero di circoscrizioni provinciali e alcuni vecchi notabili vorrebbero conservare i collegi uninominali.

L'intesa tra governo e commissione parlamentare fissa a dieci il limite minimo di deputati da eleggere in un collegio. Regola da applicare, tuttavia, solo nella successiva tornata elettorale a seguito di una revisione basata sui dati del futuro censimento del 1921. Il presidente del Consiglio Nitti fa, dunque, introdurre nel testo, una deroga alla norma che prevede un minimo di dieci deputati per collegio, specificando che dopo le elezioni le del 1919 le circoscrizioni saranno oggetto di ridefinizione da parte del governo.

Le circoscrizioni vengono fatte coincidere con il territorio delle province (unità politiche oltreché amministrative) o con quello di due o più

20. Il numero dei collegi per provincia è dato dalla divisione della popolazione del territorio per il quoziente nazionale (ottenuto dividendo la popolazione nazionale del censimento del 1881 per il totale dei seggi), e con i maggiori resti. Cfr. Ministero per l'industria, il commercio e il lavoro, Ufficio Centrale di Statistica, *Statistica delle elezioni generali politiche per la XXIV legislatura*, Roma, Tipografia Nazionale Bertero, 1914

21. Istituto Centrale di Statistica e Ministero per la Costituente, *Compendio delle statistiche elettorali italiane dal 1848 al 1934*, Roma, Stabilimento Tipografico F. Failli, 1946, vol. I, p. 90

22. Noiret, *La riforma elettorale*, pp. 87-88.

di esse; una coincidenza territoriale considerata dal governo come un fatto positivo, vista l'esistenza in loco di prefetti e mezzi, la quale facilita oltretutto i procedimenti giuridico-amministrativi collegati allo svolgimento delle elezioni. La tendenza a ridurre al minimo i casi di accorpamento è indubbiamente una scelta del governo, mentre, per esigenze semplificative, si adotta la tecnica di aggregare i vecchi collegi uninominali disegnati nel 1891[23] e di aggiungere seggi per le nuove province. D'altra parte siamo in un periodo dove non è certo agevole avere a disposizione dati ufficiali e fare elaborazioni complesse.[24]

I casi di accorpamento di due o più province si rendono necessari anche al fine garantire un minimo di proporzionalità, che verrebbe neutralizzata nel caso in cui il calcolo dei seggi riguardasse unità territoriali troppo piccole. Nel disegno si cerca tuttavia di salvaguardare le realtà più esigue che, qualora accorpate ad altre maggiori, potrebbero vedere sacrificati i propri interessi.[25]

Dopo accese discussioni, il limite minimo si fissa a 5 deputati per la prima elezione con la nuova legge e 10 per le successive. Nel caso del 1919 le provincie da accorpare sono 27.[26]

Con riferimento a queste ultime, i seggi vengono quindi ricalcolati non tenendo conto della popolazione aggiornata delle province, ma attraverso una semplice "conta" dei seggi derivati dall'accorpamento dei vecchi collegi uninominali, con conseguenti forti disparità nei rapporti tra popolazione e seggi nei nuovi collegi (ad esempio in quello di Potenza, dove si candida Nitti, e in quello di Cuneo, dove il candidato è Giolitti, il numero di seggi è molto alto rispetto alla popolazione reale).

Originariamente, l'attribuzione di seggi per ogni provincia era avvenuta proporzionalmente, attraverso il metodo del quoziente e dei più alti resti, ed aveva prodotto una disproporzione minima.[27] Con la semplice somma

23. Il perimetro dei vecchi collegi uninominali non esce mai oltre i confini della provincia, per cui la tecnica di ricomporli risponde efficacemente alle esigenze del momento.

24. Sull'omogeneità dei collegi e l'uguaglianza del voto, cfr. Antonio Agosta, *Elezioni e territorio: i collegi uninominali tra storia legislativa e nuova disciplina elettorale,* in *Riforme elettorali*, a cura di Massimo Luciani e Mauro Volpi, Laterza, Roma-Bari, 1995, pp. 166-198.

25. Cfr. Camera dei deputati del regno, Leg. XXIV, I sessione, 2 agosto 1919, p. 20268.

26. Noiret, *La nascita del sistema dei partiti nell'Italia contemporanea*, p. 104.

27. Possiamo dire "fisiologica", dovuta al fatto che il numero dei seggi per provincia, risultato dalla divisione tra la popolazione territoriale e il quoziente nazionale (popolazione

dei "vecchi" seggi delle province accorpate, senza un nuovo calcolo della popolazione reale, la distorsione si amplifica decisamente.[28] Riferendosi poi sempre al censimento della popolazione del 1881, rimane invariata la distribuzione dei seggi spettanti alle singole province, con «sperequazioni forti e ineguaglianze di rappresentanza».[29]

La tabella delle circoscrizioni viene elaborata da una commissione composta da 14 deputati, con a capo Nitti, che le disegna scegliendone la misura più piccola possibile (ad eccezione dell'Emilia) proponendo, nella sostanza, «un passaggio più "morbido" dal vecchio al nuovo sistema».[30]

Nel processo intervengono anche numerose amministrazioni locali, ovviamente interessate alla formazione dei collegi nel loro territorio e quindi ad influenzarne la composizione.

Il territorio del regno viene suddiviso in 54 collegi elettorali: 42 composti da una sola provincia, 10 da 2, 1 da 3 e 1 da 4.

Ma passiamo ora alle elezioni del 1921. Per garantire la rappresentanza alle province annesse dopo la guerra, i seggi passano da 508 a 535 con un incremento di 27 unità: 7 vengono assegnati al collegio di Trento, 4 a quello di Bolzano, 4 a Trieste, 5 a Gorizia e Gradisca, 6 all'Istria e 1 a Zara e Lagosta.[31]

Il vecchio territorio del regno in questo caso viene ripartito in 34 collegi, che passano a 40 con le nuove province. Il numero di seggi per provincia resta quello del 1919, con i confini provinciali che continuano ad essere sempre all'interno di un unico collegio.

Si procede, dunque, con un semplice accorpamento dei collegi del 1919 (Tabella 3), rispondendo quasi ovunque a criteri "regionali". Un esempio riguarda il collegio di Ferrara-Rovigo, con la provincia ferrarese che forma un collegio unico con Bologna e Ravenna-Forlì, e quella di Rovigo che viene

nazionale diviso il totale dei seggi da distribuire), non può essere decimale e, quindi, l'assegnazione con i resti favorisce alcune province in luogo di altre. Si avrebbe la proporzione perfetta nell'inverosimile caso in cui nessuna divisione producesse resto.

28. Ad esempio, accorpando due province (e sommandone quindi le popolazioni) che in origine non avevano ottenuto seggi con i resti, nella nuova ripartizione, probabilmente, il nuovo territorio avrebbe un seggio in più rispetto alla somma dei due originari.

29. Pier Luigi Ballini, *Le elezioni nella storia d'Italia dall'Unità al fascismo: profilo storico-statistico*, Bologna, il Mulino, 1988, p. 196.

30. Noiret, *La riforma elettorale*, pp. 90-91.

31. Ministero dell'economia nazionale, *Statistica delle elezioni generali politiche per la XXVI legislatura*, pp. XII-XIV.

unita al collegio di Padova. Non mancano poi accorpamenti rispetto a cui sorge qualche perplessità, come quello di Avellino a Campobasso-Benevento, con quest'ultimo legato in precedenza a Salerno, o come quello di Pavia a Milano anziché a Mantova-Cremona. Nel primo la motivazione può essere ricondotta ad una presunta linea di continuità appenninica, mentre nel secondo sembra riguardare il mantenimento dell'equilibrio territoriale di Mantova e Cremona, che riesce a rientrare nella soglia dei 10 seggi.

La Tabella 4 propone un confronto tra le elezioni del 1919 e del 1921, riguardante il numero dei collegi, quello dei seggi e il rapporto tra popolazione e seggi (sulla base del censimento del 1911),[32] per classi di collegi suddivisi secondo il numero delle province di cui sono composti. Nella comparazione, non si tiene conto delle nuove province annesse. Ciò che emerge in primo luogo è la riduzione dei collegi mono-provinciali, che passano da 42 a 13, dovuta all'innalzamento del numero minimo di deputati da eleggere (da 5 a 10), ed il conseguente aumento di quelli dati dall'unità di 3 e 4 province, che salgono rispettivamente da 1 a 6 e da 1 a 4. Nonostante questi cambiamenti la maggioranza dei seggi continua a esser concentrata nei collegi mono-provinciali, dove la media di abitanti per seggio scende da quella più alta (70.908 nel 1919) a quella più bassa (67.914 nel 1921); segno che le province accorpate sono quelle con un rapporto popolazione/seggi più alto rispetto a quelle rimaste singole all'interno del collegio.

Nella Tabella 5 si riporta, invece, la popolazione, sempre riferita al censimento del 1911, suddivisa in quartili. Nel 1919 il rapporto tra popolazione e seggi nei primi tre quartili (ossia quelli minori) non differisce molto dalla media generale, con una evidente sotto-rappresentazione dei collegi del terzo quartile. Nel 1921 esso tende diversamente a crescere nel passaggio dai collegi minori a quelli maggiori, con una forte sovra-rappresentazione nei primi (58.454), a testimonianza di una chiara volontà "conservativa" sui collegi con un basso rapporto popolazione/seggi, e a smentire l'idea di un "vantaggio" delle circoscrizioni maggiori.

Osservando il rapporto tra popolazione e numero di collegi e tra popolazione e seggi calcolati nelle diverse aree geografiche (Tabella 6) si evince come l'accorpamento delle province determina un maggiore allineamento tra le dimensioni medie dei collegi. Nel 1919, quella registrata nel Meridione

32. Si è scelto di usare la popolazione rilevata con il censimento del 1911 per produrre misure più prossime alla realtà del periodo elettorale considerato.

e le Isole appare nettamente inferiore a quelle del Centro e del Nord del paese, mentre nel 1921 le distanze si riducono sensibilmente, con il valore più basso che riguarda nello specifico quelli dell'Italia centrale. L'accorpamento delle province ha, dunque, avuto effetti correttivi nel dimensionamento dei collegi, con riguardo specifico al territorio meridionale. Tra le due elezioni, il rapporto tra popolazione e seggi nei tre ambiti geografici (ultima colonna), resta ovviamente immutato per l'invarianza dei valori. Permane, pertanto, una sovra-rappresentatività che riguarda il Mezzogiorno.

Le elezioni politiche dal 1892 al 1921 si tengono quindi sulla base di circoscrizioni calcolate con riferimento al censimento della popolazione del 1881. E qui occorre tener conto che, nei trenta anni che corrono tra i censimenti del 1881 e del 1911, la popolazione italiana aumenta di circa 7 milioni.

Nel 1913, quando, sulla base della riforma dell'anno precedente, si tengono le prime elezioni a (quasi) suffragio universale maschile, il sistema di circoscrizioni è per nulla

> rispondente ad uno dei canoni più essenziali del principio democratico su cui la riforma del 1912 si basava, quello cioè che tutti i cittadini devono avere eguale forza rappresentativa. [...] La questione si risolve soltanto tre lustri dopo, quando, in base al terzo comma art. 40 della legge 18 novembre 1923, n. 2444, si stabilisce un nuovo riparto del numero dei deputati per ogni circoscrizione in base ai risultati del censimento del 10 dicembre 1921.[33]

4. *Le liste e i candidati*

In base alla nuova legge elettorale, le liste di candidati devono essere sottoscritte, per ogni collegio, da 300 a 500 elettori, presentate unitamente a un contrassegno e comprendere un numero di candidati non superiore a quello dei deputati da eleggere in loco. Un candidato può presentarsi al massimo in due collegi.

Tra il 1919 e il 1921 diminuisce il numero di liste ammesse (Tabella 7), come anche il numero di liste che non ottengono seggi: effetto naturale della diminuzione dei collegi (la media resta pressoché invariata) e della maggiore consapevolezza riguardante il prezzo che la dispersione dei voti comporta, anche in un contesto proporzionale con collegi alquanto contenuti.

33. Cfr. Istituto centrale di statistica e Ministero per la Costituente, *Compendio delle statistiche elettorali italiane*, vol. I, pp. 100-104.

Aumenta il numero di liste "chiuse", al contrario – specularmente – di quelle "aperte", quasi a volere significare una chiusura dell'esperienza del voto aggiunto.

Alla diminuzione del numero di liste si contrappone la crescita del numero dei candidati (2.141 nel 1919 e 2.355 nel 1921)[34] e della relativa media per collegio. Un fatto apparentemente illogico che in realtà trova spiegazione nell'aumento dei deputati da eleggere (visto l'ampliamento generale del territorio nazionale e, mediamente, delle singole circoscrizioni) oltre che nell'apprendimento delle strategie dell'offerta partitica, che rinuncia ad aprire la lista e cerca di massimizzare le proprie preferenze individuali, aumentando, in tal senso, i candidati, fino ad ospitare figure indipendenti o comunque di attrattiva nei vari segmenti dell'elettorato.[35]

Di contro, potrebbe essere vantaggioso per un partito lasciare la lista aperta con un numero minimo di candidati, almeno pari al numero dei probabili eletti. Facendo eleggere tutti o molti candidati, si ridurrebbe al minimo la lotta interna per le preferenze, mantenendo in capo ai leader di partito il controllo sull'elezione dei candidati.

Degli oltre 2 mila candidati presentati nel 1921, "soltanto" 432 provengono dalla XXV legislatura.[36] Nel complesso, le forze politiche sembrano recepire con più accortezza la configurazione del nuovo sistema.

5. *La partecipazione, lo scrutinio e la ripartizione dei seggi*

L'ulteriore allargamento del suffragio, conseguito con la legge n. 1985 del 16 dicembre 1918 n. 1985, non si traduce, nelle elezioni del 1919, in un

34. Solo per avere un'idea dell'ordine di grandezza, nelle elezioni del 2022, i candidati alla Camera sono oltre 4.000, con meno deputati da eleggere.

35. La strategia dei liberali, oltre che nelle alleanze tra grandi elettori (Noiret, *La riforma elettorale*, p. 152.) declinata talvolta nella riunione in lista di vecchi candidati uninominali (ivi, p. 273), si manifesta anche nell'offerta politica. La presenza delle liste "costituzionali" nei collegi è sempre disposta con accortezza, ai fini massimizzare il risultato anche con il metodo d'Hondt, «evitando convivenze forzate sotto lo stesso tetto di personalità fortemente in lotta tra loro», Maria Serena Piretti, *Il problema della proporzionale tra parlamento e governo*, in *Il partito politico dalla grande guerra al fascismo*, a cura di Fabio Grassi Orsini e Gaetano Quagliariello, Bologna, il Mulino, 1996, pp. 312-313.

36. Ministero dell'economia nazionale, DGS, *Statistica delle elezioni generali politiche per la XXVI legislatura*, Roma, Grafia, 1924, p. XXV. Da notare l'uso di "soltanto" per indicare il numero 432 rispetto a 508, totale dei deputati!

incremento dell'affluenza, che si riduce di ben 6 punti percentuali rispetto al 1913 (Tabella 8).

Tra il 1919 e il 1921 la partecipazione cresce, invece, sia in termini assoluti (visto l'aumento del numero degli elettori dovuto in gran parte alla crescita demografica) che in percentuale, passando dal 52,1% al 56,7%. Rimane, tuttavia, non spiegata una così bassa affluenza nel complesso. In particolare, quella del 1919, è apparentemente inconciliabile (se non facendo riferimento alle complicazioni derivanti dalla guerra) con «l'intensa mobilitazione sociale, in un quadro dominato da uno scontro politico-ideologico acceso e "polarizzato"».[37]

Tra le due tornate "proporzionali" decrescono, invece, le schede non valide, (segno di una migliore conoscenza delle regole del voto) grazie anche al minor numero di liste "aperte", che con il *panachage* aumentano la probabilità di errore, verosimilmente alla base dell'aumento nel 1919 rispetto al 1913, quando si vota ancora con l'uninominale.

Dai diagrammi a dispersione della Figura 1 e della Figura 2 si evince una disproporzione tra le dimensioni dei collegi in termini di voti validamente espressi e il quoziente derivato dal rapporto tra la popolazione e i seggi. Le linee di tendenza mostrano che quanto più grande è il collegio, tanto maggiore risulta il quoziente, a causa del numero dei seggi attribuiti in modo non proporzionale. Si passa, infatti, da collegi dove il costo medio per seggio è inferiore agli 8 mila voti validi, ad altri dove si arriva a quasi 16 mila. Una realtà che peggiora, addirittura nel 1921, a seguito degli accorpamenti.[38]

La disproporzione tra la popolazione ed il numero di seggi assegnati ai collegi emerge chiaramente osservando la forte varianza dei divisori d'Hondt.[39] Nella Tabella 9 si riporta, per ciascun collegio, il primo dei divisori che non ha prodotto il seggio.[40] Escludendo i valori indicati per le nuove province, si coglie come i divisori più bassi siano quelli di Potenza e Cuneo, pari circa alla metà rispetto a quelli di grandi città come Firenze, Bologna e Milano.

37. Cfr. Ministero per l'industria, il commercio ed il lavoro, UCS, *Statistica delle elezioni generali politiche per la XXV legislatura*, Roma, Stabilimento Poligrafico, 1920, pp. XXI-XXVII.

38. Pur in presenza di un aumento di R^2, che spiega una maggiore uniformità dei valori rispetto al 1919.

39. Per ciascun collegio, considerati n seggi assegnati ad n divisori in ordine decrescente, riportiamo il valore del divisore n+1.

40. Più esattamente, si tratta del divisore $n+1$, (n = numero di seggi assegnati al collegio).

Figura 1. Diagramma a dispersione: voti validi e quozienti per collegio nel 1919

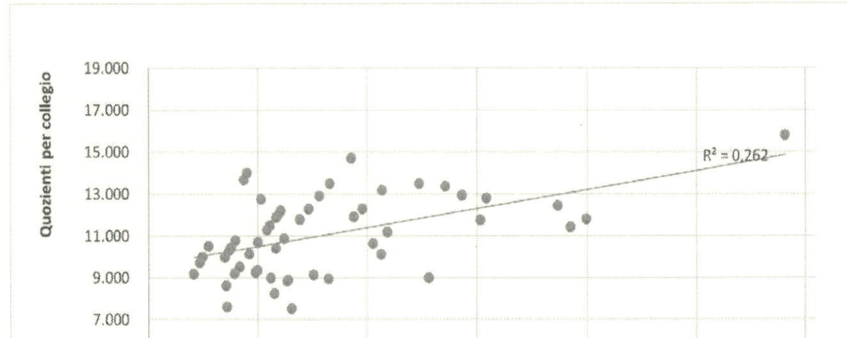

Figura 2. Diagramma a dispersione: voti validi e quozienti per collegio nel 1921

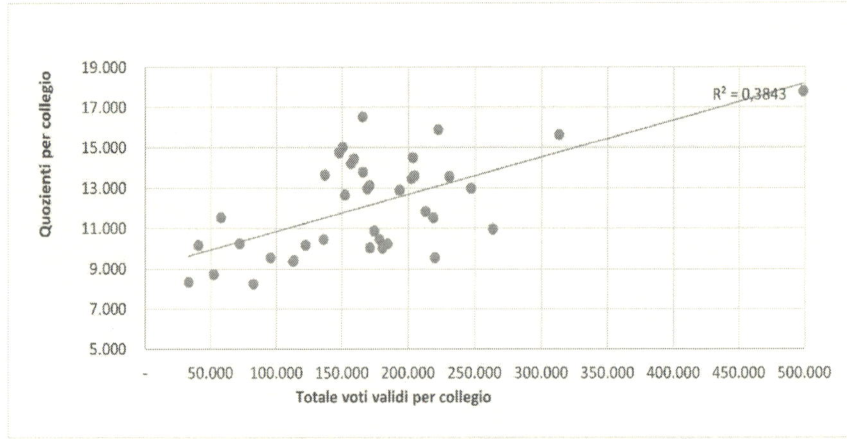

Tra le due elezioni, l'invarianza della percentuale di liste senza seggi (Tabella 7), testimonia la tenuta del d'Hondt nei confronti della frammentazione, anche in presenza di collegi mediamente più grandi.[41]

41. Talvolta viene utilizzato, anche al fine di comparare diversi sistemi elettorali, il calcolo della «esclusione della rappresentanza», o dei «voti dispersi», dato dalla somma dei

Pur nella complessità dovuta alle non poche sfumature che si rilevano nelle diverse liste, con la Tabella 10 si prova, ora, a fare un quadro di sintesi con i voti e le percentuali delle singole forze politiche,

I risultati in entrambe le tornate appaiono favorevoli al blocco ministeriale. Nel passaggio tra il 1919 e il 1921 crescono dal 46,1% al 48,3% le forze non riconducibili ai partiti "strutturati" (Psi, Pci, Ppi, Pri), che mantengono tutte una certa stabilità, anche alla luce della scissione tra comunisti e socialisti. L'articolazione del voto nel territorio è sempre piuttosto disomogenea, come d'altra parete succede ancora oggi.[42]

Tentando una non agevole riaggregazione delle liste, si mettono a confronto i risultati in termini di seggi delle elezioni del 1921 con quelli derivati da alcune simulazioni (Tabella 11), ricordando, tuttavia, che esse non sono affatto predittive nei risultati, ma servono a comprendere la meccanica e gli effetti dei differenti dispositivi posti in atto.[43] Da queste si avvalora la ragione dei partiti "strutturati" nel volere circoscrizioni più ampie. Con un collegio unico nazionale (colonna «Quoziente nazionale») otterrebbero tutti più seggi, in particolare le formazioni minori, come i comunisti (+10) e i repubblicani (+4), a svantaggio della galassia liberale (-26 rispetto a quelli effettivi).

Anche il metodo del quoziente calcolato all'interno del singolo collegio, più "inclusivo" rispetto al d'Hondt, favorirebbe comunisti e repubbli-

voti che in ciascun collegio non hanno concorso all'elezione di alcun deputato. Ad avviso di chi scrive, tale valore ha scarso significato. La rappresentanza andrebbe "misurata" a livello generale (nazionale) come rapporto tra voti e seggi ottenuti, senza il bisogno sommare i voti "inutili" di ciascuna forza politica nei vari collegi. Può accadere, ad esempio, che un sistema maggioritario produca una rappresentanza più proporzionale di uno "dichiaratamente" proporzionale, senza che questo venga rilevato dal calcolo della "soglia di esclusione".

42. Le caratteristiche sociologiche e la distribuzione territoriale del voto non rientrano negli argomenti trattati in questo articolo; alcune ipotesi interpretative come la polarità urbana-rurale e le "sub-culture" del voto sono esaminate in Percy Allum e Ilvo Diamanti, *Ambiente sociale e comportamento elettorale nella provincia di Vicenza negli anni del primo dopoguerra*, in «Quaderni dell'Osservatorio Elettorale», 15 (1985), pp. 63-139. Per una analisi dell'influenza dei fattori socio-demografici sui risultati elettorali, sia del 1919 che del 1921, rimandiamo a Enzo Ballatori, *Le determinanti del voto politico in Italia nelle elezioni del 1919 e del 1921*, in «Materiali di storia – Annali della Facoltà di Scienze Politiche dell'Università di Perugia», XVIII, 6 (1981-1982), pp. 129-182.

43. Per una migliore comprensione sull'uso delle simulazioni, ci permettiamo di rimandare ad Antonio Agosta e Nicola D'Amelio, *"Cosa, se...": uso delle simulazioni e rendimento dei sistemi elettorali*, in *Elezioni senza precedenti*, a cura di Roberto Gritti e Mario Morcellini, Milano, FrancoAngeli, 2007, pp. 103-130.

cani garantendo rispettivamente 10 e 4 seggi in più, a spese per lo più dei liberali con 12 seggi in meno.

Nelle differenze tra percentuali di voti e di seggi ottenuti nel 1921 (Tabella 12), si rileva il vantaggio delle formazioni più grandi. Nella fascia intermedia (es. Popolari) i due valori si equivalgono, mentre risultano penalizzate le formazioni minori con bassa concentrazione territoriale.

Lo scarto sensibile tra i seggi effettivi e quelli stimati, con ripartizione proporzionale "pura" a collegio unico nazionale, deriva anche dal frazionamento delle liste e dalla presenza in molte circoscrizioni, soprattutto tra i partiti di sinistra, di liste "autonome". Liste il cui scopo non è tanto di ambire alla conquista di seggi, bensì quello di ottenere visibilità politica,[44] analogamente a quanto avviene già in passato con le candidature-protesta del collegio uninominale.

Simulando la competizione in 535 collegi uninominali, tra i blocchi come presentati in Tabella 12,[45] le forze liberali otterrebbero un successo straordinario, arrivando a quasi il 70% dei seggi, 101 in più rispetto a quelli effettivi. Tutte le altre forze sarebbero sopraffatte, ad eccezione dei socialisti che, pur con 21 seggi in meno, conquisterebbe 103 collegi. Comunisti e repubblicani non vincerebbero in nessun collegio. I popolari perderebbero molto di più rispetto ai socialisti, a causa di una distribuzione geografica del voto molto spansa che li riduce a essere forza di maggioranza relativa solo in pochi collegi.

La tesi secondo cui, con il sistema maggioritario, la sconfitta liberale sarebbe stata molto più pesante, è, dunque, alquanto discutibile. L'idea che i collegi uninominali avrebbero favorito il Psi e il Ppi, provocando, di conseguenza, la sparizione dei liberali nel Centro-Nord, si fonda su due argomentazioni. La prima, puramente aritmetica, che dà per vincente nel collegio il partito di maggioranza relativa e non tiene conto delle possibili aggregazioni. Non considera l'ipotesi, certamente plausibile, di alleanze strategiche nei collegi, e non solo tra diverse liste "costituzionali", ma pure tra quelle, ad esempio, del patto Gentiloni; patto che trova una delle cause del suo scioglimento proprio nel proporzionale, e che senza l'approvazione della nuova legge elettorale avrebbe potuto sopravvivere, dando vita magari a una maggioranza popolar-liberale più solida e più adeguata

44. Cfr. Istituto Centrale di Statistica e Ministero per la Costituente, *Compendio delle statistiche elettorali italiane*, vol. II, p. 144.

45. Facendo quindi "correre" un solo candidato per collegio.

a fronteggiare la crisi del regime; lo stesso discorso vale nell'ipotesi che vede Turati condurre fuori dal partito i moderati verso una coalizione con liberali e/o popolari. La seconda argomentazione, si riferisce invece alle scelte dell'elettore e sostiene che l'uninominale diminuirebbe «la rappresentatività e la capacità di mediazione [della] classe politica tradizionale [sollecitando] tendenze extra-istituzionali».[46]

Il voto uninominale, fondato sulla forza dei legami personali e sulla rete delle clientele alla base del consenso "ministeriale", nonché sulla capacità dei vecchi candidati nel mettere in gioco la loro personalità e la loro immagine, non lascerebbe tanto facilmente campo libero al voto ideologico o programmatico a vantaggio dei partiti di massa. Tant'è che dopo la caduta del governo Bonomi, nei programmi paventati tra le nuove proposte di formazione dell'esecutivo, riaffiora quello di abrogare la proporzionale.

Nella Tabella 13 sono riportati gli indici di correlazione lineare tra diverse variabili, alcune delle quali rilevate a livello di collegio (popolazione, voti validi e seggi), altre sia a livello di collegio che di comune (voti ai partiti). E qui, pur nella consapevolezza dei limiti di tale strumento,[47] emergono utili indicazioni. Tra le correlazioni più significative troviamo quella tra il voto al Partito socialista ed il rapporto tra voti validi e popolazione[48] (maggiori consensi del partito nei collegi con maggiore partecipazione). Così come quella (inversa) tra il voto liberale e quello ai popolari e ai socialisti, in crescita rispetto allo stesso calcolato nel 1919, che sembra testimoniare una maggiore rilevanza del ruolo dell'opposizione. La correlazione negativa dei liberali, che tra il 1919 e il 1921 aumenta nei confronti del Ppi e diminuisce verso il Psi, fa pensare ad una sostituzione dei socialisti da parte dei popolari nella contrapposizione verso le forze governative. E da qui si potrebbe immaginare un flusso di voti dal Psi al Ppi oltre che dal Psi ai liberali.

46. Simone Neri Serneri, *Partiti, parlamento e governo: dal liberalismo al fascismo*, in *Il partito politico dalla grande guerra al fascismo*, a cura di Gaetano Quagliariello e Fabio Grassi Orsini, Bologna, il Mulino, 1996, p. 271.

47. Interessanti considerazioni sull'utilizzo dei dati di diversi livelli territoriali e su alcune dinamiche locali dell'epoca, si trovano in Paolo Feltrin, *L'analisi storico-comparata a livello locale delle elezioni del 1921-22 e del 1946-48: alcuni problemi,* in «Venetica», 11 (1989), pp. 120-139.

48. La variabile «Voti validi» è usata al posto della «Votanti», per la minore affidabilità dei dati riferiti a quest'ultima.

6. *Le preferenze e il panachage.*

Nel dibattito sull'introduzione delle preferenze si teme che la rivalità tra candidati dello stesso partito possa favorire tentativi di corruzione, agevolati anche dal fatto di ricevere la scheda prima di recarsi alle urne. Indubbiamente, il dispositivo si presta, più dello scrutinio uninominale, ad usi impropri, per non dire scorretti, soprattutto a fronte di una popolazione con un livello di alfabetizzazione molto basso. Alla luce dei risultati, tuttavia, i timori si rivelano eccessivi.

Tra il 1919 e il 1921 i voti di preferenza espressi passano da 145 per ogni 100 voti di lista a 230 (Tabella 14), con un rapporto tra preferenze espresse ed esprimibili[49] che sale a circa il 70%. Nel confronto la crescita è, dunque, netta, nonostante la sostanziale invarianza delle preferenze esprimibili nel complesso dei collegi. E il fatto non si spiega certo con l'incremento del numero dei candidati. Ad esso, come visto nella Tabella 7, corrisponde una diminuzione del numero di liste, e quindi maggiore competitività interna ai partiti.

L'affermazione di Noiret sul ruolo decisivo del voto di preferenza nell'elezione dei deputati socialisti[50] appare tautologica, in quanto la determinazione degli eletti avviene sempre tramite le preferenze. Sembra inoltre poco chiara l'asserzione secondo cui una minor dispersione dei voti di preferenza favorisca gli eletti. Pure il «limite di notorietà», stimato in valore assoluto pari a 15.000 preferenze, finisce con l'avere poco senso laddove si tralascia il numero delle preferenze esprimibili e la grandezza del collegio in termini di popolazione, che lo stesso Noiret considera il «parametro più fedele della "notorietà" dei candidati».

Nulla aggiunge il dato sui «voti a candidati non eletti», che dipende dalla dimensione del collegio, dal numero di liste e dalle scelte di voto degli elettori; e che di per sé non è indicativo di alcun fenomeno rilevante, se non della dispersione di voti causati da eccessiva frammentazione, affermazione del tutto ovvia. La loro diminuzione, in termini percentuali, dal 1919 (6,3%) al 1921 (4,7%),[51] è dovuta, in primo luogo, all'allargamento delle circoscrizioni e alla riduzione del numero di liste.

49. Nel calcolo dei tassi di preferenza, occorre sempre tener conto – oltre ai voti di lista – anche del numero massimo di nomi esprimibili, e del fatto che le probabilità di utilizzarle tutte decresce al crescere della quantità esprimibile.

50. Noiret, *La nascita del sistema dei partiti nell'Italia contemporanea*, p. 180.

51. Giusti, *Dai plebisciti alla Costituente*, p. 95.

Anche il tema del *panachage*, o del «voto aggiunto», sollecita ampie dispute. Con esso, l'elettore può indicare il nome di uno o più candidati di altre liste, facoltà che però è impedita a quelli che scelgono di votare una lista "chiusa", finendo con il determinare una disuguaglianza di peso tra elettori di liste diverse. Da un lato, è considerato come una garanzia della libertà di scelta dell'elettore; dall'altro, una turbativa dello spirito della proporzionale, in quanto consente all'elettore di modificare l'ordine di preferenza dei candidati rispetto a liste non scelte, ibridando il sistema a favore dei tradizionali localismi e, quindi, depotenziando la riforma.

Tali voti contribuiscono inoltre a incrementare la «cifra elettorale» delle liste alle quali i candidati "aggiunti" appartengono. A tale congegno si pongono favorevoli i socialisti (seppur avversi al *panachage*),[52] e contrari i cattolici, secondo i quali, computarli nella cifra elettorale della lista, significherebbe introdurre, per certi versi, un «secondo voto per un partito», nonché un premio «all'elettore infedele».[53]

Il voto di lista unico, la cifra elettorale come somma dei soli voti espressi per la lista, e il voto dei candidati valido per la sola graduatoria delle preferenze appaiono ad un certo punto l'unica via per salvare la proporzionale. Il *panachage*, alla fine, rappresenta il compromesso tra proporzionalisti puri e giolittiani difensori del vecchio sistema.[54] Secondo alcuni, come ad esempio Turati, siamo di fronte a un ibrido che consente la sopravvivenza di clientele e localismi, indebolendo i partiti.

L'idea che col *panachage* si dia modo alla maggioranza elettorale di influire sulla scelta dei candidati di minoranza[55] viene, tuttavia, smentita dall'analisi dei risultati elettorali.

Il «voto aggiunto» nel 1919, viene poco utilizzato (13,7% rispetto ai voti validi) con una scarsa influenza sui risultati, a differenza del voto di preferenza che raggiunge il 60% del suo potenziale.[56] Nel 1921, nonostante l'incremento della percentuale di liste "chiuse", il «voto aggiunto» cresce leggermente fino al 15,7%, forse a testimonianza di una maggiore consapevolezza dell'elettore nell'utilizzo di tale strumento.

52. Ovviamente, le liste "chiuse" hanno solo da guadagnare nel computare i voti aggiunti ottenuti dai propri candidati da elettori di altre liste; il contrario risultando impossibile.

53. Noiret, *La nascita del sistema dei partiti nell'Italia contemporanea*, pp. 97-98. L'autore cita una parte dell'intervento dell'on. Micheli alla seduta della Camera dei deputati del 4 settembre 1919.

54. Noiret, *La riforma elettorale*, p. 87.

55. Cfr. Camera dei deputati del regno, Leg. XXIV, I sessione, 2 agosto 1919, p. 20263.

56. Noiret, *La nascita del sistema dei partiti nell'Italia contemporanea*, p. 174.

Sebbene «i voti aggiunti non esercitarono una apprezzabile influenza sui risultati delle elezioni»,[57] senza la sua applicazione nel 1919 l'attribuzione di 9 seggi e la proclamazione di 23 candidati sarebbero stati differenti, mentre nel 1921, nelle ripartizioni vi sarebbe stato un solo seggio di differenza.

Conclusioni

Se, da un lato, appare illusoria e divergente la lettura della riforma che danno i liberali, quale strada per il ritorno al maggioritario, e i socialisti, come segno della fine del vecchio mondo politico,[58] la previsione, da parte di Turati, che il partito quale protagonista della scena politica venga indebolito a seguito del «sabotaggio definitivo della riforma», si rivela sbagliata.

L'affermazione dei partiti nelle elezioni del 1919 e 1921 è innegabile, anche se ben presto dovranno fare i conti con un lungo periodo di messa al bando, durante il quale però mostreranno forte capacità di resistenza che consentirà loro di dominare la scena politica nel secondo dopoguerra fino agli anni Novanta.

La nuova legge elettorale influenza l'organizzazione interna dei partiti, a favore di una struttura più verticistica, e le loro strategie per affrontare le elezioni. Persistono, generalmente nel Sud e a Napoli in particolare, legami tra i maggiori partiti e i notabili tradizionali,[59] con porzioni di elettorato disposti a seguire questi ultimi a prescindere dalla collocazione politica.[60]

Ma il sistema politico non viene rivoluzionato. Non si può parlare, come diversi studiosi sostengono, di un'accentuazione dell'instabilità del sistema provocato dal sistema proporzionale[61] se è vero, come sostiene Luigi Sturzo,

57. Ivi, pp. 66-67.

58. Cfr. Paolo Pombeni, *La rappresentanza politica,* in *Storia dello Stato italiano dall'unità a oggi,* a cura di Raffaele Romanelli, Roma, Donzelli, 1995, p. 102, cit. in Noiret, *La riforma elettorale*, nota p. 85

59. Noiret, *La nascita del sistema dei partiti nell'Italia contemporanea*, p. 296, nota 704.

60. Guido D'Agostino, Riccardo Vigilante, *Il voto a Napoli prima e dopo il fascismo*, in «Quaderni dell'Osservatorio Elettorale», 15 (1985), pp. 7-61.

61. Tra i giudizi negativi sulla riforma, vale la pena ricordare quello di Maranini (*Storia del potere in Italia*, p. 283): «la suicida riforma elettorale». L'autore è *tranchant*, e un po' troppo semplicisticamente attribuisce al collegio uninominale a turno unico doti taumaturgiche.

che di tale situazione si dibatte da prima ancora del suffragio universale[62] o, per di più, che

> la crisi del sistema politico italiano giunge a maturazione prima dello scoppio della guerra e in modo del tutto indipendente da essa, e [...], quanto più si sottolineano le carenze del liberalismo italiano, tanto più il fascismo apparirà come il frutto di un graduale processo di degenerazione [...] le cui radici sono una parte stessa di quella storia [d'Italia].[63]

Ma, a dispetto degli ottimi risultati elettorali, né la vecchia classe dirigente liberale, «autodistrutta in un estenuante gioco di rivalità personali», né tantomeno popolari e socialisti, riescono «a dar vita ad una centralità politica della propria proposta»,[64] abbandonandosi ad un ineluttabile declino.

I deputati liberali, dopo le elezioni del 1921, costituiscono in Parlamento almeno sei diversi gruppi, sempre più divisi tra loro e assolutamente non in grado di gestire il difficile momento che attraversa la società e la politica. Certo, a differenza della legislatura 1913-1919, i gruppi liberali non possono più contare sulla maggioranza assoluta dei seggi. Eppure, non sarebbe un'impresa impossibile quella di riuscire a governare "attirando" nella sfera governativa, se non tutto il partito, un certo numero di popolari e/o di socialisti. Ma senza aver definito un'adeguata strategia unitaria per affrontare lo squadrismo e la crisi economica, da condividere poi con forze politicamente contigue, tale obiettivo resta un desiderio destinato a non realizzarsi.

Non convincono neanche quei giudizi secondo cui si sia trattato di un «cambiamento all'insegna della conservazione»[65] o, ancora, che la proporzionale «riprodusse quello che era il quadro politico del tempo [...] in esso, e non nel sistema di sua fedele riproduzione, si devono ricercare le radici di quanto avvenne».[66]

62. Gianpaolo Romanato, *Riforma proporzionale (1919) e crisi delle istituzioni dopo la Grande guerra. I giudizi di Luigi Sturzo*, in *Riforme elettorali e rivolgimenti politici in Italia*, a cura di Gianpaolo Romanato e Maria Lodovica Mutterle, Verona, Cierre Edizioni, 2020, p. 20.

63. Roberto Vivarelli, *Il fallimento del liberalismo: studi sulle origini del fascismo*, Bologna, il Mulino, 1981, p. 338.

64. Paolo Pombeni., *La crisi europea del primo dopoguerra. Una riconsiderazione*, in *Il partito politico dalla grande guerra al fascismo*, a cura di Gaetano Quagliariello e Fabio Grassi Orsini, Bologna, il Mulino, 1996, pp. 89-90.

65. Piretti, *Il problema della proporzionale tra parlamento e governo*, p. 313.

66. Lucio Luzzatto, *Elezioni politiche e leggi elettorali in Italia*, Roma, Editori riuniti, 1958, p. 109.

Secondo Farneti,

> il risultato delle elezioni anticipate di Giolitti accentua dunque due aspetti deteriori della scena politica nel Paese: la frammentazione della sinistra e delle forze che erano state neutraliste e al contrario il potenziale di aggregazione delle vecchie forze interventiste. [...] Ancora una volta, dunque, interventismo e neutralismo, nei momenti più delicati, mostravano di aver irrimediabilmente spezzato il vecchio blocco liberale.

Una riforma, quindi, come scelta obbligata, della quale non si possono sottovalutare gli effetti «sugli equilibri politici e sulla stessa governabilità del paese», fermo restando però le responsabilità dei liberali nel non darsi «quella moderna struttura di partito che la proporzionale imponeva», per spiegare «perché la nave non è stata in grado di affrontarla [la tempesta]».[67]

Pur con la sopravvivenza di occasionali fenomeni tipici del vecchio regime, lo "pseudo-parlamentarismo" giolittiano è consumato per sempre. Ed è forse questo il denominatore comune che consente la convergenza di forze diverse nell'adozione di un sistema proporzionale, senza però che abbiano piena consapevolezza della profonda trasformazione istituzionale quale «fondamenta sulle quali edificare una nuova forma di governo».[68]

Alla luce di ciò, pur ammettendo che la riforma manca, nei suoi effetti, di porre freno alla crisi del sistema, non può neanche però essere annoverata tra le sue cause principali. Così come non è detto che rappresenti l'ancora di salvezza del vecchio regime: anche a sistema invariato, e poste alcune condizioni, le simulazioni rivelano per esso ottime probabilità di successo.

Fra i traguardi raggiunti c'è senz'altro l'argine posto alla frammentazione dei partiti, grazie all'applicazione d'Hondt infra-circoscrizionale[69] e alla efficace gestione delle liste da parte soprattutto dei liberali, che apparivano invece i più parcellizzati.[70]

67. Giovanni Sabbatucci, *La crisi del sistema politico liberale*, in *Il partito politico dalla grande guerra al fascismo*, pp. 257-261.

68. Gaetano Quagliariello *Masse, organizzazione, manipolazione. Partiti e sistemi politici dopo il trauma della grande guerra,* in *Il partito politico dalla grande guerra al fascismo*, p. 66.

69. Il metodo d'Hondt è considerato più selettivo rispetto al metodo del quoziente e dei più alti resti. La proporzionalità, in ogni caso, diminuisce con la riduzione delle dimensioni del collegio.

70. Osservando le candidature nei collegi, si nota come quelle dei liberali, seppure disperse in svariati contrassegni, sembrano comunque rispondere a una logica di ottimizzazione dei risultati.

La proporzionale non incoraggia certo la coesione tra partiti "vicini", che con l'uninominale sarebbero molto incentivati a cercare candidati comuni, ma garantisce una più efficace distribuzione degli eletti nei diversi territori.[71]

L'aver mantenuto i collegi in dimensioni più piccole possibili, concede più *chances* di elezione a rappresentanti di consorterie locali ma, nello stesso tempo, salvaguarda la rappresentanza territoriale di formazioni minori concentrate in piccole aree e impedisce la frammentazione in piccoli partiti con consensi minimi ma diffusi, come si avrebbe, ad esempio, con l'adozione di un collegio unico nazionale senza soglie di sbarramento.

Ad una lettura di oggi, appare eccessivo anche il peso attribuito all'innesto di diversi dispositivi volti ad "azzoppare" la rappresentanza proporzionale. I rapporti di forza che ne scaturiscono restano sostanzialmente invariati *a)* rispetto a quanto sarebbe accaduto senza la loro applicazione e *b)* rispetto al periodo anteguerra. Le stesse simulazioni dimostrano che i diversi scenari ipotizzati non alimentano grande fiducia sugli esiti prodotti da soluzioni alternative alle norme adottate.

Un sistema elettorale non è mai neutrale rispetto al sistema politico-partitico, così come non può essere considerato una panacea. Esso è caratterizzato da molte variabili – ciascuna delle quali produce effetti che dipendono sia dagli altri elementi del sistema che dal contesto in cui vengono applicate – che contribuiscono a "modellare" il risultato finale e le scelte dell'elettore. Senza però che il rapporto di consenso da questi espresso possa mai essere sovvertito.

71. Pier Luigi Ballini, *Sistemi elettorali del primo dopoguerra: dalla genesi della "Legge Acerbo" al ritorno all'uninominale fittizi"*, in *Il partito politico dalla grande guerra al fascismo*, pp. 316-317. L'autore cita una indicazione di Bonomi, secondo cui «il nuovo strumento elettorale ha evitato una pericolosa disformità nelle rappresentanze del nord e del sud d'Italia».

Tabella 1. Le principali leggi riguardanti il sistema proporzionale del 1919, a partire dal ripristino dei collegi uninominali del 1891

Norme	Oggetto
R. D. 5 maggio 1891, n. 210	Ritorno al collegio uninominale. Il R. D. 280 del 14 giugno rende esecutiva la tabella dei nuovi collegi elettorali
R. D. 15 agosto 1919, n. 1455	Legge elettorale politica. Introduzione dello scrutinio di lista con rappresentanza proporzionale
R. D. 2 settembre 1919, n. 1495	Testo unico legge elettorale (scrutinio di lista con rappresentanza proporzionale)
R. D. 10 settembre 1919, n. 1576 R. D. 18 novembre 1920, n. 1655	Ripartizione del territorio del regno in 54 collegi
R. D. del 30 dicembre 1920, n. 1861	Estensione della legge elettorale alle nuove province

Tabella 2. I collegi elettorali del regno d'Italia dal 1848 al 1921

Periodo	Collegi uninominali	Collegi plurinominali
1848 - 1849	220	-
1849 - 1857	204	-
1860	387	-
1861	443	-
1865 - 1867	493	-
1870 - 1880	508	-
1882 - 1890	-	135
1892 - 1913	508	-
1919	-	54
1921	-	40

Fonte: sintesi da Ministero dell'economia nazionale, DGS, *Statistica delle elezioni generali politiche per la XXVI legislatura*, Grafia, Roma, 1924, pag. XI.

Tabella 3. Collegi del 1919 accorpati nel 1921. Tra parentesi, il numero di seggi

Ancona-Pesaro e Urbino (9) e Macerata-Ascoli Piceno (8)
Aquila (7), Chieti (6) e Teramo (5)
Avellino (7) e Campobasso-Benevento (11)
Bari (12) e Foggia (6)
Bergamo (7) e Brescia (8)
Cagliari (7) e Sassari (5)
Catania (10), Messina (8) e Siracusa (6)
Catanzaro (8), Cosenza (8) e Reggio Calabria (7)
Girgenti (6), Caltanissetta (5) e Trapani (5)
Mantova (5) e Cremona (5)
Milano (20) e Pavia (8)
Pisa-Livorno (7) e Lucca-Massa e Carrara (8)
Venezia (6) e Treviso (7)
Verona (7) e Vicenza (7)

Tabella 4. Collegi, seggi e popolazione(1) nel 1919 e nel 1921(2)

Numero province	**Popolazione**		**Numero collegi**		**Numero seggi**		**Popolazione / seggi**	
	1919	**1921**	**1919**	**1921**	**1919**	**1921**	**1919**	**1921**
1	26.945.199	11.341.605	42	13	380	167	70.908	67.914
2	6.926.519	12.101.077	10	11	99	161	69.965	75.162
3	684.916	7.475.555	1	6	10	109	68.492	68.583
4	1.288.414	4.926.811	1	4	19	71	67.811	69.392
Totale	*35.845.048*	*35.845.048*	*54*	*34*	*508*	*508*	*70.561*	*70.561*

(1) censimento 1911.
(2) escluse le nuove province
Fonte: elaborazione su dati Ministero dell'economia nazionale, DGS, 1920 e 1924

Tabella 5. Seggi effettivi[1] e seggi calcolati per intervalli di popolazione[2] nel 1919 e nel 1921[3]

Quartili popolazione dei collegi	Popolazione		Seggi effettivi		Popolazione / seggi eff.		Seggi calcolati - seggi effettivi	
	1919	1921	1919	1921	1919	1921	1919	1921
I	5.687.057	6.202.907	82	95	69.354	58.454	4	9
II	6.761.755	7.072.467	98	100	68.998	69.287	7	5
III	8.372.867	8.955.526	124	130	67.523	70.410	10	6
IV	15.023.369	13.614.148	204	183	73.644	74.055	19	18
Totale	*35.845.048*	*35.845.048*	*508*	*508*	*70.561*	*69.991*	*40*	*38*

(1): i seggi sono stati calcolati sulla base della popolazione del Censimento 1911. La differenza per ciascun quartile è data dalla somma delle differenze, in valore assoluto, dei seggi di ciascun collegio afferente al quartile medesimo.
(2): popolazione rilevata dal Censimento 1911.
(3): escluse le nuove province.
Fonte: elaborazione su dati Ministero dell'economia nazionale, DGS, 1920 e 1924

Tabella 6. Popolazione[1] dei collegi per zone geografiche nel 1919 e nel 1921[2]

Zone	Popolazione	Numero collegi		Popolazione / num. collegi		Popolazione / seggi
		1919	1921	1919	1921	
Nord	16.081.217	22	15	730.964	1.072.081	71.156
Centro	5.900.650	8	6	737.581	983.442	72.848
Sud-Isole	13.863.181	24	13	577.633	1.066.399	68.971
Totale	*35.845.048*	*54*	*34*	*663.797*	*1.054.266*	*70.561*

(1): popolazione rilevata dal Censimento 1911.
(2): escluse le nuove province.
Fonte: elaborazione su dati Ministero dell'economia nazionale, DGS, 1920 e 1924

Tabella 7. Liste e candidati a confronto tra il 1919 e il 1921

	1919	**1921**
Numero liste	283	214
… di cui bloccate	99 *(35,0%)*	104 *(48,6%)*
… di cui aperte	184 *(65,0%)*	110 *(51,4%)*
… che non hanno ottenuto seggi	80 *(28,3%)*	60 *(28,0%)*
Numero liste / Numero collegi	5,2	5,3
Candidature	2.141	2.355
Candidature / Numero liste	7,6	11,0
Candidature / Numero collegi	39,6	58,9
Candidature / Seggi spettanti	4,2	4,4
Numero seggi / Numero collegi	9,4	13,4

Tabella 8. Elettori, votanti e voti validi

	1913	**1919**	**1921**
Elettori	8.672.249	11.115.441	11.821.168
Votanti	5.100.615 (58,8%)	5.793.507 (52,1%)	6.701.496 (56,7%)
Voti validi	5.014.921	5.684.833	6.608.141
Non validi	85.694 (1,7%)	108.674 (1,9%)	93.355 (1,4%)

Fonte: elaborazione da Ugo Giusti, *Dai plebisciti alla Costituente*, Roma, Editrice Faro, 1945

Tabella 9. Maggiore divisore d'Hondt per ogni collegio che non ha prodotto il seggio

Collegio	Divisore	Collegio	Divisore	Collegio	Divisore	Collegio	Divisore
Trieste	4.473	Catanzaro	8.280	Venezia	10.211	Roma	11.178
Parenzo	5.607	Benevento	8.319	Udine	10.426	Como	11.217
Trento	6.797	Napoli	8.512	Pisa	10.552	Siena	11.536
Gorizia	6.927	Aquila	8.760	Novara	10.627	Verona	11.550
Potenza	6.939	Ancona	8.852	Alessandria	10.673	Padova	12.863
Cuneo	7.216	Caserta	8.859	Brescia	10.839	Mantova	13.059
Bolzano	7.332	Girgenti	9.192	Parma	11.013	Firenze	13.350
Palermo	7.387	Catania	9.392	Genova	11.041	Bologna	13.763
Salerno	7.575	Bari	9.886	Perugia	11.046	Milano	16.780
Cagliari	8.245	Torino	10.124	Lecce	11.161		

Tabella 10. Voti e percentuali alle forze politiche

1919					1921				
Raggruppamenti	**Voti**	**%**		**Seggi**	**Raggruppamenti**	**Voti**	**%**		**Seggi**
Socialista ufficiale	1.834.792	32,3		156	Socialista ufficiale	1.631.435	24,7		123
					Comunista	304.719	4,6		15
Popolare	1.167.354	20,5		100	Popolare	1.347.305	20,4		108
Repubblicano	53.197	0,9		4	Repubblicano	124.924	1,9		6
Liberali, democratici e radicali (blocchi)	904.195	15,9		96	Blocchi nazionali	1.260.007	19,1		105
Liberale	490.384	8,6		41	Liberale	470.605	7,1		43
Democratico	622.310	10,9		60	Liberale demo-cratico	684.855	10,4		68
Radicale	110.697	1,9		12	Democratico so-ciale	309.191	4,7		29
Radicali, repubblicani, socialisti e combattenti	65.421	1,2	*46,1*	5	Democratico riformista	122.087	1,8	*48,3*	11
Combattenti	232.923	4,1		20	Combattenti	113.839	1,7		10
Socialista riformista e unionista	82.172	1,4		6	Popolari dissidenti e Cristiani del lavoro	29.703	0,4		-
Socialista indipendente	33.938	0,6		1	Socialista indipen-dente	37.892	0,6		1
Economico	87.450	1,5		7	Economico	53.382	0,8		5
					Fascista	29.549	0,4		2
					Slavi e tedeschi	88.648	1,3		9
Totale	*5.684.833*			*508*	*Totale*	*6.608.141*			*535*

Fonte: elaborazione da Ugo Giusti, *Dai plebisciti alla Costituente*, Roma, Editrice Faro, 1945, pp. 71-81.

Tabella 11. Seggi effettivi 1921 e simulazioni proporzionali

Aggregazioni	**Voti**	**%**	**Seggi effettivi**	**Seggi calcolati**	
				Quoziente(1) per collegio	Quoziente(1) nazionale
Liberali-costituz.	3.047.683	46,1	273	261	247
Socialisti	1.665.159	25,2	124	122	135
Popolari	1.377.008	20,8	108	108	111
Comunisti	304.719	4,6	15	26	25
Repubblicani	124.924	1,9	6	10	10
Altri	88.648	1,3	9	8	7
Totale	*6.608.141*	*100,0*	*535*	*535*	*535*

Fonte: nostra elaborazione da Ugo Giusti, *Dai plebisciti alla Costituente*, Editrice Faro, Roma, 1945, pp. 81

Tabella 12. Seggi effettivi 1921 e simulazione uninominale

Aggregazioni	**Voti**	**%**	**Seggi effettivi**	**% seggi effettivi**	**Seggi uninominali**	**% seggi uninominali**
Liberali-costituz.	3.047.683	46,1	273	51,0	374	69,9
Socialisti	1.665.159	25,2	124	23,2	103	19,3
Popolari	1.377.008	20,8	108	20,2	49	9,2
Comunisti	304.719	4,6	15	2,8	0	0,0
Repubblicani	124.924	1,9	6	1,1	0	0,0
Altri	88.648	1,3	9	1,7	9	1,7
Totale	*6.608.141*	*100,0*	*535*	*100,0*	*535*	*100,0*

Fonte: nostra elaborazione da Giusti, *Dai plebisciti alla Costituente*, p. 81

Tabella 13. Indici di correlazione lineare - voto ai partiti (1921)*

Liste	Popolaz.	Popolaz./ Seggi	Voti validi/ Popolaz.	Liberali-costituz.	P. socialista	P. popolare
Liberali-costit.	0,13	-0,10	-0,54	-	-	-
P. Socialista	0,33	0,35	0,67	-0,54	-	-
P. Popolare	0,15	0,26	0,18	-0,55	-0,26	-
P. Comunista	-0,20	-0,20	0,38	-0,19	0,02	-0,15
P. Repubblicano	-0,08	0,05	0,05	-0,03	-0,18	-0,18

* L'unità di rilevazione è il collegio nelle prime tre colonne e il comune nelle ultime tre.

Tabella 14. Preferenze e voti aggiunti

	1919	**1921**
Preferenze	8.263.794	15.221.340
Preferenze / Voti validi	1,45	2,3
Preferenze esprimibili	123	117
Preferenze / Preferenze esprimibili	67.185	130.097
Voti aggiunti	777.046	1.038.309
Voti aggiunti / Voti validi	13,7%	15,7%

Fonte: elaborazione da Giusti, *Dai plebisciti alla Costituente*

Andrea Baravelli

Dal grigioverde al tricolore. Retoriche e rappresentazioni della campagna elettorale nel 1921

All'interno del ciclo elettorale dell'immediato dopoguerra, le prime due consultazioni politiche – quelle del 1919 e del 1921 – sono accomunate, oltre che dall'influenza emotiva e retorica del ricordo della guerra, dal loro svolgersi secondo le regole della rappresentanza proporzionale con scrutinio di lista.[1] A dire il vero, si tratta di una constatazione non del tutto corretta: nella tornata della primavera 1921 non solo parteciparono ai comizi anche gli elettori delle nuove province redente, ma il sostanzioso allargamento della dimensione media dei collegi non poté non incidere – non foss'altro per la complicazione che un territorio più ampio determinava ai candidati – sulle dinamiche della competizione.[2] La principale differenza è tuttavia da ricollegare, accanto all'atteggiamento interventista del governo Giolitti, ben deciso a servirsi di tutti gli strumenti a disposizione per orientare i risultati della consultazione, al pesante condizionamento esercitato in certe regioni dalla violenza squadrista.[3] Un'offensiva condot-

1. Serge Noiret, *L'organizzazione del voto prima e dopo la Grande guerra (1913-1924)*, in *Storia delle campagne elettorali in Italia*, a cura di Pier Luigi Ballini, Maurizio Ridolfi, Milano, Bruno Mondadori, 2002, p. 37.

2. Nella tornata del 1919 i collegi elettorali erano 54, con dodici collegi corrispondenti a una sola provincia, dieci comprendenti due provincie, uno comprendente tre province e uno quattro; nella tornata del 1921 i collegi elettorali furono 34, tredici dei quali comprendevano una sola provincia, undici comprendevano due provincie, sei comprendevano tre province e quattro ne comprendevano quattro. Ministero dell'economia nazionale, Direzione generale della statistica, *Statistica delle elezioni generali politiche per la XXVI legislatura (15 maggio 1921)*, Roma, S.A.I. Industrie Grafiche, 1924, p. XII.

3. Per un primo e sommario elenco delle violenze esercitate dalle camicie nere cfr. *Fascismo: inchiesta sulle gesta dei fascisti in Italia*, a cura di Paolo Mencarelli, Milano, Biblion, 2019 (1ª ed. 1922).

ta nel nome della restaurazione del sentimento patriottico, simboleggiato dall'affermazione della bandiera tricolore.

1. *Conquistare i voti, così come si conquista una trincea*

In apertura della campagna elettorale del 1921, il settimanale bolognese «l'Assalto» si preoccupò di chiarire ai lettori, utilizzando un registro lirico che strideva con la brutalità della violenza fin lì agita dalle camicie nere, quale importanza venisse attribuita all'immagine, rivoluzionaria perché rigeneratrice della comunità nazionale, della bandiera tricolore:

> Il tricolore che noi agitiamo oggi tutto fremente di vento e accecato di sole; il tricolore che copre oggi le bare e le chiazze sanguigne dei nostri morti, sulle strade e le piazze delle nostre battaglie, non è quel tricolore che la vecchia Italia ufficiale faceva penzolare alle finestre dei suoi ministeri [...]. No. Il nostro tricolore, o uomini della vecchia Italia marcita e imputridita, è quello che abbiamo divelto colle unghie e coi denti dalle doline del Carso, arrossato di sangue dalle gorre del Grappa ove gli edelweiss crescono oggi non più candidi di neve, ma rossi di sangue, per piantarlo, supremo vindice e giustiziere, sugli aratri, sulle trebbiatrici, sulle birroccie, sulle macchine di tutte le officine delle città e dei suburbi, per appenderlo, nuovo e freschissimo, all'occhiello degli operai e dei contadini, per offrirlo in dono come sciarpa di festa alle donne del nostro popolo umile, sofferente, laborioso, magnifico, perché sia e diventi, da oggi, il simbolo della sua grandezza, della sua lotta, del suo lavoro.[4]

Evidentemente non si prendeva in considerazione la possibilità che operai e contadini preferissero il tradizionale garofano rosso all'occhiello, così come non era prevista la scarsa disponibilità delle donne nei confronti delle sciarpe tricolori. Del resto, perché mai i fascisti avrebbero dovuto preoccuparsi della volontà delle masse popolari? Dal momento che l'adesione al sovversivismo era considerata una conseguenza della predicazione dei caporali socialisti, «demagoghi spiccioli che posavano a spaccamondi nei comizi e poi si vantavano presso le autorità di tenere in pugno le masse»,[5] per riaccogliere nel seno della nazione quelle stesse masse occorreva imporre

4. *Traguardo*, in «l'Assalto», 26 febbraio 1921.
5. Massimo Rocca (Libero Tancredi), *Come il fascismo divenne una dittatura*, Edizioni librarie italiane, Milano, 1952, p. 28.

loro, una volta distrutte le organizzazioni di classe, un sano conformismo patriottico. Anche a costo di reintrodurre l'antica soggezione nei confronti dei padroni: alla libertà nel presente, che la scheda elettorale aveva bene o male saputo rappresentare, il fascismo intendeva infatti sostituire una vaga promessa futura (incarnata nell'immagine del "santo manganello", che al momento opportuno sarebbe calato sulla schiena dei ricchi affamatori del popolo). Molto più prosaicamente, in quei terribili mesi primaverili la violenza fascista puntò a recidere il nesso tra moltitudine, organizzazione politica e conquista democratica dei principali gangli del potere locale. Lo notava ad esempio Giovanni Zibordi, che su «l'Avanti!» scriveva:

> Uno degli obiettivi più evidenti e confessati del movimento fascista è quello di riprendere con la forza al proletariato socialista ciò che esso si è conquistato con le schede. Provincie, Comuni, specialmente se di recente conquista nostra, sono bersagli su cui si appuntano più fieri gli odi e le cupidigie di quelle correnti, di cui il fascismo è esponente e strumento [...]. Per recuperare un dominio che la legalità le toglie la borghesia tenta usar la violenza; impedisce o turba il funzionamento dei Consigli eletti, intralcia in mille modi la vita amministrativa, boicotta e sabota gli enti pubblici, fa una propaganda di panico.[6]

Se le ragioni dei ceti proprietari, massicciamente confluiti nelle fila dello squadrismo, risultano evidenti, quelle dei fascisti necessitano probabilmente di una migliore articolazione. A muovere l'azione di questi ultimi, assai più che l'accondiscendenza verso i principali finanziatori, era infatti l'esigenza etica di salvare – esattamente com'era avvenuto qualche anno prima, quando la migliore gioventù s'era battuta nelle trincee – la patria minacciata. L'appello all'azione era dunque dettato da un prepotente ideale di redenzione; da una chiamata alle armi che, disdegnando la competizione elettorale, considerata alla stregua di un mercato privo di valori, sollecitava la sfera morale dell'individuo, imponendogli di accettare, in nome della necessaria sopraffazione del nemico, la possibilità del personale sacrificio. Se si considera tale aspetto della psicologia squadrista appare più semplice comprendere la molteplicità di ragioni sottese all'avvio dell'offensiva contro le amministrazioni rosse.[7] La più

6. Giovanni Zibordi, *Un interessante esperimento*, in «l'Avanti!», 8 febbraio 1921, p. 1.

7. Nei suoi termini generali l'argomento è impostato in Giulia Albanese, *L'occupazione delle amministrazioni pubbliche*, in *Gli italiani in guerra. Conflitti, identità, memorie dal Risorgimento ai nostri giorni*, vol. IV, t. I, a cura di Giulia Albanese e Mario Isnenghi, Torino, Utet, 2008, pp. 318-324; per una riflessione più ampia, organizzata sulla base

evidente di queste riguarda la rappresentazione spiccatamente bellicista dell'impegno politico. Non riconoscendo valore alle regole del tempo di pace, gli squadristi consideravano infatti la competizione elettorale come una battaglia tra eserciti, da combattere conquistando sempre nuovo terreno, uno sbalzo dopo l'altro, avendo cura di distruggere, un cannoneggiamento dopo l'altro, le fortificazioni nemiche. Non stupisce quindi, in considerazione del loro fondamentale ruolo, sia quali collettori del consenso sul territorio, sia perché decisivi snodi del processo elettorale,[8] l'accanimento con cui lo squadrismo assaltò, in quella drammatica primavera del 1921, i municipi socialisti.[9] Non si trattava solamente di benefici materiali, rilevanti sia rispetto alla fase di preparazione dei comizi che in quella della verifica dei voti. La conquista di un'amministrazione rossa era importante anche quale argomento retorico, in grado di collegare all'interno di uno stesso orizzonte di senso l'azione violenta, finalizzata alla liberazione del popolo dalla schiavitù imposta dai caporioni socialisti, alla richiesta, in nome del ripristino dell'unità organica della comunità, di un voto sul contrassegno elettorale dei blocchi nazionali. L'atto violento rappresentava inoltre un chiaro messaggio per le camicie nere, in grado di rinsaldare la loro certezza d'essere parte di un autentico processo rivoluzionario. Riportare sul pennone della residenza municipale la bandiera tricolore, dopo che per qualche mese vi aveva sventolato il drappo rosso, non solo rinfocolava il coraggio della sperduta borghesia locale, spronandola all'impegno politico e alla partecipazione elettorale, ma comunicava l'ostentato disinteresse degli squadristi nei confronti delle regole del gioco democratico. Il precedente dell'assalto alle amministrazioni in carica, regolarmente insediate dopo avere stravinto le elezioni amministrative dell'autunno, era quindi una promessa dell'ine-

dell'esempio regionale, cfr. Andrea Baravelli, *Le forme del nero. Nascita e affermazione del fascismo in Emilia-Romagna*, Milano, FrancoAngeli, 2022, in particolare pp. 173-180.

8. Noiret, *L'organizzazione del voto*, pp. 152-153.

9. Mimmo Franzinelli ha calcolato che furono l'80,6% delle amministrazioni del Nord a essere invase, la quasi totalità delle quali si sciolse e venne sostituita da commissari prefettizi (Mimmo Franzinelli, *Squadristi. Protagonisti e tecniche della violenza squadrista in Italia 1919-1922*, Mondadori, Milano, 2004, p. 297). A dispetto di queste ultime rilevazioni, a tutt'oggi non possediamo uno studio interamente dedicato alla violenza squadrista contro le amministrazioni elette. Si tratta di una mancanza significativa, perché proprio la violenza nei confronti dei luoghi del potere locale, che si aggiungeva alla pesante intimidazione nei confronti di chi osava resistere alla prevaricazione, fu uno dei principali strumenti della destrutturazione dell'organizzazione democratica da parte dello squadrismo.

vitabile vittoria (per un finale ravvedimento delle masse elettorali o in ragione della violenza esercitata su di loro, poco o nulla importava alle camicie nere). Da procedura funzionale alla selezione dei programmi e della classe dirigente, il momento elettorale si trasformava quindi in pura azione comunicativa: assaltando in modo brutale il nemico bolscevico, il fascismo non solo affermava il proprio insostituibile ruolo quale protagonista della riscossa borghese, ma offriva alla comunità nazionale, postulata come unità organica fusa nello Stato, una chiara rappresentazione dell'inevitabilità del processo di riconquista alla patria delle terre rosse.[10] Anche per questo motivo occorre prestare molta attenzione allo squilibrio territoriale, inevitabilmente determinato dalla diffusione dello squadrismo e del suo violento modo di intendere la campagna elettorale. Perché azioni come quelle di Jolanda di Savoia, alla fin fine altro non erano che un momento di propaganda:

> Nel pomeriggio del 9 aprile, a Jolanda di Savoia, un centinaio di fascisti, giunti dai dintorni, si recò alla sede dell'Ufficio di collocamento – uno dei tanti uffici di speculazione per i Capi lega – penetrò nei locali asportandone quattordici seggiole, due tavoli, ritratti di Lenin ed altri consimili microbi, registri e carte; e di ogni cosa fece un falò nel sottostante cortile. Poi i fascisti passarono alla casa del Sindaco bolscevico, obbligandolo a consegnare due bandiere rosse, che furono portate via. Fecero anche esporre la bandiera tricolore ad una finestra della Casa Comunale. Fu il segnale di un imbandieramento generale. Tutte le case in un attimo si adornarono di tricolore e i paesani uscirono all'aperto portando all'occhiello il nastrino bianco, rosso e verde. Rintracciati i membri della Giunta Comunale, e di nuovo il Sindaco, fu fatto loro presente la convenienza di dimettersi. Il consiglio fu immediatamente ascoltato.[11]

Che l'obiettivo della conquista del territorio, realizzata per mezzo delle molteplici spedizioni punitive, fosse strettamente intrecciato a quello della mobilitazione in funzione elettorale è chiaramente ravvisabile dalla lettura delle tante memorie pubblicate. Facendo riferimento alla campagna

10. La visione strumentale delle elezioni, quale momento funzionale al ricompattamento delle energie nazionali, importante soprattutto per la legittimazione che il ricorso al popolo era in grado di offrire all'idea fascista dell'inscindibilità della comunità, è ampiamento descritta in Enzo Fimiani, *«L'unanimità più uno». Plebisciti e potere, una storia europea (secoli XVIII-XX)*, Firenze, Le Monnier, 2017, in particolare pp. 258-279.

11. Raul Forti, Giuseppe Ghedini, *L'avvento del fascismo. Cronache ferraresi*, Ferrara, Stet, 1922, pp. 216-217.

elettorale della primavera 1921, il carpigiano Vico d'Incerti ad esempio spiegava:

> Con una piccola squadra di camerati percorrevamo la provincia sui nostri autocarri, bandiera al vento e fazzoletti tricolori al collo (la camicia nera da noi ancora non si usava), e ci fermavamo nelle borgate a improvvisare comizi, ad affiggere manifesti, a distribuire giornali e schede, a stampigliare sui muri quella corrucciata immagine del Duce a bianco e nero, che pure oggi, a tanti anni di distanza, qua e là si ritrova. Sull'autocarro c'erano anche i randelli e l'olio di ricino, e talvolta, per dire il vero, dovevamo fare ricorso a questi argomenti per convincere qualche ascoltatore che non pareva ben persuaso.[12]

L'efficacia di tale propaganda armata è difficilmente contestabile. Nella bassa pianura a cavallo del fiume Po, laddove cioè lo squadrismo aveva in quei mesi imperversato, i risultati del 15 maggio sancirono infatti la clamorosa débâcle socialista.[13] La campagna elettorale del 1921 fu quindi caratterizzata dalla netta frattura tra la parte del paese attraversata dalla violenza squadrista, interamente risucchiata dall'imperativo della lotta all'anti-nazione, pienamente in sintonia con la generale tendenza mondiale all'affermazione del Termidoro,[14] e il resto della penisola apparentemente impegnata nella più tradizionale delle tornate dell'Italia liberale. Laddove prevalevano le reti giolittiane, come nell'Abruzzo di Camillo Corradini e Francesco Tedesco, la formazione della lista di Blocco nazionale, composta aggregando tutti coloro che erano disposti a partecipare, acquisì un netto significato conservatore: sfruttando la piattaforma comune dell'anti-socialismo, i notabili di questa o di quella tendenza intesero la combinazione quale strumento in grado di risanare le ferite del passato; nell'ambito del generale slittamento moderato della maggioranza liberale, le asprezze dell'autunno 1919 potevano quindi considerarsi definitivamente superate.[15] Laddove erano invece più forti le cliente-

12. Vico D'Incerti, *Carpi fascio della prima ora*, Carpi, L'Ardita, 1935, p. 74.

13. A proposito dell'area interessata dalle spedizioni compiute dai carpigiani, non è senza significato notare che, se nel 1919 la lista socialista aveva raccolto più di tredicimila voti, nel 1921 essa superò di poco le ottomila preferenze. Parallelamente, le forze costituzionali passarono dai 2.753 voti ottenuti nel 1919 alle 8.757 preferenze del Blocco nazionale. In generale a questo proposito, cfr. Baravelli, *Le forme del nero*, pp. 165-180 (sui risultati della bassa modenese, p. 170, tab. 8).

14. Charles S. Maier, *La rifondazione dell'Europa borghese. Francia, Germania e Italia nel decennio successivo alla prima guerra mondiale*, Bologna, il Mulino, 1999, p. 160.

15. Questa era la lettura che veniva data da «La Prora», organo della lista combattentistico-nittiana di Avanguardia nazionale. Per un'analisi delle dinamiche della cam-

le salandrine o demosociali, come nel Salento di Alfredo Codacci-Pisanelli o nella Basilicata di Francesco Saverio Nitti, la lotta elettorale s'organizzò attorno a più prosaiche e tradizionali considerazioni di opportunità, rispetto all'entrata nel listone ministeriale e alle necessità della politica locale.[16] Gli assalti notturni alle case dei capilega e le sparatorie nel corso principale del paese, le bandiere rosse trascinate nella polvere e i fazzoletti tricolori imposti al collo delle donne, riguardavano la parte d'Italia che combatteva la battaglia comune contro il sovversivismo. Nelle retrovie si poteva cioè continuare a pensare che nulla fosse in fondo cambiato.

2. *Il fioco riflesso della trincea. Contrassegni, simboli e candidati.*

Se le consultazioni dell'autunno 1919 erano state dominate dal ricordo dell'esperienza bellica,[17] quelle del 1921 evidenziarono l'esistenza di un diffuso desiderio di allontanarsene. Una prova di ciò è offerta dalla ridotta presenza di simboli richiamanti il recente passato: se nella precedente tornata elettorale le liste che si ricollegavano al grande evento rigeneratore, più o meno legate al mondo combattentistico, erano state ventuno,[18] nel 1921 se

pagna elettorale del 1921 in Abruzzo cfr. Andrea Baravelli, *La legittimità della Grande Guerra quale vettore d'innovazione politica. Il collegio di Chieti nelle campagne elettorali del primo dopoguerra*, in «Abruzzo contemporaneo», 15 (2002), pp. 11-51,

16. Sulla situazione politica esistente nel Salento cfr. Daria De Donno, *Notabilato e carriere politiche tra Otto e Novecento. Un esempio di ascesa (Giuseppe Pellegrini, 1856-1931)*, Taranto. Congedo editore, 2010; Fabio Grassi, *Il sistema politico giolittiano in Puglia*, in *Storia d'Italia. Le regioni, dall'unità a oggi. La Puglia*, Torino, Einaudi, 1989, pp. 683-780; inoltre, si rimanda all'intervento di Elisabetta Caroppo, in questo stesso volume contenuto. Sul contesto politico-elettorale lucano, tra il 1913 e il 1921, cfr. Ezio M. Lavorano, *Aspetti politico-elettorali in Basilicata (1913-1919)*, in «Rassegna Storica Lucana», 15 (1992), pp. 89-120.

17. Cfr. Andrea Baravelli, *Un voto in grigioverde? Il tema della "lezione" della guerra nella campagna elettorale dell'autunno 1919*, in *Le elezioni del 1919*, a cura di Giovanni Schininà, Firenze, Le Monnier, 2021, pp. 131-148.

18. Se tredici di queste avevano utilizzato l'emblema dell'elmetto, otto s'erano affidate a simboli – come il leone di San Marco, l'alabarda di Trieste o la vittoria alata – che richiamavano il fine della guerra o le idealità irredentiste per le quali si era combattuto (Ministero per l'industria, il commercio ed il lavoro, *Statistica delle elezioni generali per la XXV legislatura. 16 novembre 1919*, Roma, Stabilimento poligrafico per l'amministrazione della guerra, 1920). Sulla simbologia dei contrassegni politici cfr. Luca Einaudi, *La simbologia dei partiti politici italiani dal 1919 al 1994*, in «Mezzosecolo. Materiali di ricerca

ne contarono appena sette.[19] Di queste solamente quattro presentavano segni di continuità, sia nella composizione che nelle proposte programmatiche. Se nel collegio di Brescia la lista dei combattenti si formò ricalcando l'esperienza del 1919, organizzandosi ancora una volta attorno al nucleo associativo camuno di Giovan Battista Toccabelli e Guglielmo Ghislandi,[20] non così fu nel Meridione. Nell'impervio collegio sannita, composto dalle province di Avellino, Benevento e Campobasso, l'ampiezza delle concessioni fatte nei confronti del personale politico liberale, tale da trasformare la lista in strumento per notabili esclusi dalla lista ministeriale, avrebbe permesso la rielezione dei soli Mario Carusi e Pasquale Vittoria. Ancor più complessa è la situazione del collegio calabrese, sorta di «pulviscolo di villaggi [...], risultato di secoli e secoli di depressione economica e di vita così elementare [da permettere alla natura] di costringere gli uomini a umiliarsi ad alcune sue configurazioni».[21] Se si considera il contesto regionale, dominato dal peso delle clientele personali e particolarmente influenzato dal meccanismo dei voti aggiunti riportati in altre liste, lo svuotamento della lista dei combattenti di ogni idealità relativa all'esperienza del tempo di guerra appare pressoché inevitabile. Anche se la lista ottenne alla fine tre eletti, il fatto che nessuno di questi ultimi potesse essere scambiato per un rappresentante della generazione delle trincee – il cosentino Ernesto Barrese, che nel 1919 aveva conquistato un seggio, un anno e mezzo dopo fu solamente ottavo in lista – era una chiara prova del fatto che quell'innovativa esperienza si era di fatto esaurita.[22] Pur molto differente dalle vicende meridionali, anche l'esempio ligure consente di mostrare la grande influenza del mutato contesto

storica», II (1994-1996), pp. 255-306. Ho offerto una più ampia interpretazione del tema in Andrea Baravelli, *La vittoria smarrita. Legittimità e rappresentazioni della grande guerra nella crisi del sistema liberale (1919-1924)*, Roma, Carocci, 2006, pp. 35-49.

19. Le liste contrassegnate dal simbolo dell'elmetto furono cinque (quelle presentate a Brescia, nel collegio calabrese e in quello ligure; nel Sannio si presentarono addirittura due liste, l'una facente riferimento alle reti clientelari sviluppate nella zona di Campobasso, l'altra al territorio di Avellino). Iscrivibili nel campo semantico-emotivo della guerra sono poi anche le liste comparse a Roma, raffigurante una vittoria alata, e quella presentata nel collegio di Udine-Belluno, raffigurante un soldato germanico che insegue una donna).

20. Su Ghislandi cfr. Mimmo Franzinelli, *Democrazia e socialismo in Val Camonica. La vita e l'opera di Guglielmo Ghislandi*, Breno, Tipografia Valgrigna, 1985.

21. Lucio Gambi, *Calabria*, Torino, Einaudi, 1965, pp. 258-259.

22. Cfr. Vittorio Cappelli, *Politica e politici*, in *Storia d'Italia. Le regioni, dall'unità a oggi*, vol. *La Calabria*, Torino, Einaudi, 1985, in particolare pp. 533-541. Inoltre, cfr. Ferdinando Cordova, *Il fascismo nel Mezzogiorno: le Calabrie*, Soveria Mannelli, Rubbettino, 2003.

politico sul lavorio di composizione delle liste. Al contrario della tornata del 1919, che aveva evidenziato l'estrema frammentazione del campo radical-repubblicano, nel 1921 lo stesso trovò quasi integrale ricomposizione nella lista di Blocco nazionale. Tra i pochi a non subire il fascino dell'appello anti-socialista, lanciato dal giolittismo e amplificato dal fascismo, furono i combattenti liguri, i quali, anche perché nel frattempo avvicinatisi alla Federazione dei lavoratori del mare di Giuseppe Giulietti, preferirono correre in solitaria, affidandosi al prestigioso nome di Luigi Rizzo.[23] La concorrenza sul versante riformista della lista di Giuseppe Canepa, unita allo svuotamento di consensi prodotto dalla scelta del repubblicano Giuseppe Macaggi, precedentemente eletto nella lista dell'elmetto, di correre con i blocchisti, li avrebbe però condannati a una rovinosa sconfitta. Ma a soffrire del declinare della risorsa legittimante connessa all'esperienza della guerra furono pure le formazioni del radicalismo nazionale non ancora assorbite dal fascismo. A questo proposito si vedano i contrassegni recanti simboli dell'irredentismo adriatico, delle ragioni della più grande Italia e dell'obbligo morale di provvedere alla ricostruzione postbellica: se nel 1919 le immagini iscrivibili a questo campo semantico-emotivo erano undici, nel 1921 a stento raggiungevano il numero di cinque.[24] Possiamo dire che la stessa cosa avvenne

23. Sulla diffidenza del combattentismo genovese nei confronti del fascismo cfr. Francesca Alberico, *Le origini e lo sviluppo del fascismo a Genova. La violenza politica dal dopoguerra alla costituzione del regime*, Milano, Unicopli, 2009, pp. 81-91.

24. È sempre difficile disambiguare il significato dei contrassegni, non solo per il valore polisemico delle immagini (il leone di Venezia è evidentemente un simbolo delle aspirazioni nazionaliste in Adriatico, ma è pure icona – specie se utilizzato nei collegi del Triveneto – di un'identità locale) ma anche per l'abitudine delle coalizioni di utilizzare come contrassegni più simboli abbinati. Riguardo alle elezioni del 1919 credo si possa dire abbiano rappresentato un'idealità connessa alla guerra il leone di San Marco utilizzato a Bari e a Cagliari (più problematico invece l'uso fatto a Venezia e a Udine), l'alabarda di Trieste dei combattenti bolognesi, la vittoria alata usata a Cosenza e a Teramo, la Madonnina del Grappa scelta come contrassegno a Genova, la casa col motto «ricostruire» adottata a Udine e l'aquila che campeggiava sulla lista democratica a Caltanisetta (meno facile da disambiguare, per l'importanza del simbolo all'interno della tradizione politica nazionalista, è invece l'aquila della lista romana). Rispetto alle elezioni del 1921 possono considerarsi come contrassegni che richiamano le idealità della guerra solamente quelli comparsi a Udine (un soldato tedesco che insegue una donna), quello scelto a Roma (una vittoria alata seminatrice) e quello adottato a Girgenti (un'aquila). Meno facile da stabilire, per il già ricordato loro consolidarsi quali simboli politico-territoriali, è il significato dell'aquila della lista bloccarda a Roma (per il riconosciuto ruolo nella combinazione elettorale del nazionalismo) e del leone di San Marco della lista popolare dissidente di Venezia.

per la notabilità combattente? È possibile cioè affermare che il degradare dell'importanza attribuita alla "lezione della guerra" abbia influito anche sul modo di presentarsi agli elettori? Dalla lettura dei quotidiani appare evidente che non si produsse allora, diversamente da quel che era avvenuto nel 1919, alcuna corsa allo sfoggio di benemerenze belliche. Queste ultime rimasero importanti, ma non furono più percepite come decisive per vincere lo scontro elettorale. Affrontando la campagna nell'ottica della concentrazione delle forze, necessaria per avere ragione dei rossi o per resistere all'invadenza dei ministeriali, molte liste proposero un posto «a coloro che hanno combattuto la guerra atroce di cinque anni».[25] Avere dimostrato coraggio nelle trincee rimaneva un motivo di vanto, che ogni elettore borghese – come faceva il corrispondente toscano de «Il Giornale d'Italia» – non avrebbe potuto fare a meno di riconoscere e premiare:

> Dunque oltre S.E. l'on. Rosadi e l'on. Dino Philipson che i liberali riporteranno certamente, [...], si fanno i nomi dell'avv. Comm. Gaetano Casoni, una mente chiara ed aperta, professionista di indiscusso valore e che ha dato come ufficiale la sua attività e la sua intelligenza per la guerra, rendendo al paese, per delicatissime missioni compiute, delle benemerenze che non si possono tanto facilmente dimenticare. Chi scrive ha percorso al fronte con il capitano Casoni i mesi più turbinosi e difficili della nostra guerra, ed è quindi con sicura ed onesta coscienza che noi ricordiamo oggi quanto la Patria a lui deve.[26]

Per questo motivo chi aveva un passato da soldato in guerra, soprattutto se indicato in lista dalle associazioni combattentistiche, non ebbe remore a ricordarlo agli elettori.[27] Tuttavia, l'impressione generale che si ricava dalla lettura è che il ricordo della guerra mondiale rappresentasse, all'interno dell'impianto complessivo dell'argomentazione politica, ormai poco più che uno scenario di scena della lotta elettorale in corso; che cioè non fosse più, com'era avvenuto nel 1919, la precondizione necessaria per realizzare la tanto agognata rigenerazione del paese. Un anno e mezzo più tardi quello stesso passato s'era cioè trasformato in garanzia di coerenza patriottica, da

25. *Lotta ad armi scariche a Napoli. Il presidente della Camera, due ministri e due sottosegretari in tre liste diverse*, in «Il Giornale d'Italia», 6 aprile 1921, p. 1.

26. M. Malan, *Il "Blocco Nazionale" a Firenze*, in «Il Giornale d'Italia», 13 aprile 1921, p. 3.

27. Solo per fare un esempio, si veda la presentazione dell'ingegner Romolo Braschi, candidato nella lista di Alleanza nazionale di Misuri in Umbria, *Profili elettorali. L'ing. Romolo Raschi*, in «La Tribuna», 12 maggio 1921, p. 2.

spendere per convincere l'elettore dell'opportunità di scegliere, al fine di combattere e vincere la nuova guerra tra nazione e anti-nazione, chi aveva già dato buona prova di sé nelle trincee. Un buon esempio di ciò è offerto dal registro aulico, caratterizzato dall'estrema rarefazione del rapporto tra concreta esperienza bellica e uso platealmente retorico che di quest'ultima si faceva, del primo comizio all'Augusteo dell'Unione nazionale:

> Chi diserta le urne è come il soldato che diserta il campo di battaglia. Roma che diffuse la civiltà nel mondo, che fu a tutti maestra del diritto, che seppe equamente risolvere le più ardue questioni sociali, sarà ancora una volta esempio di saggezza civile [...]. Con la consueta eloquenza calda e affascinante, parla poi l'altro candidato dell'Unione, avv. Vincenzo Carboni; il quale anzitutto prospetta la storia della sofferenza del popolo italiano durante la guerra e traendone lo spunto per affermare come ogni attentato alla campagna nazionale significhi oggi profanazione del sacro ricordo dei morti e diminuzione delle gesta degli eroi, che ci condussero alla vittoria.[28]

Anche una personalità come quella di Giuseppe Canepa, a cui non poteva certo essere imputata alcuna timidezza rispetto al dovere di servire il paese in pericolo,[29] si guardò bene, contrariamente a quel che aveva fatto nel 1919, dal ricordare agli elettori il suo passato da ufficiale.[30] Pur rimproverando ai fascisti l'uso "esclusivo" che gli stessi facevano delle idealità patriottiche, che imponendo l'identificazione tra «gli interessi della patria e quelli della borghesia» rischiava di «spingere alla disperazione i lavoratori», l'importante esponente del vecchio interventismo democratico condannava l'arroganza del blocco, che pretendeva «l'esclusività del patriottismo». Accennato all'amore sano per il proprio paese, che sempre lo aveva guidato nelle scelte personali e politiche, invitava tutti a raccordare quest'ultimo con gli ideali dell'internazionalismo. Del resto, concludeva Canepa, solo pochi giorni prima lo stesso maresciallo Foch – un militare

28. *Il primo comizio elettorale dell'Unione Nazionale a Roma*, in «La Tribuna», 3 maggio 1921, p. 2.

29. Socialista riformista, fondatore del periodico genovese «Il Lavoro», già cinquantenne Canepa si arruolò volontario, servendo nello stesso reparto del figlio diciottenne. Rimasto ferito al volto, fu decorato con medaglia d'argento e divenne uno dei principali esponenti in Parlamento della politica di unità nazionale.

30. A proposito della rivendicazione delle scelte compiute in passato da Canepa cfr. Giuseppe Canepa, *Eccomi qui...*, in «Il Lavoro», 10 novembre 1919, p. 1; *Il grande comizio del Partito del Lavoro in piazza Manzoni*, in «Il Lavoro», 14 novembre 1919, p. 4.; A. Sacherl, *Giuseppe Canepa*, in «Il Lavoro», 16 novembre 1919, p. 1.

quasi venerato dal nazionalismo italiano – aveva riconosciuto, nell'ambito delle celebrazioni dedicate a Napoleone, che i popoli non vivevano di guerra e di gloria, bensì di lavoro e di pace.[31] Che il passato quale ex combattente non rappresentasse più una condizione sufficiente a testimoniare la bontà del proprio patriottismo, ma dovesse essere accompagnata da una rinnovata disponibilità a impegnarsi – come gregari, senza pretendere di possedere la primazia morale – per sconfiggere le forze dell'anti-nazione, è infine dimostrata dalla durissima polemica scatenata a Brescia dai fascisti. Prendendo come pretesto la decisione dei combattenti bergamaschi di non aderire alla lista autonoma in formazione a Brescia, il periodico «La Fiamma» accusò il gruppo ghislandiano, descritto come irrequieto e ambizioso, preoccupato solamente di salvare la medaglietta parlamentare del loro capo, di non essere mosso da alcuna idealità patriottica. Riprendendo un manifesto fatto affiggere dai componenti dissidenti della locale sezione dell'Associazione nazionale combattenti, i fascisti tacciarono infatti la maggioranza del combattentismo bresciano, oltre che di essere stati wilsoniani e di aver flirtato apertamente con i socialisti, di essersi rifiutati di esporre la bandiera il giorno dei funerali delle vittime dell'eccidio del Teatro Diana. Al termine di questa dura requisitoria, il foglio fascista dava una chiara dimostrazione di quale dovesse essere il ruolo che, nell'Italia condotta in battaglia dalle camicie nere, gli ex combattenti avrebbero dovuto interpretare: «difendere i combattenti, al di sopra dei partiti e delle ambizioni personali».[32] Non più dunque fungere da guida naturale dell'Italia rigenerata dalla guerra, ma acconciarsi alla rappresentanza di una specifica categoria sociale; che pur avendo ben meritato, ora non poteva esimersi dall'affiancarsi – sempre in funzione gregaria, come in fondo era stato ai tempi delle trincee – agli odierni salvatori del paese: i fascisti.

3. *La retorica della guerra nel discorso elettorale dei partiti*

Non era passato che un anno e mezzo dalle prime elezioni del dopoguerra, ma il quadro politico italiano era completamente mutato. Non tanto riguardo la distribuzione del consenso elettorale, che la tornata amministrativa dell'autunno aveva mostrato essere rimasta pressoché stabile,

31. *Il nostro imponente Comizio al Carlo Felice*, in «Il Lavoro», 12 maggio 1921, p. 1.
32. *Combattenti e Ghislandi*, in «La Fiamma», 30 aprile 1921, p. 2.

quanto rispetto all'atmosfera ormai diffusa nel paese. Un po' ovunque si respirava infatti un'aria di eccitata attesa, per una riscossa borghese che, giorno dopo giorno, assumeva sempre più l'aspetto di una spietata vendetta. In tale contesto anche il mito della lezione della guerra, fondamentale matrice delle retoriche utilizzate nel precedente appuntamento elettorale, subì una profonda riarticolazione. Se nell'autunno del 1919 la sua declinazione era stata inevitabilmente palingenetica, nella primavera del 1921 il mito tornò ad avere una configurazione più tradizionale, in gran parte ricollegabile al registro nazionalista e radical-conservatore che prima del conflitto aveva largamente dominato il dibattito politico. Parole come "patria" e "vittoria" tornarono a essere condivise da molti soggetti, a parecchi dei quali – si pensi solamente a Giovanni Giolitti – anche soltanto il loro uso era stato in pratica vietato nel 1919; parole come "patria" e "vittoria" rientrarono quindi trionfalmente nel lessico di una borghesia italiana che, utilizzandole senza più condizionamenti interventisti, tornava a rivendicare il diritto di riconoscersi in quanto classe all'interno della quale la nazione trovava incarnazione. La lettura dei giornali dell'epoca appare a questo riguardo fondamentale, in quanto rivelatrice, al di là dell'apparente uniformità degli elogi nei confronti del ritrovato orgoglio patriottico, delle tante insidie nascoste nell'unanimismo del discorso politico moderato. Il centro giolittiano cercò di offrire un'interpretazione minimale e tecnocratica dell'impegno, insistendo sulla necessità che la tornata elettorale non fosse vissuta come una rivincita di una parte contro l'altra. Tale intenzione fu chiaramente espressa dal vicino direttore de «La Stampa», che una settimana prima del voto ammoniva:

> Troppo spesso si va ripetendo, da taluni, che elezioni del maggio 1921 devono segnare il capovolgimento di quelle del novembre '19; troppo volentieri, da taluni, esse sono rappresentate come la rivincita di un partito e di una classe, anche se l'uno e l'altra si battezzino sotto i nomi augusti di "patria" e di "nazione". In verità, non si tratta né di capovolgimenti, né di rivincite. Si tratta invece – come ebbe a indicare, con non equivoca lucidità, l'on. Giolitti nella sua relazione – del superamento di una certa situazione politica, per cui, risolti certi problemi, altri se ne presentano alla considerazione del popolo italiano e dei suoi rappresentanti; e, specialmente, della necessità di sostituire, ad una Camera il cui funzionamento risultava estremamente difficile e il rendimento scarso, un'altra più equilibrata e più adatta alle necessità imprescindibili del regime parlamentare. Coloro, dunque, che nelle prossime elezioni non vogliono vedere se non una lotta a fondo contro il socialismo – e magari anche contro i popolari, secondo la *vecchia formula contro*

i rossi e contro i neri – sono completamente fuori di strada. Il problema, invece, consiste nel dare, a tutte le correnti vive del paese, la loro adeguata rappresentanza.[33]

Si trattava di una raccomandazione difficile da seguire, dal momento che l'occasione elettorale, pesantemente influenzata dalla decisione del presidente del Consiglio di affidarsi alla formula della concentrazione delle forze liberali, permetteva a molti di rivendicare la bontà delle scelte, anche se altamente divisive, che erano state fatte nel recente passato. Di tale tendenza fu rappresentante il «Corriere della Sera», che fin dai primi giorni della campagna elettorale aveva pesantemente ironizzato sulla cosiddetta vendetta della storia, che non solo aveva separato «l'esponente massimo del neutralismo dalla sua compagnia», ma aveva finito per sospingerlo «là dove s'inneggia più vivacemente ai fasti della nostra epopea». Nell'editoriale dell'8 aprile 1921 si affermava:

> Se la borghesia, oggi, nei suoi partiti e nei suoi fasci è intervenuta anche colla violenza a ristabilire qualche cosa che pur rassomiglia a un equilibrio, questo è avvenuto soltanto perché essa ha ripreso al socialismo il maltolto e lo ha ridato alla Nazione, alla quale da poco tempo a questa parte è stato, così, restituito il governo.[34]

La replica giolittiana sarebbe giunta al termine della campagna elettorale, quando Olindo Malagodi, direttore de «La Tribuna», utilizzò il suo ultimo editoriale per rammentare che la malapianta del massimalismo non aveva attecchito solamente nel terreno socialista. Forse era stato «il terribile fascino della grandezza degli avvenimenti, da cui per quattro anni eravamo stati ravvolti»; o forse si doveva guardare all'impressione provocata «dal gioco formidabile in cui ogni nazione aveva rischiato tutte le sue fortune», ma la realtà era che «tutta, o quasi tutta l'anima politica italiana, all'uscire dalla guerra [era stata] pervasa da uno spirito di massimalismo; eguale nel furore delle amplificazioni e delle moltiplicazioni, anche se tinto di colore diverso».[35] Quel che il quotidiano vicino alle posizioni politiche di Giovanni Giolitti sottolineava era insomma la funzionalità – quindi la provvisorietà – dell'alleanza bloccarda: lungi dall'avere imboccato la strada che portava a Canossa, il presidente del Consiglio – affermava Malagodi – mostra-

33. *Equilibrio nazionale*, in «La Stampa», 7 maggio 1921, p. 1.
34. *L'appello al paese*, in «Corriere della Sera», 8 aprile 1921, p. 1.
35. Olindo Malagodi, *Contro tutti i massimalismi*, in «La Tribuna», 15 maggio 1921, p. 1.

va infatti di concepire la sua leadership secondo le tradizionali coordinate della moderazione, della capacità di manovra parlamentare e della realizzazione di una politica del possibile. Considerazioni in parte simili vanno fatte anche per il campo popolare. Se un anno e mezzo prima era stato in fondo semplice affermare che i cattolici, proprio in ragione dell'ordinata e perseverante loro partecipazione alla guerra, potevano dimostrare di essere completamente rientrati nell'alveo della comunità nazionale, ora le cose si facevano parecchio più complicate: accettare infatti il rigido paradigma patriottico imposto dalla logica blocchista, centrato sulla necessità di combattere senza compromessi il bolscevismo – esattamente come si era fatto con gli austriaci sul Piave – equivaleva ad accettare il rischio di ritornare sotto scacco, di nuovo sottoposti all'altrui giudizio rispetto alla sincerità dell'impegno patriottico profuso. Da qui l'affiorare di un certo imbarazzo, specie nei giornali più favorevoli all'alleanza con il fascismo, quando il discorso scivolava sulle forme – e conseguentemente sui limiti – del fervore anti-bolscevico; da qui, dunque, l'*escamotage* della delega del problema della violenza alle istituzioni statali, in modo da sottrarsi alla netta condanna che, non foss'altro per coerenza con la propria cultura politica, i cattolici avrebbero dovuto pronunciare. Un esempio di tale ambiguità è offerto da «l'Avvenire d'Italia», che sulla prima pagina del numero del 10 aprile 1921 così riportava:

> Se la guerra alla frontiera ci ha trovati al posto del dovere, la guerra civile per noi non ha trincee, dalle quali balzare in atto di violenza. Il mantenimento dell'ordine giuridico lo chiediamo allo Stato, cui diamo tutta la nostra collaborazione; il mantenimento dell'ordine morale lo chiediamo alla coscienza dei cittadini, cui ripetiamo la parola eternamente rinovellatrice di quello che Giovanni Papini chiamò il *lieto messaggio*.[36]

Nessuna richiesta quindi d'espulsione dei violenti dalla competizione, nessuna esplicita disapprovazione nei confronti di una parte – il fascismo – che affermava d'essere animato da purissimo patriottismo; piuttosto, la costante preoccupazione di posizionarsi al centro di tale campo, quale argine moderato in grado di tutelare dagli eccessi degli uni e degli altri. Significativamente, l'articolo così continuava:

> Noi pensiamo infatti che sarebbe una ben errata valutazione di questo momento caratteristico della vita nazionale, in cui le forze ricostruttrici riprendono il sopravvento, quella di chi la interpretasse come una possibile reazione.

36. *La formazione delle liste*, in «l'Avvenire d'Italia», 10 aprile 1921, p. 1.

> Se anche qualche fenomeno potesse giustificare un simile dubbio, noi sentiremmo con forza il dovere di opporci con fermezza a tale eventualità [...]. La convergenza della grande maggioranza delle forze nazionali nell'opporre una formidabile diga al sovversivismo distruttore, non deve dare altro scopo che quello di creare le condizioni per iniziare una più solida e più rapida costruzione. Questa è almeno la ragione fondamentale del nostro schieramento contro la follia rivoluzionaria.[37]

Grazie alla particolare declinazione anti-bolscevica, che permetteva d'indicare quale priorità assoluta il dovere di combattere il nuovo nemico della nazione, senza più di tanto preoccuparsi di proporre all'elettore un più articolato progetto, l'afflato patriottico costituì dunque l'unico elemento in grado di aggregare nei blocchi le differenti forze politiche. Quell'enorme bandiera tricolore, di cui un po' tutti si ammantavano,[38] non poteva però nascondere il permanere di forti distinzioni politiche. Così come non poteva silenziare il lascito divisivo della guerra, che a dispetto di tutti gli sforzi riaffiorava di continuo nella polemica politica quotidiana. Certo nessuno chiese più conto del comportamento tenuto nel 1915, ma lo stigma morale – ora volto a condannare ogni presunta timidezza rispetto al dovere di combattere il sovversivismo rosso – rimase molto forte. A sfruttare tale imperativo morale fu soprattutto il fascismo, che non solo riprese il registro intransigente che era stato dell'interventismo, ma puntò a strutturare un solido nesso tra il riconoscimento del protagonismo delle camicie nere nella lotta ai rossi, la legittimazione offerta dal fatto di avere con i suoi martiri scosso il fronte borghese e la pretesa di mettersi a capo del fronte patriottico. A dimostrazione di ciò si prenda l'editoriale de «Il Popolo d'Italia», nel quale Mussolini scriveva:

> Il Fascismo intende di veder consacrata nella formazione dei blocchi tutta la sua azione e la sua vittoria. Che cosa sono stati, che cosa hanno fatto gli altri partiti più o meno organizzati, dopo l'armistizio? Che cosa hanno fatto – di concreto – i costituzionali, i democratici, i radicali, i repubblicani per impe-

37. *Ibidem*.

38. Solo come indice dell'importanza del tema patriottico quale aggregatore di forze anche molto lontane tra loro, si veda la quantità di tricolori utilizzati come contrassegno delle liste elettorali nella tornata del 1921: 13 (di cui 6 sei in combinazione con altri simboli, a formare una rappresentazione visiva della combinazione di forze realizzata). Accanto al tricolore, molto utilizzato fu anche il simbolo della stella (generalmente preferito dalle liste d'intonazione liberaldemocratica o demosociale); in quest'ultimo caso i contrassegni elettorali riportanti stelle furono 14 (sei dei quali in combinazione con altri simboli).

dire in Italia l'avvento dei bolscevichi? Nulla o ben poco. Il bolscevismo li schiacciava. C'è stato un momento in cui un solo partito pareva che avesse diritto di esistere in Italia: il partito socialista ufficiale [...]. Chi ha agitato la coscienza nazionale contro la politica rinunciataria dei nostri Governi e di una certa parte dell'opinione pubblica? Il Fascismo. Senza l'azione del Fascismo, tesi ancor più balorde di quelle trionfate a Rapallo, avrebbero trovato il consentimento generale [...]. C'è della gente che parla, respira, si muove, si agita, si fa, più o meno debolmente, sentire, semplicemente perché il Fascismo, dopo avere impegnato una tremenda battaglia, è ormai vittorioso su tutta la linea. Bisogna riconoscere e sottostare di buon animo a questa situazione di fatto, dalla quale si può onestamente concludere che il Fascismo ha salvato la Nazione. Un movimento come il nostro rimorchia, non si fa rimorchiare, dà il suo colore, non accetta quello degli altri; è disposto, tuttavia, ad unirsi con altri uomini e partiti nazionali, quando costoro riconoscano che il Fascismo ha il diritto di dare l'impronta della sua fede, della sua passione e del suo programma alla imminente consultazione nazionale.[39]

Considerandosi moralmente superiori ai compagni di lista, i fascisti di Brescia non temevano d'esagerare affermando di essere i veri salvatori dell'Italia; erano stati infatti loro, nel momento in cui la borghesia aveva fatto «la smorfia del pudico pudore», a risolvere la situazione iniziando a picchiare senza pietà il nemico bolscevico.[40] L'argomentazione fascista era chiara: la guerra aveva realmente rinnovato il paese, non solo perché aveva imposto quale sacro dovere la lotta per la salvezza della Patria ma anche per il fatto di avere correttamente individuato, in coloro che quelle armi utilizzavano, il nucleo della futura classe dirigente nazionale.

Conclusioni

Le elezioni della primavera del 1921, per l'allineamento delle condizioni favorevoli alla stabilizzazione moderata, avrebbero potuto costituire un

39. Benito Mussolini, *In tema elettorale*, in «Il Popolo d'Italia», 7 aprile 1921, p. 1.

40. Scriveva il giornale di Augusto Turati: «Ma non possiamo essere degli accompagnatori: vogliamo e abbiamo il diritto di essere dei capi. Il fascismo ha salvato l'Italia dalla tragedia grottesca del bolscevismo: amici e avversari devono riconoscerlo. Quando la viltà scoloriva il volto di tutti coloro che oggi sfoggiano bandiere tricolori, il Fascismo è sceso in piazza con le rivoltelle e le bombe a insegnare il rispetto alla Patria», *Il nostro programma*, in «La Fiamma», 9 aprile 1921, p. 1.

momento di svolta nella storia del dopoguerra italiano. Non sembra quindi inutile domandarsi se, con il progressivo allontanarsi della guerra e dei suoi veleni, esistessero i margini di manovra per un consolidamento della giovane democrazia dei partiti. Per riuscirvi sarebbe stato necessario, come dimostra la contemporanea esperienza francese,[41] considerare come definitivamente archiviata l'esperienza bellica. Uomo di un'altra epoca, Giovanni Giolitti non lo comprese; e il suo errore avrebbe significativamente contribuito a inclinare il piano di scivolamento del paese verso la soluzione autoritaria.[42] Nel 1921 i giochi erano però tutt'altro che chiusi. Se si guarda infatti ai risultati elettorali, specie a quelli espressi nelle regioni meno infiltrate dal fascismo, è difficile non rilevare come quella stessa tornata avesse realizzato una significativa riduzione della frammentazione delle forze costituzionali. Il fascino della formula bloccarda, che lo sfoggio di retorica d'*union sacrée* certo contribuì a potenziare, non solo funzionò quale stimolo per la diminuzione del numero di liste liberali nei collegi, ma abituò i candidati a una pratica di collaborazione – perché tale era anche, ad esempio, l'accordo tra questa o quella consorteria, volto a diminuire il disturbo reciproco nei diversi circondari – che avrebbe potuto riverberarsi positivamente sulle dinamiche politico-parlamentari. I risultati stessi della tornata elettorale offrono all'analisi storica un quadro in fondo ricco di possibilità, almeno sulla carta contraddistinto dall'esistenza di una maggioranza centrista piuttosto stabile, incardinata sull'alleanza con il gruppo popolare e sull'apporto di volta in volta fornito dai deputati del cospicuo gruppo misto. Rimane però difficile immaginare una vera possibilità di realizzazione per tale combinazione. Non tanto per le inevitabili dimissioni di Giolitti, quanto per l'esplodere della guerra civile nelle regioni dell'Italia mediana: la questione della tutela dell'ordine pubblico aveva infatti un risvolto politico fortissimo, tale da condannare ogni governo a un'insostenibile e paralizzante tensione. Si tratta è vero di una storia che riguarda il periodo successivo alle elezioni del 1921, ma che intrattiene con queste ultime un rapporto diretto; una storia che avrebbe probabilmente avuto un diverso corso se non si fosse offerta ai fascisti la legittimazione dell'accordo politico in vista dei comizi di maggio. Perché, se è vero che in gran parte della penisola la campagna elettorale fu uguale alle precedenti, con gran sfoggio di parole e di promesse, nel-

41. Cfr. Nicolas Roussellier, *Le parlement de l'éloquence. La souveraineté de la délibération ai lendemain de la Grande Guerre*, Paris, Presses de Sciences Politiques, 1997.
42. Cfr. Baravelli, *Le forme del nero*, pp. 165-173.

le regioni dell'Italia mediana, sottoposte al fuoco della violenza squadrista, la lotta elettorale trasformò quelle stesse parole in simboli potenti, veicolo di azioni violente e di sempre più ampie pretese. È sufficiente scorrere le cronache, così come i resoconti delle autorità prefettizie, per comprendere la fondamentale importanza che quella campagna elettorale finì dunque per avere rispetto al più generale processo di affermazione dello squadrismo. Fu infatti nel corso della campagna elettorale della primavera del 1921 che le camicie nere presero a imporre, con la forza delle armi e la connivenza delle forze dell'ordine, la rimozione delle bandiere rosse – ma anche dei vessilli dei popolari, specie in alcuni comuni dell'Appennino e delle Prealpi lombarde – e la loro sostituzione con i tricolori; e sfruttando tale pretesto, lo squadrismo bastonò e uccise, distrusse immobili e conquistò città. Allo stesso modo, fu nel corso della campagna elettorale che il fascismo, pur presentandosi come avanguardia di un largo schieramento, iniziò a muoversi senza più preoccuparsi di nascondere l'obiettivo di monopolizzare il sentimento patriottico. Anche per questo motivo il tricolore cessò d'essere il simbolo di tutte le forze sane della nazione, trasformandosi in vessillo dell'unico gruppo che, tra i partiti patriottici, poteva mettere sul piatto il sacrificio nella lotta anti-bolscevica di tanti suoi giovani martiri.[43] Il percorso stava dunque completandosi, dalle elezioni dominate dal ricordo della guerra a quelle ossessionate dalla difesa della nazione; per l'identificazione totale tra fascismo e nazione si sarebbe dovuto in fondo attendere poco, non più di tre anni.

43. Per cogliere il senso dell'uso dei simboli della collettività nazionale al fine di affermare una sola parte è possibile guardare all'evoluzione del rituale funebre dei martiri fascisti. Se in un primo tempo le camicie nere accettavano la presenza dei rappresentanti di altre forze nazionali, dopo poco tempo iniziarono a imporre la presenza, accanto alla bandiera tricolore, dei soli simboli fascisti. A questo proposito cfr. Roberta Suzzi Valli, *Il culto dei martiri fascisti*, in *La morte per la patria. La celebrazione dei caduti dal Risorgimento alla Repubblica*, a cura di Oliver Janz, Lutz Klinkhammer, Roma, Donzelli, 2008, pp. 101-117.

Enzo Fimiani

Il D'Annunzio del 1921: ovvero dell'ultimo (dis)incanto politico del Vate

1. *Una traccia dannunziana*

Pur senza la pretesa di proporre eclatanti novità, questo saggio coltiva una minima ambizione sul piano interpretativo. Già il fatto stesso che il testo si muova nei dintorni di quell'autentico paradigma storico e memoriale che è il periodo cosiddetto "politico" di Gabriele D'Annunzio, fa correre all'autore qualche alea. Se le più autorevoli acquisizioni storiografiche permangono ancora il punto di riferimento, sebbene qui in qualche misura ci si permetta di ripensarle, il rischio vero si corre rispetto al *corpus* mastodontico delle memorie. Sedimentate narrazioni di quella fase e della sua epica (create da sé medesimo in una lucida auto-rappresentazione, come tante altre del vate)[1] hanno mostrato infatti una singolare capacità di condizionare il discorso pubblico italiano. Il solo smuovere appena una zolla di tale terreno, infervora passioni, fa gridare a "lese maestà", suscita polemiche che spesso nulla hanno a che fare con il lavoro scientifico di studio e ricerca. Un simile cedimento alla dimensione dell'*emotio* invece che alla *ratio* quando si tratta della faccia politica del «vivere inimitabile» di D'Annunzio, tende a riprodursi anche in questo scorcio di secolo XXI, ormai a più di cento anni dall'acme di quella stagione, in una coazione a ripetere degna di miglior sorte.

Se, poi, di alcuni aspetti di quello straordinario primattore in versione politica qui si tenta persino una (velleitaria?) rilettura, v'è non il rischio ma

1. A fini di scorrevolezza formale del testo e per aderenza alla lingua del tempo, nel saggio si useranno, quali "sinonimi" di D'Annunzio, epiteti come "vate", "comandante", "poeta-soldato", "poeta-condottiero", ben sapendo però come essi vadano maneggiati con cautela storiografica.

la certezza di porsi su un terreno scivoloso quant'altri mai. Il presente contributo si colloca difatti lungo una specie di "cammino dannunziano", che chi scrive prova a percorrere da un certo tempo, con modestia ma con la convinzione che ne valga la pena. Un saggio uscito di recente ne ha costituito la prima tappa: focalizzato sulla fase 1918-1919, vi si espleta il tentativo di sottoporre a un riesame scientifico l'enorme e seduttivo apparato di una delle più clamorose operazioni mitopoietiche del mondo moderno non soltanto italiano, e così squisitamente dannunziana, il mito della «Vittoria mutilata», con tutto il bagaglio di storie, memorie e appropriazioni indebite che si porta dietro.[2]

Le pagine seguenti intendono esserne un'ideale continuazione, incentrate come sono sull'immediato post-Fiume del comandante, entro un anno – il 1921 – così cruciale e troppo spesso letto con la sindrome del senno del poi, vale a dire facendosi più o meno condizionare dalla coscienza di tutto il fascismo successivo tra 1922 e 1945 (il potere, il regime, la teleologia totalitaria), secondo un'errata prospettiva nei confronti della quale gli storici, or non è molto, sono stati autorevolmente richiamati all'ordine.[3]

Da poco, infine, è uscita una terza tappa di questo cammino, che prova a seguire orme, aspettative e illusioni del D'Annunzio della crisi ultima, quella fatale del 1922.[4] Un tempo che di fatto innesca il definitivo e lungo ritrarsi del comandante nel (dorato) mondo di Villa Cargnacco con la sua proprietà. Egli vi si stabilisce agli inizi del 1921 ma il luogo viene destinato a icona, e aulicamente a Vittoriale, solo nella tarda primavera di quell'altro anno cruciale che è il 1923, ormai a giochi fatti, per così dire.

L'esito ultimo di una simile traccia dannunziana, sarebbe appunto quello di offrire uno scarno contributo affinché chi del Mito è designato a interpretare la natura non se ne faccia a sua volta sedurre: lo storico, è viceversa chiamato a de-costruire, o almeno leggere in termini più dialettici, qualcuna delle molte incrostazioni mitopoietiche che si sono abbarbicate attorno a una delle figure chiave del Novecento.

2. Enzo Fimiani, *La "vittoria mutilata": dal mito alla storia*, in *Le elezioni del 1919. Alle origini del sistema politico dell'Italia contemporanea*, a cura di Giovanni Schininà, Firenze, Le Monnier, 2021, pp. 149-177.

3. Cfr. tutto l'approccio metodologico del recente: Emilio Gentile, *Storia del fascismo*, Roma-Bari, Laterza, 2022.

4. Enzo Fimiani, *Incarnare la crisi: D'Annunzio nel 1922, tra seduzione dell'emergenza e ipocondria dell'ordinario,* in *Narrare la crisi*, vol. II, *L'Italia dal primo dopoguerra alla marcia su Roma (1919-1922)*, a cura di Marco Pignotti, Roma, Viella, 2024, pp. 61-77.

Un protagonista, sia chiaro, la cui conoscenza e comprensione appaiono ineludibili se si vogliono davvero inquadrare caratteristiche, stilemi, linguaggi e storia medesima della modernità politica del secolo XX nel suo complesso.

2. *Il 1921, il momento elettorale: peso e percezioni di D'Annunzio nel dopoguerra*

Nella logica del presente volume, questo saggio potrebbe forse apparire eccentrico. Troppo debole sembrerebbe il reale peso di D'Annunzio nell'iter che conduce alla stagione elettorale del 1920-1921 per farne oggetto di specifico interesse; troppo a latere il suo posizionamento rispetto agli schieramenti e alle dinamiche politiche in particolare nelle settimane precedenti il voto del 15 maggio 1921; troppo evidente un certo "disinteresse", anzi meglio lo sprezzo che egli spande nei confronti non solo delle forme della democrazia in genere («Sotto il grigio diluvio democratico odierno, che molte belle cose e rare sommergeva miseramente», aveva letterariamente reso descrivendo il dandy Andrea Sperelli, uno dei suoi personaggi romanzeschi più famosi)[5] ma anche, nello specifico, delle manifestazioni di suffragio che di lì a non molto sarebbero state definite dal fascismo *triumphans* null'altro che «ludi cartacei, [che] deliziavano e avvilivano la vecchia Italia ante 1922».[6]

Nonostante ciò, appare fondamentale interrogarsi ancora su ruolo, atteggiamenti, scelte di D'Annunzio nei mesi del 1921 prima delle elezioni e ancora di più, per certi versi, nel corso dell'intero anno, fino almeno al congresso fascista del novembre. Quel tornante, infatti, nel segnare la decisiva trasformazione in partito, esibisce anche una significativa evocazione del poeta/soldato/politico, contumace ma ben presente in spirito. Si potrebbe così comprendere meglio, forse, quanto e come quella sorta di "ipoteca" dannunziana sul terreno politico successivo alla Grande guerra

5. Gabriele D'Annunzio, *Il piacere*, Milano, Fratelli Treves, 1896 (1ª ed. 1889), libro I, Capitolo II, p. 38

6. Benito Mussolini, *Discorso alla 1. Assemblea quinquennale del regime. Roma, 10 marzo 1929.VII*, in *Plebiscito fascista 24 marzo 1929.VII*, Ufficio politico per il plebiscito, Federazione provinciale fascista milanese, Milano 1929, p. 3. Definizione già più volte rilanciata negli anni precedenti, si veda per esempio: *Parla il Duce del Fascismo*, in «Il Popolo d'Italia», 2 febbraio 1924.

prosegua realmente nel 1921, oppure se essa si trasmuti in qualcosa d'altro o ancora si sveli, esangue, parte di una battaglia ormai non più di prima linea (o persino di mera retroguardia). In tal modo, non si avrebbe soltanto del comandante una percezione meno mitologicamente orientata, bensì una visione più verosimile anche del 1921, con i suoi attori in campo e con il suo momento elettorale che, è banale ricordarlo, va letto entro un più ampio contesto in rapido e decisivo mutamento.

D'altronde, D'Annunzio è protagonista talmente rilevante – e ingombrante – da condizionare tutto il primo dopoguerra e lo stesso quadro politico. Ecco la prima delle tesi di questo contributo: un simile condizionamento agisce solo in parte in termini assoluti, vale a dire poggiando sulla base solida delle dirette e concrete conseguenze che le sue azioni producono (anche quando assumano fattezze eclatanti, come per Fiume). Viceversa, la "dipendenza" della politica italiana dall'ago della bilancia D'Annunzio appare in tutta la sua rilevanza se si cambia prospettiva. Maggiore o minore che sia, essa sarebbe da valutare in una misura definibile relativa, cioè proprio in ragione della percezione pubblica che si ha del poeta, del peso che gli si attribuisce rispetto al contesto, del significato (per gli altri) delle sue imprese realizzate come delle sue aspirazioni, delle relazioni con il mondo del "dannunzianesimo", così variegato e non riducibile ad unità, che attorno al vate si agita, e gli chiede visibilità, e spesso lo sfrutta senza scrupoli. Ciò vale di certo già all'interno delle suadenti malie della Vittoria mutilata nel 1919, che non a caso è più gioco di percezioni che di reale aggancio alla sostanza storica e alla fondatezza delle rivendicazioni italiane, così *ultra* rispetto al già discutibile patto di Londra. È però soprattutto dal chiudersi del 1920 in poi che questo gioco di specchi e percezioni si manifesta. Dopo il «Natale di sangue», è il rapporto con l'icona di un D'Annunzio percepito in idea, più che con l'uomo reale, che curva comportamenti, determina prese di posizione, sfilaccia o rafforza schieramenti, atterra o suscita biografie personali. In quel torno di tempo, è questo il metro in base al quale si giudica l'influenza – effettiva o presunta, profonda o marginale – che il capo carismatico e fiumano mantiene sulla politica concreta. Un'influenza che viene sempre più letta, e quindi ancor più relativizzata, in unione tormentata con il suo composito universo di seguaci, dai veri credenti ai millantatori, nelle tele di relazioni controverse con sfere ideali che ben rappresentano, nella loro plurale molteplicità, le variabili storiche di un passaggio cruciale nell'Italia del dopoguerra (fiumanesimo, nazionalismo, sindacalismo rivoluzionario, fascismo, persino il comunismo italiano neonato in forma-partito, che non lesina interesse tramite il suo leader Gramsci).

Ammettiamo dunque che il criterio migliore per cominciare almeno a ripensare ruolo e peso del vate in quei tornanti sia quanto lo si consideri davvero in grado di incidere, ancora nel 1921-1922, sullo scacchiere del gioco politico. Se così fosse, la sua maggiore o minore rilevanza dovrebbe essere valutata in un'ottica di pieno realismo, visto che ci si troverebbe al cospetto di una necessità frequente in storia: elaborare lo scarto tra realtà e percezione della realtà. Esso aveva già costituito l'anima stessa del protagonismo dannunziano, dai giorni di maggio del 1915 (che sfociano nell'intervento, a fronte di un Parlamento largamente neutralista e di un'Italia perlomeno perplessa), all'invenzione della Vittoria mutilata nell'autunno 1918, fino al mito fiumano e al profluvio delle sue narrazioni dal 1919 in poi.

A ben vedere, ecco che qui ancora una volta ci trova ad avere a che fare non soltanto con la storia e le sue variabili ma con il "Mito", in quei tempi (post 1914; poi post 1918) che pure in modo così dirimente segnano un prima e un dopo assai diversi. Vecchia endiadi, mito e storia, che però quando si parla di D'Annunzio finisce per trasformarsi in una sorta di archetipo, anche memoriale.

3. *Un'ipotesi, ovvero delle ciclotimie dannunziane*

Non è possibile, in questa sede, seguire con andamento cronologico e puntuale il D'Annunzio del 1921. Né, forse, avrebbe poi molto senso: la letteratura storiografica già disponibile ce lo consente ampiamente.[7] L'obiettivo, piuttosto, potrebbe forse essere quello di collocare il suo 1921 – scelte, peso, ruolo – all'interno di un'interpretazione di più largo momento e di più lungo periodo.

È ciò che tenta di fare la seconda tesi proposta da questo saggio: leggere l'intera parabola (politica) dannunziana come un alternarsi ciclotimico. Tutte le fasi del cosiddetto D'Annunzio politico, sin dall'ultimo scorcio del secolo XIX e fino al 1921-1922, sembrano infatti rispondere a un avvi-

7. Sarebbe stucchevole, qui, sciorinare un lungo elenco storiografico. Basti rimandare alle pagine di Renzo De Felice: *Mussolini il fascista*, vol. I: *La conquista del potere, 1921-1925*, Torino, Einaudi, 1966 e *D'Annunzio politico, 1918-1938*, Roma-Bari, Laterza, 1978.

cendarsi di momenti euforici seguiti da periodi depressivi e viceversa, con entrambi gli stadi di questa alternanza che, per molti versi, si svelano quasi come inevitabili esiti del periodo precedente.

Prima, vengono gli slanci della particolare *fin de siècle* vissuta *à la* D'Annunzio, tanto improvvisi quanto irrefrenabili nelle manifestazioni esteriori (e incoerenti con il suo passato: ma non è con il criterio della coerenza che si può leggere tutta la politica nuova del secolo che arriva, non solo in salsa dannunziana). La sua irruzione nel gioco dei numeri democratici, il flirtare con le odiate ritualità suffragistiche e parlamentari, la candidatura nel collegio abruzzese di Ortona a mare nel 1897 e l'elezione nella Camera dei deputati, il teatrale "passaggio" nei banchi della sinistra e la nuova candidatura da indipendente con i socialisti nella tornata elettorale del 1900 (stavolta con esito negativo), tutti transiti sperimentati soltanto dopo aver vinto la nausea per quel mondo, come il poeta celia scrivendo a Emilio Treves: «un intrico di circostanze mi ha fatto prigioniero e schiavo, inaspettatamente. Sono candidato!!! E, se potrò vincere i primi disgusti che solleva in me la Bestia Elettiva, condurrò a termine l'impresa felicemente».[8]

A questa parentesi di eccitazione, presto evaporata, sappiamo come segua una congiuntura che, progressivamente, si fa per molti aspetti ipocondriaca, segnata prima dalla sconfitta nella campagna elettorale del 1900 e poi dal gravame di più prosaiche incombenze, dalle difficoltà economiche al lungo "esilio" francese. Un triste grigiore, spezzato dal richiamo delle luci abbaglianti del ritorno in campo, della primavera del 1915, del «maggio radioso», del Piave che mormora e della guerra grande. D'Annunzio si incunea nel tempo a lui più congeniale, nel tipico "rimbalzo" ciclotimico. Non a caso, aveva annunciato: «torno alla mia patria dopo cinque anni di attesa e di tristezza».[9] Dopo la stasi, il tempo dell'eccezionalità, dell'epica bellica, delle imprese simboliche del condottiero, nel quale egli si muove come un pesce nell'acqua.

Una fase di eretismo eroico seguita, puntuale, dal riflusso nel disincanto. A conflitto ben in corso, il volto *Notturno* del vate (dal titolo della sua

8. Lettera del 30 luglio 1897, in: *Lettere ai Treves*, a cura di Gianni Oliva, con la collaborazione di Katia Berardi e Barbara Di Serio, Milano, Garzanti, 1999, p. 203. Si veda anche l'articolo di Gabriele D'Annunzio, *La Bestia elettiva*, in «Il Mattino», 25-26 settembre 1892.

9. *Il ritorno di D'Annunzio*, in «L'Idea Nazionale», 5 maggio 1915. Articolo non firmato.

opera che forse lo mette più a nudo) avverte la stanchezza di un tempo che si annuncia come "altro" da sé, votato più alla fatica banale del ricostruire e del "dopo" e assai meno agli empiti di gloria del "durante". I versi pubblicati il 24 ottobre 1918, con i quali rovescia sull'Italia e sul mondo il «Vittoria nostra, non sarai mutilata», grido della "mutilazione" perpetrata nei confronti dei sacrifici vittoriosi degli italiani, non giungono improvvisi ma sono frutto di una lunga sedimentazione e solo all'apparenza sembrano il segno di un rilancio dannunziano in una sua fase di rinnovato fervore. No: pare più convincente leggerli come un passaggio nel quale in realtà si rivela la vertigine o forse meglio una sorta di timor panico dell'ordinario, dopo anni extra-ordinari. Il 1919 del poeta ne sarà la conferma e seguirà lo stesso copione: finito il conflitto, giunto il tempo nel quale bisogna esercitare qualità del tutto negate all'orizzonte dannunziano, come la paziente ricerca del compromesso, la capacità dialogante, la grigia e ripetitiva costanza del lavoro quotidiano, il quadro si fa via via più straniante – e depressivo.

Così, quando nel settembre sceglierà di scuotersi dallo stallo e di rimettersi in moto nell'avventura fiumana, non si tratterà tanto dell'acme di un impeto di rilancio partito appunto dalla *Preghiera di Versaglia*, squadernata sulla prima pagina del «Corriere della Sera» quasi un anno prima, quanto piuttosto della necessità vitale di un nuovo slancio dopo l'ipocondria post-bellica. È il D'Annunzio che annusa l'aria politica e coglie l'attimo: «non vale se non il momento», come programmaticamente aveva enunciato un paio di decenni prima.[10] È l'uomo formidabile, e anche per questo spinto non solo dal gioco politico pubblico ma anche da pulsioni legate alla sua esistenza personale. Fiume, se una simile trama appare plausibile, è dunque la buona novella che proclama la nuova euforia, la sfida dell'eccezionale nei confronti dell'ordinario, in altre parole: il ritorno ciclotimico del vate.

Se l'alternarsi stordente di questi alti e bassi nel volgere di pochi anni ha una qualche logica interpretativa di lungo periodo; se il tempo di D'Annunzio è un tempo che torna, e da «lineare» può forse essere meglio letto come «circolare» (lo si è scritto riguardo al suo innamoramento nietzschiano);[11] se l'infrangersi delle gesta fiumane sugli scogli concreti

10. Gabriele D'Annunzio, *La città morta* [1896], in *Tragedie, sogni e misteri*, Milano, A. Mondadori, 1968, vol. I, p. 196.

11. Angelo R. Pupino, *D'Annunzio dal tempo lineare al tempo circolare: incontro con Nietzsche*, in «Italianistica. Rivista di letteratura italiana», XXXI, 2-3 (2002), pp. 197-218.

della storia al chiudersi del 1920 è una svolta da leggere non come l'ultimo anello di una fase euforica bensì come il primo di un nuovo periodo di disincanto; e se (anche in questo caso, esattamente come durante il conflitto) una predisposizione del genere era cominciata in realtà già da molti mesi a Fiume, quando si erano moltiplicati i segni di scetticismo da parte del comandante;[12] e se in definitiva tutto ciò ha un senso, l'anno 1921 può venire interpretato più in una prospettiva ciclotimica e meno linearmente come un tempo nel quale riprende e continua la piena influenza, concreta, di D'Annunzio sulla politica italiana, dopo l'abbandono della «città olocausta».

Ciò che con ogni probabilità conserva un proprio indubbio rilievo è piuttosto la "percezione" di una tale influenza, modulata in base al maggiore o minore peso da attribuirle. Il che ci conduce alla terza tesi qui proposta e, in qualche modo, al cuore della questione.

4. *Il 1921 del vate, ovvero del D'Annunzio percepito*

Al contrario di quanto ci si aspetterebbe, il ritmo dei rimbalzi ciclotimici si inceppa e non si riavvia, dopo il Natale di sangue. Tra gennaio e febbraio del 1921 il poeta-condottiero prima lascia usurato e stanco le sponde dell'Istria e poi, «avido di silenzio dopo tanto rumore, e di pace dopo tanta guerra»,[13] si ritira nella villa in contrada di Gardone Riviera. In quei giorni, però, non si consuma soltanto l'ennesimo effetto di ripiegamento in se stesso già conosciuto nelle precedenti tre fasi (1897-1900/1915-1918/1919-1920) e caratterizzato da un ritrarsi fino ad allora vissuto come un'attesa foriera di impeti futuri, quale viatico necessario per dar modo all'«Ariel

12. Basti pensare già ai risultati del plebiscito indetto nel dicembre 1919, quando la popolazione fiumana si esprime con larga maggioranza a favore del compromesso raggiunto dal governo italiano, che prevede l'autodeterminazione della città in cambio della conclusione della reggenza dannunziana, con il vate che decide di annullare il voto a seggi ancora aperti, mostrando poi tutta l'insofferenza non tanto per un popolo che non lo segue compatto, quanto soprattutto – nell'ottica qui proposta – per la fine ormai annunciata dell'eccezionalità, battuta in breccia dallo stanco anonimato del ritorno all'ordinario. Ci si permette il rimando a: Enzo Fimiani, *"L'unanimità più uno": plebisciti e potere, una storia europea (secoli XVIII-XX)*, Firenze, Le Monnier, 2017, pp. 148-150.

13. Lettera ad Alceste De Ambris del 28 gennaio 1921, in Renzo De Felice, *Sindacalismo rivoluzionario e fiumanesimo nel carteggio De Ambris-D'Annunzio (1919-1922)*, Brescia, Morcelliana, 1966, p. 243.

alato» (ulteriore auto-proclamazione dannunziana) di spiegare di nuovo le sue ali, volando verso un'altra fase di slancio eroico successiva all'ipocondria e solcando così altre crisi, in una rinnovata eccezionalità della storia e, appunto, in una ripetizione del ritmo ciclotimico.

Quel viaggio mesto dalle rive dell'Adriatico alle rive del lago di Garda rivela lo scarto: la sequenza di rimbalzi ciclici – euforia/depressione/euforia – termina infatti allora. La prospettiva interpretativa che questo saggio assume, si fa qui più radicale. Sebbene aleggi ancora l'aura che l'irrompere del grand'uomo evocava già a fine secolo XIX, quando si salutava finalmente «la partecipazione [...] del letterato italiano alla vita politica italiana»,[14] il "vero" D'Annunzio politico, ergo dotato di reali capacità e possibilità di condizionamento del gioco politico italiano, termina con ogni probabilità nell'immediato post-Fiume.

Da quei mesi in poi, fino al pieno compromesso sancito con il fascismo al potere nel 1923 e poi nel lungo autunno che lo accompagna alla morte nel 1938, nonostante una serie di lampi che illuminano la penombra decadente del suo rifugio e lo fanno uscire nello spazio pubblico – che nel frattempo muta pelle al di fuori dei confini del Vittoriale, e in fretta – la concreta realtà storica ci racconta più di un D'Annunzio "percepito", in virtù di quanto aveva già compiuto (soprattutto a cavallo della guerra), e meno di un protagonista capace sul serio di continuare a incidere su orizzonti, opzioni, tornanti della crisi italiana del primo dopoguerra, che prendono proprio con il 1921 altre strade e dipendono da altri fattori.

Gli anni precedenti al 1921 avevano insegnato come i momenti più "pericolosi" fossero proprio i punti culminanti delle fasi di disincanto. Da quelle congiunture, il vate traeva la forza per farne volano non di irrimediabili discese nell'ipocondria, bensì di imminenti risalite e clamorosi rilanci, come nel 1915 e nel 1919. Questo meccanismo collaudato non si ripete, in quell'anno (e neppure, a maggior ragione, nel successivo 1922). A dispetto delle aspettative a destra e a manca, delle voci ricorrenti, delle esegesi di ogni minimo sospiro del vate, delle indebite appropriazioni del suo armamentario retorico, simbolico, comunicativo – tutti elementi di cui comunque è piena la politica italiana fino alla marcia su Roma, ben al di là delle reali influenze di D'Annunzio – il poeta non si divincolerà, di fatto, dalla sua battaglia di retroguardia. Rimarrà assai più accartocciato

14. *Ancora della politica dei letterati*, in «Il Marzocco», 29 agosto 1897.

nella disillusione che slanciato verso il futuro, dimensione che pure egli si sente ancora in grado di condizionare e dirigere direttamente.

Per meglio comprendere l'anno dannunziano che segue Fiume e precede la crisi del 1922, si potrebbe forse rinchiuderlo entro due termini cronologici dalla valenza simbolica. Uno *a quo*: siamo nell'immediatezza del trauma finale, gli echi del Natale di sangue e dell'abbandono di Fiume lacerano ancora la politica italiana, e un anziano sociologo e filosofo di fama, che sarebbe scomparso di lì a non molto, verga una lettera destinata a un *enfant-prodige* del giornalismo italiano (allora anti-mussoliniano, persino sfidante di Mussolini a duello nel 1922, coniatore della locuzione di «schiavismo agrario» riferita alla violenza fascista di cui D'Annunzio si approprierà nel 1922, poi protagonista ai tempi del delitto Matteotti ma dalla fine del 1925 "riconciliato" col regime). È il 30 gennaio 1921. Georges Sorel scrive a Mario Missiroli riguardo a D'Annunzio: «un giorno o l'altro i fascisti sentiranno il bisogno di proclamarlo loro capo». Una percezione, dunque, di un vate capace ancora di ruoli decisivi nella politica italiana, tanto da poter divenire l'agognato duce della nuova Italia. Sorel aggiunge però un distinguo sul quale riflettere: «egli accetterà la parte se li giudicherà abbastanza forti per far paura al governo; ma non vorrà prendere una posizione netta se non ritenendosi sicuro del successo».[15] Si affaccia in quelle frasi un D'Annunzio tutt'altro che emotivo. Il vate non agisce in preda alle irrazionali ma potenti emozioni che si sprigionano dalle accelerazioni della storia, come potrebbe sembrare a uno sguardo che si limitasse a coglierne i bagliori seduttivi dell'*epos*. Egli invece valuta e fiuta quanto le sue azioni incrocino una sorta di "spirito dei tempi", in una misura tale da rendere più che probabile il consenso intorno a sé, insieme alla riuscita dell'impresa se non altro sul piano del riconoscimento "mediatico". Esempi emblematici ne sono la crisi di fine secolo, al chiudersi dell' Ottocento; la forza della corrente che sfocia nel conflitto planetario, nel 1915; lo scarto tra sacrifici vissuti e dividendi da incassare, nel 1918-1919; il mito dell'Adriatico italiano che nello spazio pubblico interseca, sotto il peso della banale mediocrità del compromesso nei mesi della conferenza di Versailles, un bisogno di «ritorno all'eroico»,[16] nel 1919-1920: tutti tornanti nei quali D'Annunzio decide scientemente di muoversi, non a caso.

15. Georges Sorel, *Lettere a un amico d'Italia*, Bologna, Cappelli, 1963, p. 303.

16. Emilio R. Papa, *Discorrendo di D'Annunzio politico*, in «Studi Novecenteschi», XXVI, 58, (1999), p. 280.

Dall'iperuranio dell'*emotio*, che con spavalderia non tiene in cale l'eventuale rapporto sfavorevole tra rischi e obiettivi, Sorel tende a riportarci su un più concreto terreno degli interessi. Lo sdegnoso rinchiudersi nell'alveo della tenuta di villa Cargnacco potrebbe essere motivato non solo dallo scacco dell'avventura fiumana, da una reale stanchezza della pugna a quasi sei anni dal maggio radioso, dalla nausea della politica "politicante", dalle seduzioni che esercita l'idea (tanto endogena in D'Annunzio quanto eteroalimentata) di un suo futuro ritorno sulla scena nel ruolo super partes di duce, quasi deus ex machina della politica italiana, cioè di uomo capace di risolvere lo stallo «catastrofico» dei poteri – per dirla in termini gramsciani –[17] nell'instabile spazio statuale dell'Italia del dopoguerra. Senza dubbio si tratta di fattori presenti, nella parabola dannunziana post-Fiume. Eppure, essi forse non bastano del tutto a spiegare. Alcune delle ragioni, benché naturalmente non le uniche, del mancato rilancio ciclotimico del vate nel 1921 potrebbero proprio risiedere in una doppia distretta. Da un lato, nel suo essere più conscio di quanto si sia ritenuto finora del fatto che, per la prima volta dopo anni, si scopre in distonia con i tempi; e, dall'altro lato, nel suo trovarsi davanti a probabilità di successo ben inferiori alla soglia necessaria per agire. E da qui la lunga attesa nella quale il condottiero sui cieli di Vienna e sul mare del Carnaro sembra trovare un sicuro rifugio, fidando in un ritorno alla guida politica nel 1922. Un anno, viceversa, che mostrerà come ormai la vera partita non sia più vate-centrica ma si giochi su terreni altri (e se anche di quel mutato contesto si vorrà cercare un ulteriore evento-simbolo e un'inquietante icona, basterà riandare al D'Annunzio spaurito, fuori posto, del tutto *raté*, che viene di fatto obbligato a tenere il più scialbo dei suoi discorsi pubblici di fronte ai fascisti trionfanti dopo la conquista violenta di palazzo Marino a Milano, il 3 agosto 1922).

Il secondo tassello cronologico dalla valenza simbolica del 1921 dannunziano si presenta come una sorta di termine *ad quem*. Un sostanziale ultimo walzer, potrebbe dirsi, poiché coincide con l'ostensione pubblica del peso reale riservato a D'Annunzio da un fascismo (o meglio: di sicuro dal suo vertice) che abbandona ormai la primigenia e radicale vena antipartito, assurgendo a struttura partitica e poi addirittura a paradigma medesimo del partito totalitario. Siamo all'8 di novembre, è in svolgimento il congresso che sancirà la nascita del Partito nazionale fascista. Alla tribuna

17. Antonio Gramsci, *Machiavelli. Il cesarismo*, in *Quaderni del carcere*, a cura di Valentino Gerratana, Torino, Einaudi, 1975, vol. II, pp. 1194 ss.

degli oratori non vi è un esponente qualsiasi, bensì Mussolini in persona. Nel suo discorso, egli non manca di ritagliare alcuni passaggi per D'Annunzio, al chiudersi di un anno durante il quale – da più parti, interne ed esterne al fascismo, ma di certo non dal leader – erano venute più o meno velleitarie suggestioni verso un vate capace di assumere il "comando" del movimento e della nazione, tra incrudimento dello squadrismo fascista, primavera elettorale, nuova Camera, patto di pacificazione, relazioni controverse tra legionarismo, fiumanesimo e fascismo. È un'oratoria antifrastica, che sa davvero di shakespeariano. Di quel bardo che mette in bocca al Marco Antonio del suo *Giulio Cesare* uno degli artifizi retorici («ma Bruto è un uomo d'onore») più diffusi e abili, capace di attribuire a una frase un concetto opposto rispetto a quello che in apparenza esprime. Il duce futuro – in concreto, non in idea come il vate – elogia a tal punto il genio di D'Annunzio da denunciare in realtà la sua totale inadeguatezza a un ruolo schiettamente politico. Lo esalta come «uomo di genio», per subito recintarne le possibilità di azione concreta. Lo confina nella sua alterità: «È l'uomo delle ore eccezionali, non è l'uomo della pratica quotidiana».[18] Quella che serve alla politica vera. Una pietra tombale, che segna la distanza tra ragion pratica mussoliniana e poesia politica del dannunzianesimo, già in realtà emersa – a chi volesse o potesse intenderla – nello scarso impegno di fatto che il futuro dittatore aveva profuso per la causa fiumana durante il suo farsi (contrapposto alla scaltrezza dell'elevarsi invece a suo corifeo tanto nel prima, tra gennaio e l'estate del 1919, tanto nel dopo, durante quel 1921).

Certo, tra questi due estremi cronologici gennaio/novembre si collocano alcuni abboccamenti – tra Mussolini e D'Annunzio, tra anime e protagonisti del fascismo e composita cerchia dei reali o presunti seguaci del dannunzianesimo – che paiono preludere a una tangibile leadership del vate sul controverso mondo delle forze "nazionali" e sull'intera fuoriuscita, da destra, dalla crisi italiana del primo dopoguerra. Essi, però, si rivelano più tessere di un lungo epitaffio che reali possibilità attribuite a D'Annunzio nella sua veste "politica", ben simboleggiate da un Mussolini che – secondo uno dei più efficienti informatori di polizia –[19] a metà

18. Cfr. «Il Popolo d'Italia», 8-11 novembre 1921; Benito Mussolini, *Opera omnia*, a cura di Edoardo e Duilio Susmel, Firenze, La Fenice, 1955, vol. XVII, p. 220.

19. Archivio Centrale dello Stato, *Ministero dell'Interno*, Direzione generale di pubblica sicurezza, Divisione affari generali e riservati, b. 570 in De Felice, *Mussolini il fascista*, pp. 44-45.

gennaio 1921 appare «gravemente preoccupato» quasi più dalla posizione finanziaria del giornale «Il Popolo d'Italia» che «pel crollo delle speranze su D'Annunzio». Una simile curvatura, di contro, si fa meno netta quando dai vertici si scenda verso la base, anche fascista: come si vedrà, al suo interno permane forte il mito dannunziano e, appunto, si fa più cogente la percezione di un comandante ancora in grado di comandare sul serio.

Prendiamo ad esempio cosa accade nell'aprile. Prima, il comizio del 3 a Bologna: Mussolini parla davanti all'adunata dei fascisti emiliano-romagnoli in vista delle elezioni del maggio. Tutto, allora, almeno in linea teorica sembra aperto, persino una contingente candidatura di D'Annunzio o, sul piano più ampio, un suo mettersi alla testa del movimento. Il capo del fascismo non cela i dissidi con il vate (covati sotto la cenere di Fiume) ma dissimula con efficacia, è ambiguamente elogiativo, anticipando in certo modo le parole di novembre. Come ha scritto De Felice, «la corda dannunziana [viene] da lui fatta vibrare con un'abilità pari solo alla sua ipocrisia», nella pretesa di risolvere «il problema elettorale in una grande manifestazione d'affetto per il "comandante"».[20] Non è il vate in sé a essere utile strumento politico, quanto l'apparato mitologico del dannunzianesimo a servire ancora, visto che Mussolini si affida all'antitesi vecchio/nuovo, uno dei cavalli di battaglia del discorso novecentesco della modernità in chiave dannunziana ma perfettamente coerente con la narrazione fascista: l'«uomo nuovo» D'Annunzio rappresenterebbe la faccia positiva, contrapposta al vecchiume rappresentato da Giolitti, così come il fascismo si presenta come l'Italia nuova al cospetto della marcia Italietta ante-Marcia.

Poi, ecco il viaggio a Gardone del giorno 5: Mussolini incontra il poeta, gli offre una candidatura "nazionale" a Zara, in un collegio dall'alta valenza simbolica per il mito adriatico. Nessun trionfalismo enfatizza però l'evento, la cui copertura mediatica viene affidata a un mero comunicato, secco nella lettera e ambiguo nel contenuto. Nelle giornate seguenti, per di più, il registro perseguito dal futuro duce per convincerlo poggia su basi di crudo realismo, per non dire cinismo:

> Caro Comandante, accettare di essere candidato politico a Zara e soltanto a Zara, non significa obbligarsi a fare il deputato e a frequentare Montecitorio. Significa garantirsi un'altra carta per il gioco, detto in termini volgari.[21]

20. Ivi, p. 71.

21. Lettera di Mussolini a D'Annunzio del 18 aprile 1921, in De Felice, *D'Annunzio politico*, pp. 255-256 (allora inedita, non presente nel carteggio pubblicato alcuni anni prima).

Nulla di specificamente coerente col mondo dannunziano, solo un ulteriore anello dell'antica pulsione anti-parlamentare, che il vate di certo fa propria ma che esiste in sé, ben al di là della sua esistenza eccezionale. Una relazione di primavera che rimanda un ineludibile sapore di «troppo arido». Manca del tutto quel «contenuto mistico, lirico, ideale»[22] indispensabile, agli occhi di D'Annunzio, affinché possa «la normalità tramutarsi in eccezionalità»[23] e dunque prodursi l'alchimia dell'innesco ciclotimico.

D'Annunzio alla fine non si candida, infatti. Preferisce piuttosto accordarsi con Mussolini, in qualche modo. La storiografia ci dice bene tempi e modi di questo compromesso, segnato da una non accettazione della candidatura senza però rotture aperte con il fascismo, pur dopo un lungo oscillare del vate che induce molti entusiasti a pensare che avrebbe corso per le elezioni. Scelta bilanciata da una serie di vantaggi garantiti dalla benevolenza mussoliniana verso microcosmi – se rapportati ai veri tavoli da gioco della politica italiana – del mondo dannunziano rimasti sotto l'ala protettrice del vate, come la Federazione legionaria e il sindacato del mare. Una scelta sulla quale agisce anche la consapevolezza ormai acquisita dall'ambiente legionario sul sempre più evidente e marcato spostamento a destra del fascismo, condito dal "tradimento" della causa fiumana nonché dal dilagare della violenza delle squadre. D'Annunzio, così, salvaguarda il legionarismo e ne allevia le ansie, rivendicando però una propria sdegnosa autonomia che si traduce, tra l'altro, nell'ordine a De Ambris di candidarsi a Parma in autonomia dal fascismo. Mussolini, dal suo canto, al solito trae dividendi politici maggiori, in quella congiuntura: può rivendicare comunque, se non un accordo pieno, un ritrovato dialogo con il comandante dopo gli screzi su Fiume e una sua non aperta ostilità, al contempo – e soprattutto – perseguendo con minori intralci la vera operazione politica alla quale guarda e tiene: il cartello elettorale dei blocchi nazionali che andranno al voto.

D'altra parte, dalla prospettiva in cui si pongono queste pagine il punto fondamentale appare con buona probabilità diverso, tutto giocato sulla dia-

22. Come nota Nino Daniele, criticando tali mancanze nel neonato comunismo italiano, nel suo *Memorandum* a D'Annunzio del marzo-aprile 1921, pubblicato in: De Felice, *D'Annunzio politico*, pp. 259-277; la citazione è a p. 275.

23. Massimiliano Panarari, *Poteri e informazione. Teorie della comunicazione e storia della manipolazione politica in Italia (1850-1930)*, Firenze, Le Monnier, 2017, p. 101.

lettica realtà/percezione. Difficile sostenere che il futuro capo del governo auspichi sul serio, allora, una candidatura del grande pescarese o comunque che ne faccia un tassello essenziale della propria tattica. Più plausibile sembrerebbe una sua predisposizione a vivere l'eventuale accoglimento della proposta da parte del vate non come pre-condizione indispensabile agli immediati obiettivi politici, bensì come uno schietto accessorio (utile? ininfluente?). Occorrerebbe quindi approfondire se Mussolini venga guidato dalla "percezione" di un D'Annunzio ancora credibile attore della politica, oppure il "realismo" di un lucido calcolo prevalga su ogni diverso fattore, inducendolo sì a recarsi in riva di lago ma con l'unico obiettivo che davvero gli interessa: disinnescare il rischio di dover fare i conti con un comandante clamorosamente "nemico". «Sulla strada dell'alleanza elettorale con Giolitti», per Mussolini era infatti «assolutamente necessario [...] trovare un accordo con D'Annunzio, che evitasse uno scontro frontale».[24]

Per ottenerlo, sa di giocare proprio sul crinale straordinarietà/ordinarietà, tra la mediocrità della stanchezza per il triviale disincanto post-Fiume e i mirabili orizzonti della lotta nuova che si annuncia. Appunto per questo – *timeo Danaos et dona ferentes* – gli reca certamente un dono, ma privo del necessario grado di charme. L'offerta di una dozzinale, elezionistica e parlamentaristica «medaglietta» (termine che la propaganda fascista userà per fustigare ambizioni e pressioni che gerarchi grandi e piccoli eserciteranno per entrare nella lista unica di regime in occasione dei due plebisciti del 1929 e 1934) non è di conio tale da lusingare l'ego del poeta.

D'Annunzio, in coerenza con questa sorta di consentimento (tacito? esplicito?), che baratta un suo rifiuto non clamoroso con l'aiuto mussoliniano per una parte del mondo dei suoi protetti, si affida poco al clamore della platea pubblica. Piuttosto, solcherà le vie della sfera privatistica, affidando alle sue cerchie di corrispondenti le riflessioni, e le molte irritazioni, attorno al proprio rifuggire l'alea elettorale. Quando la sua indisponibilità inevitabilmente emerge sulla stampa, specie nazionalista, si arrocca dietro le colpe di altri che, nella caotica situazione politica di Zara tra elemento italiano e slavo-croato, inficerebbero una sua candidatura unitaria e, appunto, "nazionale". Un paio di settimane dopo la visita di Mussolini, una delle poche voci fatte udire dal vate sulla questione appare più emblematica di altre. In un telegramma a Forges Davanza-

24. De Felice, *Mussolini il fascista*, pp. 50-51.

ti (giornalista, nazionalista, futuro vicesegretario del Pnf), D'Annunzio scrive:

> Rimane fermo irremovibilmente il mio proposito di non accettare nessuna candidatura. Mi dolgo che tante voci varie siano sparse da amici indisciplinati che non sanno né rispettare né comprendere la mia disciplina. La Camera di domani sarà falsa e impotente come quella di ieri. La supereremo.[25]

Parole del genere, trovano naturalmente linfa dalla scia di denigrazione dell'istituto parlamentare che sgorga da decenni da tante delle famiglie politiche italiane. Il vate però va oltre un basico anti-parlamentarismo. In una lettera di alcuni mesi dopo, farà capire da un lato che continua a coltivare il sogno di presentarsi come l'«Uomo della provvidenza» al capezzale dell'Italia malata (vagheggiamento che in quel torno di tempo si va ormai facendo, di mese in mese, più irrealistico); e dall'altro lato quale sia il suo modo di intendere il potere. È la delega in bianco, infatti, il suo vero orizzonte: «Mi auguro di essere la persona alla quale un giorno si penserà, dicendo: Avanti! Non resta dunque che lui! Ma se pretendo di essere utile un giorno, se si ricorrerà a me, ho bisogno di *un'autorità illimitata*».[26] Posizioni, come si vede, che marcano la sua distanza dalla forma della democrazia in sé, incompatibili con l'accettazione di una candidatura.

Passa dunque la consultazione politica, come prevedibile svoltasi senza D'Annunzio (e che vede un tasso di violenza politica, anche mortale, troppo spesso trascurato dalla storiografia, presa più dalle non così dissimili vicende delle elezioni del 1924). Si insedia nella Camera una pattuglia di deputati fascisti, il cui leader fa il suo esordio oratorio in Assemblea il 21 giugno. Mussolini parla molto, e di molte questioni (Alto Adige, Adriatico, Palestina, guerra, e così via). Il comandante viene citato

25. Archivi del Vittoriale, *Carte di Roberto Forges Davanzati*, AP-28013, Telegramma di G. D'Annunzio a R. Forges Davanzati – Reggenza italiana del Carnaro-Comando dell'esercito italiano, 20 aprile 1921, in Filippo Sallusto, *Nazionalismo italiano, nazionalismo francese: Gabriele D'Annunzio e Roberto Forges Davanzati*, Canterano (Roma), Aracne, 2018, p. 298; Enrico Serventi Longhi, *Il faro del mondo nuovo: D'Annunzio e i legionari a Fiume tra guerra e rivoluzione*, Udine, Gaspari, 2019, p. 181.

26. Lettera dell'agosto 1921 a Marcel Boulenger, su cui cfr.: Guy Tosi, *D'Annunzio e Mussolini*, in «La Politica Parlamentare», XVI, 8 (1963), pp. 55 ss.; *Carteggio D'Annunzio-Mussolini (1919-1938)*, a cura di Renzo De Felice e Emilio Mariano, Milano, A. Mondadori, 1971, pp. XXII-XXIII; De Felice, *D'Annunzio politico*, pp. 161-162. Corsivo di chi scrive.

appena, una volta soltanto. Per di più se un appellativo di «poeta Vate»[27] viene utilizzato, egli lo evoca non per D'Annunzio bensì per Carducci. Segno non solo di un progressivo diradarsi del suo utilizzo nella narrazione mussoliniana ma anche del fatto che – giunto in Parlamento il fascismo, dopo lo scacco delle elezioni del 1919 – sempre più il poeta-politico si vada discostando da un pur incerto "centro" della scena (sulla credibilità del quale, comunque, ci sarebbe da discutere, anche per tempi migliori come l'anno da Vittorio Veneto alla marcia di Ronchi). È invece la mitopoietica dannunziana a far sentire ancora i suoi effetti, quale ottima leva in funzione retorica. Per dirla in altri e già evidenziati termini: la percezione di un D'Annunzio influente in concreto, tende a sfumare; persiste però ben salda la percezione della potenza dell'immaginario che da lui si irradia e dal poliedrico mondo che lo attornia. In questo caso: l'uomo-simbolo viene usato giammai per rivendicarlo come leader bensì soprattutto per attaccare il presidente del Consiglio Giolitti e il sovrano, il quale nel tradizionale discorso della Corona che apre la legislatura ha la colpa di non richiamare né il vate né Fiume.

Così, l'estate del 1921, che segue l'insediamento della nuova assise parlamentare, conduce con sé un D'Annunzio che persevera con il suo rintanarsi, nell'attesa di una evoluzione del quadro politico tale da consentirgli il rilancio ciclotimico già tante volte sperimentato. Sono le relazioni con l'universo fascista quelle che più rilevano nell'ottica del presente contributo. In questo senso, la nota ma non del tutto chiarita visita agostana a Villa Cargnacco di due dei massimi esponenti nazionali del movimento dei Fasci, può venire letta solo in minima parte come il tentativo del fascismo intransigente di avere un nuovo capo, sebbene si sia allora immersi nella presunta crisi di leadership mussoliniana, sull'onda del violento dissenso interno al fascismo rispetto alla scelta del patto di pacificazione con i socialisti. Con buona probabilità, Balbo e Grandi – assai più dotati di realismo politico che inclini, appunto, a farsi sedurre dalle malie delle percezioni – hanno soprattutto l'urgenza di salvaguardare l'unità del legionarismo fiumano (e del fiumanesimo nel suo complesso) per servirsene in funzione filo o almeno pro-fascista.[28] Grandi, peraltro, sempre mal sopporterà questo del tutto ipotetico duce del fascismo. A regime trionfante, nel definirlo

27. *Atti parlamentari*, Camera dei deputati, legislatura XXVI, 1ª Sessione, *Discussioni*, Tornata del 21 giugno 1921: pp. 92 e 97 per le due citazioni di D'Annunzio e Carducci.

28. Potrà forse fare più luce un'attenta analisi delle carte private di Italo Balbo acquisite dall'Archivio centrale dello Stato.

con ironia negativa «il Vate di Villa Cargnacco», affonderà ancor di più il colpo: «Io al Vittoriale non ci sono voluto andare mai. Non ho mai amato questo buffone».[29]

Altra – e così divaricata rispetto sia agli usi mussoliniani del vate, sia alle attenzioni dei vertici fascisti – è invece la prospettiva che muove una frazione non irrilevante della base del fascismo. I militanti di un'area cruciale, quella emiliano-romagnola con tutte le sue tradizioni, vedono qualcosa di ben diverso nel vecchio comandante. Sono gli stessi che in giugno avevano fatto sentire a Mussolini come una "minaccia" la presenza di D'Annunzio: non doveva sbagliare politica, poiché «lassù, presso il lago alpino, vigila attento il comandante».[30] Ora, mesi dopo, favoleggiano addirittura di un suo destino come guida della nascitura forma repubblicana che lo Stato italiano assumerà. Siamo nell'ottobre 1921: a Modena, il fascismo inscena un'affollata e nervosa adunata, di protesta per i fatti del 26 settembre precedente e in ricordo dei sette fascisti uccisi dalla Guardia regia ed elevati a "martiri della rivoluzione". Un intervento sul giornale locale – firmato da un personaggio che poi diverrà un importante anti-fascista, Francesco Luigi Ferrari – si configura come una lettera aperta al futuro segretario della Federazione modenese del Pnf e ci racconta cose interessanti. Dopo le arringhe dell'altro abruzzese Raffaele Paolucci e dello stesso Mussolini, si alternano sul palco vari esponenti dei Fasci centro-settentrionali. Non c'è nessuno che manchi di osannare D'Annunzio. Non sono però soltanto acclamazioni generiche: «Tutti questi oratori sciolsero un inno ed una invocazione appassionata alla "repubblica italiana" e a Gabriele D'Annunzio futuro primo presidente della repubblica d'Italia».[31] Inni, dunque, che hanno una specificità tale da testimoniare come la percezione del comandante, colta dal basso, sovradimensioni il suo concreto peso nel contesto politico italiano, finisca per sottostimare la solidità dell'impianto monarchico negli assetti ancora liberali e prefiguri mutamenti di forma dello Stato non certo realisticamente all'ordine del giorno. Dunque, un'altra tappa dell'eterno

29. Archivio storico diplomatico del Ministero degli affari esteri, Carte Dino Grandi, *Diario*, b. 17, f. 7, nota del 15 ottobre 1930, in Paolo Nello, *Dino Grandi*, Bologna, il Mulino, 2003, p. 102.

30. «L'Assalto. Quotidiano del Fascismo», 11 giugno 1921 (testata divenuta poi organo del Fascio bolognese).

31. Francesco L. Ferrari, *Lettera aperta all'avvocato Vittorio Arangio Ruiz*, in «Il Popolo di Modena», 8 ottobre 1921, in *"Il Domani d'Italia" e altri scritti del primo dopoguerra, 1919-1926*, a cura di Mario G. Rossi, Roma, Edizioni di Storia e Letteratura, 1983, p. 4.

scarto percezione/realtà nel farsi della storia. Intorno al vate, peraltro, riemergono stilemi tradizionali del fascismo delle origini, presto sfilacciati se non dissolti nella prassi successiva che avrebbe condotto il partito al potere e alla sua gestione. Che a quasi tre anni da piazza San Sepolcro e dopo la molta acqua passata che aveva sciacquato con generose dosi di realismo politico i "caratteri originari" dei Fasci di combattimento, si parli così platealmente e senza filtri di repubblicanesimo, e per di più nel nome del vate e alla presenza di un Mussolini che nei mesi precedenti si era assai speso per spurgare il fascismo della sua tendenzialità repubblicana dopo averla egli stesso, nel giugno, vellicata,[32] appare significativo degli intrecci e rimescolamenti che D'Annunzio è in grado di provocare nel panorama dell'Italia post-bellica.

A quel punto, ci si trova esattamente a un mese dal citato discorso di Mussolini nel congresso costitutivo del Pnf. Come un passaggio di testimone: quanto stridono tra loro, infatti, toni, aspettative, percezioni dei due momenti, tra Modena e Roma; emblematica riprova della distanza tra *emotio* (dannunziana) e *ratio* (mussoliniana), nelle complicate trame della politica italiana del primo dopoguerra. Improbabile, in un simile quadro, immaginare una ripresa della ciclotimia. Essa, però, avrà comunque la forza – percepita, beninteso – di aleggiare nell'aria per tutto il 1922.

Quando D'Annunzio scriverà in una lettera una lapidaria ammissione: «Sono morto ad ogni politica», saremo nel 1923. Una presa di coscienza molto tarda, di uno stato di fatto che – al di là delle percezioni dei vari protagonisti in campo – durava ormai da almeno un paio di anni.[33] Eppure, non solo la base fascista che lo acclamava presidente di una fantomatica repubblica d'Italia ma anche non pochi intellettuali – singolari convergenze di mondi differenti – continuano a fine 1921 a evocare un comandante ancora in grado di lanciarsi in colpi di mano. Soltanto tre giorni prima della liquidatoria *laudatio* di Mussolini nel congresso Pnf, Giuseppe Prezzolini verga un appunto nel suo diario che per noi assume contorni significativi. Nel susseguirsi di voci e tensioni attorno a un possibile blitz dannunziano durante le emblematiche celebrazioni, tra Aquileia e il Vittoriano a Roma, del terzo anniversario della vittoria, egli scrive di essersi recato il 4 novem-

32. Tra le più eclatanti prese di posizione di Mussolini in tal senso, quella alla vigilia dell'avvio della XXVI legislatura: cfr. «Il Popolo d'Italia», 10 giugno 1921.

33. Archivi del Vittoriale, *Archivio personale*, Lettera di Gabriele D'Annunzio a Romano Manzutto, prot. 35137, senza data ma 1923, in Raffaella Canovi, *D'Annunzio e il fascismo: eutanasia di un'icona*, Roma, Bibliotheka, 2018, p. 81.

bre «a vedere la cerimonia del trasporto del Soldato Ignoto». E aggiunge: «Si parlava della possibilità che D'Annunzio tentasse un colpo di mano. Non è accaduto nulla. Ma *si sente* che c'è qualche cosa in preparazione».[34] Ecco di nuovo la percezione, di un qualcosa che si sente nell'aria ma che non sempre regge alla prova della realtà e della sua forza cogente.

E quando, nel tempo successivo, l'ormai pienamente Uomo del Vittoriale, consegnato a categorie più mitologiche che storiche, si ostinerà pervicacemente a conferire un titolo immaginifico alla pubblicazione destinata a rievocare le sue gesta di Fiume (pensata come trilogia ma poi rimasta incompiuta), egli continuerà a voler percepire – ecco che torna, implacabile, la percezione – quale *Penultima ventura* [35] una vicenda che in realtà era stata l'avventura finale, raccontandoci davvero dell'ultimo (dis)incanto politico del vate.

34. Giuseppe Prezzolini, *Diario, 1900-1941*, Milano, Rusconi, 1978, p. 349, appunto del 5 novembre 1921.

35. Gabriele D'Annunzio, *La penultima ventura. Scritti e discorsi fiumani*, a cura di Renzo De Felice, Milano, Mondadori, 1974.

Marco Pignotti

Lo slittamento dell'opinione pubblica liberale su posizioni bloccardo-nazionaliste 1920-1921

1. *Il ceto liberale di fronte a un bivio: fra democrazia e nazionalismo*

All'indomani del primo dopoguerra, ma soprattutto delle elezioni politiche del 1919, Maggiorino Ferraris anticipa profeticamente dalle colonne di «Nuova Antologia» il destino della classe politica liberale: *I costituzionali al bivio: o rinnovarsi o morire!*[1] Nelle intenzioni del direttore della rivista moderata vi è principalmente la volontà di contrastare i partiti sovversivi di matrice socialista, sebbene il monito possa essere sottoscritto da tutte le componenti costituzionali e moderate. Con la conclusione dell'egemonia giolittiana la classe dirigente avvia infatti un difficile percorso evolutivo che la porta a frammentarsi su ampio spettro di questioni altamente divisive, tanto da mettere a repentaglio persino il comune terreno dell'adesione ai principi e ai valori costituzionali. Appare del tutto evidente come le «radiose giornate di maggio» abbiano prodotto un solco incolmabile nella galassia costituzionale, che neppure dopo l'acquisita vittoria manifesta alcuna intenzione di formare una concentrazione delle diverse anime liberali. Ormai esistono delle *issues* che rendono inconciliabile la contrapposizione fra i diversi leader e le diverse correnti come la mai sopita questione interventismo/neutralismo, alla quale si aggiunge il rifiuto della mediazione sociale come metodo per risolvere conflitti nella sfera economica, sostituito dal più avvincente binomio legge e ordine. Incongruenze e contraddizioni che riemergono in forma più accentuata in coincidenza con il biennio 1920-1921 e in seguito all'esito delle consulta-

1. Maggiorino Ferraris, *I costituzionali al bivio: o rinnovarsi o morire! 1909-1919*, in «Nuova Antologia», CCIII (1919), pp. 314 ss.

zioni politiche del maggio 1921. Durante questo arco temporale si rivela perciò fondamentale rintracciare, già a partire dalla campagna elettorale della primavera del 1921, quegli elementi e quei fattori che consentono di registrare un concreto slittamento dell'opinione pubblica liberale verso approdi delegittimanti di matrice nazionalista e anti-parlamentare.

Un esempio emblematico di questa nuova retorica moderata viene offerto dal «Corriere della Sera», ovvero il principale organo di stampa conservatore, che attraverso l'editoriale di Luigi Albertini del 12 maggio 1921, quindi a ridosso delle consultazioni, rivolge delle precise domande ai candidati delle liste costituzionali già organizzate secondo la modalità di apparentamento di matrice bloccarda.[2]

L'intento del direttore di via Solferino è quello di orientare prevedibilmente il programma dei candidati verso un marcato anti-socialismo e anticomunismo, di conseguenza, il suo contributo registra anche la necessità di esplicitare una formale adesione istituzionale ai principi democratici e liberali alla base dell'ordinamento statutario. Contestualmente però vengono richiamati con frequenza altri valori che arricchiscono il perimetro di una nuova legittimazione costituzionale come la «restaurazione delle idee di patria», in modo da restituire centralità alla frattura interventismo/neutralismo che si apre a partire dal maggio del 1915, per poi radicalizzarsi dopo Caporetto e in seguito al trattato di pace. Non casualmente, l'editoriale stigmatizza l'azione politica delle componenti liberali post-neutraliste nittiane e giolittiane e bolla come «demagogica» e «vendicativa» l'intera produzione legislativa della precedente legislatura, in quanto finalizzata a screditare la scelta interventista. La guerra, intesa come adesione al conflitto e valore indefettibile per una classe dirigente affidabile, non è finita il 4 novembre del 1918.[3]

D'altronde fra il 1919 e il 1922 si sviluppano all'interno dell'area liberale alcuni filoni narrativi che contribuiscono ad alimentare uno stato di "crisi", vera o presunta, che affligge il sistema politico italiano a partire dalla rovinosa "rotta" di Caporetto.[4] È da quel momento, infatti, che si assiste a un crescente clima emergenziale, alimentato anche dall'opinione

2. *Domande ai candidati*, in «Corriere della Sera», 12 maggio 1921, p. 1.

3. Mario Isnenghi, *La tragedia necessaria. Da Caporetto all'Otto settembre*, Bologna, il Mulino, 1996, pp. 56-60; Marco Mondini, *Roma 1922. Il fascismo e la guerra mai finita*, Bologna, il Mulino, 2022, pp. 135-161.

4. Marco Pignotti, *Da Caporetto a Roma: narrare la crisi e delegittimare il sistema parlamentare*, in *Narrare la crisi*, 2. *L'Italia dal primo dopoguerra alla marcia su Roma (1919-1922)*, a cura di M. Pignotti, Roma, Viella, 2024, pp. 109-139.

pubblica moderata, che solo la formazione del primo governo Mussolini è in grado di interrompere, mediante il ricorso a risorse politiche irrituali in grado di condurre il paese fuori dalla paralisi prodotta dal disordine sociale e dall'immobilismo istituzionale.[5]

Per questo motivo risulta significativo consultare l'editoria espressione della cultura liberale, in modo da apprezzare la strumentale costruzione di uno spazio polemico che prelude all'inevitabile ascesa del fascismo. Vi sono infatti numerosi interventi che paventano il rischio di una deriva autoritaria, alla luce di una corriva narrazione alimentata dai tradizionali oppositori del sistema liberal democratico che in occasione della campagna elettorale del 1921 in più di una circostanza assimilano le crisi di governo a irreversibili crisi "istituzionali".[6] Da qui, si spiega sia il crescente uso della violenza finalizzata all'affermazione politica registrato fra le diverse consultazioni elettorali politiche e amministrative fra il 1920 e il 1921, sia la diffusa acquiescenza dell'opinione pubblica liberale e «della compagine costituzionale a contenere e a regolare la realtà politica ed economica contemporanea».[7]

A questo riguardo, proprio «La Stampa», il quotidiano torinese più vicino al giolittismo, prefigura una soluzione efficace per arginare il rischio di un collasso dell'assetto costituzionale, prospettando un rinnovamento della legislazione sociale, così da limitare le sommosse dettate da una crisi di fiducia che dalle masse popolari sarebbe potute dilagare nella borghesia urbana. Di conseguenza, la testata piemontese dopo gli scontri di fine luglio avvenuti a Ravenna, centro del cooperativismo socialista padano, pubblica a tutta pagina l'invocazione in favore di un governo di salvezza nazionale guidato da Giolitti, in grado di collaborare sia con Turati, sia con lo stesso Mussolini.[8] Siamo ormai di fronte alla fase agonizzante del sistema liberale, alla luce del fallimento della via della "pacificazione" divenuta ormai oggetto di esplicita delegittimazione politica da parte dei gruppi più vicini allo squadrismo, tanto da essere etichettata dal condirettore de «L'Idea nazionale» Maurizio Maraviglia come «collaborazionista»,

5. Si rinvia al recente volume *Sul confine della crisi. Dal dopoguerra alla marcia su Roma (1919-1922)*, a cura di Marco Pignotti, Roma, Viella, 2023.

6. Sulle modalità narrative della crisi si rinvia a Fulvio Cammarano, *Crisi politica e politica della crisi: Italia e Gran Bretagna 1880-1925*, in *Crisi, legittimazione, consenso*, a cura di Paolo Pombeni, Bologna, il Mulino, 2003, pp. 86-87.

7. Giorgio Levi della Vida, *Le crisi e la crisi*, in «La Stampa», 31 luglio 1922, p. 1.

8. *Suprema lex. Per la salvezza d'Italia invochiamo il Governo Giolitti-Turati-Mussolini*, in «La Stampa», 30 luglio 1922, p. 1.

perché indirizzata a reprimere esclusivamente l'organizzazione fascista a tutto vantaggio delle organizzazioni sindacali.[9] È appena fallito lo sciopero "legalitario" indetto dal Partito socialista e l'esecutivo, guidato da un debole luogotenente giolittiano, sta per essere reincaricato per gestire il complicato ripristino dell'ordine pubblico. Dunque, persino ai redattori dei giornali liberali, come il «Corriere della Sera» e «Il Giornale d'Italia» (Albertini, Einaudi e Bergamini), appare evidente che i tentativi di delegittimare l'impianto costituzionale transitino anche da una narrazione della crisi funzionale allo screditamento delle istituzioni rappresentative.[10] La genesi di questo slittamento su posizioni pericolosamente delegittimanti da parte di una consistente rappresentanza della cultura politica liberale viene collocata frequentemente in coincidenza con la mobilitazione che conduce all'ingresso in guerra dell'Italia oppure con la delusione per gli esiti della conferenza di pace di Parigi, tralasciando la potente combinazione di aspettative e delusioni rappresentata dalla tragica giornata del 24 ottobre 1917. Quella data diventa un immaginario punto di saldatura fra l'interventismo più radicale e il nazionalismo anti-democratico e anti-parlamentare, molto di più del 24 maggio 1915 e della "mutilazione" della vittoria.[11] La riproposizione della frattura nazionale/anti-nazionale, si conferma così un efficace fattore di coagulo per impedire la nascita di un fronte costituzionale schierato contro la sovversione di destra e la deriva anti-parlamentare. D'altronde, l'impianto polemico imbastito dalla stampa d'opinione conservatrice non assume una posizione equidistante fra le violenze perpetrate dal sindacalismo massimalista e le rappresaglie squadriste, ritenendo la reazione fascista un naturale effetto dell'eccessiva tolleranza accordata a un partito «antistato».[12] A questo proposito, la memoria dei redattori del

9. Maurizio Maraviglia, *Pacificazione collaborazionista*, in «L'Idea nazionale», 29 luglio 1922, p. 1, in Marco Pignotti, *Il diario politico di Francesco Cocco Ortu (1922-1929). Dalla delegittimazione del sistema parlamentare alla legittimazione del regime fascista*, Alessandria, Dell'Orso, 2021.

10. *Il «Corriere della Sera» e la marcia su Roma*, a cura di Giulia Albanese, Milano, Fondazione Corriere della Sera, 2022.

11. Andrea Frangioni, *La prassi degli interventisti*, in *Abbasso la guerra! Neutralisti in piazza alla vigilia della Prima guerra mondiale in Italia*, a cura di Fulvio Cammarano, Firenze, Le Monnier, 2015, pp. 19-30; Enzo Fimiani, *La «vittoria mutilata»: dal mito alla storia*, in *Le elezioni del 1919. Alle origini del sistema politico dell'Italia contemporanea*, a cura di Giovanni Schininà, Firenze, Le Monnier, 2021, pp. 149-173.

12. Giulia Albanese, *Luigi Albertini, Francesco Saverio Nitti e Giovanni Amendola: tre liberali di fronte alla marcia su Roma*, in *Le rotte dell'io. Itinerari individuali e collettivi nelle svolte della storia d'Italia*, a cura di Mario Isnenghi *et al.*, Napoli, Scriptaweb, 2008.

periodico diretto da Frassati andava alla campagna elettorale del maggio del 1921, quando lo stesso Giolitti si prefiggeva di costituzionalizzare la deriva squadrista mediante la formazione dei blocchi nazionali, la cui finalità doveva essere quella di emarginare le pulsioni anti-nazionali e anti-statuali incarnate dalle formazioni massimaliste di matrice operaia. Ma la formazione dei blocchi si sarebbe prestata a una duplice interpretazione. Per lo statista di Dronero la formula politica non avrebbe dovuto ricalcare terminologie stantie che rimandavano all'«anteguerra», perché ovviamente tendeva ad archiviare la frattura interventismo/neutralismo: «questo solo è il punto di vista dal quale si può intendere la piattaforma di queste elezioni – dichiarava Giolitti –, piattaforma nazionale e non nazionalista».[13] Viceversa, la componente squadrista presente nei blocchi, a sua volta fiancheggiata dalle correnti liberali più conservatrice, rifiutava ogni declinazione in senso riformista della coalizione, preferendo privilegiare ciò che Giolitti intendeva esorcizzare: «una politica di riforme e non di reazione, di progresso e non di regresso, di libertà e non di violenza, non contro il proletariato bensì a vantaggio del suo divenire sociale».

2. *L'opinione pubblica slitta su posizioni anti-democratiche*

Il confronto programmatico pubblicato sul «Corriere della Sera» può essere senz'altro assimilato a un contratto politico per punti che viene, di fatto, sottoposto in maniera esplicita ai diversi candidati che si distribuiscono nelle diverse liste del Blocco nazionale o in quelle liste contigue dove, in maniera neppure edulcorata, viene persino prefigurata la richiesta di un vero e proprio mandato imperativo che dovrebbe impegnare l'eventuale parlamentare a rassegnare le dimissioni o quanto meno a giustificare qualsiasi dissidenza in merito agli obiettivi dichiarati.

Ovviamente, il rifiuto di ogni "controllo" sull'attività delle fabbriche viene indicato come il caposaldo da cui far poi scaturire i punti programmatici non negoziabili, in quanto ogni diversa modalità aziendale che preveda una co-gestione fra proprietà e forza lavoro rappresenta per il blocco moderato la negazione stessa della dottrina liberale.[14] Dottrina che nella sua applicazione pratica non poteva contemplare alcuna deroga in ordine alla possibilità di trovare una mediazione di carattere sociale fra le parti,

13. *Blocchi e programma*, in «La Stampa», 20 aprile 1921, p. 1.

14. Luigi Einaudi, *I candidati e il controllo*, in «Corriere della Sera», 11 maggio 1921, p. 1.

a dimostrazione che dietro l'opposizione del concetto di controllo si celava un chiaro riferimento al metodo giolittiano e alla tolleranza adoperata durante la fase dell'occupazione. Non casualmente alla base della retorica anti-giolittiana vi era la vecchia e la nuova legislazione sociale e previdenziale: fortemente e sistematicamente osteggiata dalle colonne del quotidiano milanese, che ribadiva quanto le normative vigenti nella fase prebellica fossero più che sufficienti per garantire il lavoro dipendente da infortuni, malattie e invalidità. Pertanto, il tentativo di Francesco Saverio Nitti di proporre una struttura assicurativa centralizzata che si occupasse della previdenza subisce il sistematico ostracismo da parte dei diversi editorialisti anti-giolittiani, i quali ricorrevano alla collaudata retorica anti-burocratica per screditare una misura anti-congiunturale tesa a salvaguardare le categorie sociali più deboli dalla completa indigenza. L'ipotesi di potenziare l'Istituto nazionale dell'assicurazione, coniugandolo al sistema bancario, come ha illustrato nel suo recente lavoro Michele Cento,[15] rappresenta infatti l'anticipazione di un moderno welfare che si sarebbe affermato successivamente alla crisi del 1929, ma che l'opinione pubblica animata dagli economisti liberisti vicini al Corriere etichettavano come «introduzione in Italia di pazzi sperimenti bolscevichi».

Va da sé che la lottizzazione delle terre e ogni riforma del latifondo fossero altrettanto equiparabili a provvedimenti di matrice cooperativistica e, pertanto, lesivi del diritto di proprietà. Ma l'atteggiamento più insidioso da parte dei contributi di Einaudi e Albertini veniva riservato al ceto impiegatizio e alle categorie lavorative sindacalizzate, a dimostrazione di quanto fosse soprattutto il metodo della mediazione, e non tanto il rischio di una deriva rivoluzionaria, a preoccupare concretamente determinati settori dell'opinione pubblica conservatrice: «I ferrovieri e i postelegrafonici [...] la resa del Governo fu così priva di ogni senso e dignità che gli impiegati ne trassero argomento per ritenersi padroni assoluti di organi essenziali della vita economica del paese». La causa di tanta preoccupazione, manco a dirlo, erano gli aumenti di stipendio e la richiesta delle otto ore lavorative. Questi venivano indicati come i veri cedimenti, "le concessioni" alle categorie "protette" (dei ferrovieri) che esasperavano le altre classi di funzionari della pubblica amministrazione che, viceversa, si ritenevano penalizzate da questo riconoscimento: i capi-divisione, i vice-prefetti, gli

15. Michele Cento, *Tra capitalismo e amministrazione: il liberalismo atlantico di Nitti*, Bologna, il Mulino, 2017.

intendenti di finanza, i provveditori agli studi, i professori universitari, i cui aumenti di stipendio risultavano in termini assoluti e relativi minori rispetto a quelli accordati dal governo ai capiservizio, ai compartimento e agli usceri in servizio presso le ferrovie «dinanzi al tumulto ed alla minaccia di voti bolscevizzanti».[16]

La strategia comunicativa anti-parlamentarista restava, dunque, la principale modalità oppositiva da parte dell'ala più moderata dell'arco costituzionale. Perciò, di fronte alle accuse di incoerenza rappresentate dall'inclusione nelle liste del Blocco nazionale di figure provenienti dal movimento fascista, i quotidiani moderati si rifugiavano nella "temporaneità" dell'alleanza, costituitasi unicamente per «ristabilire l'ordine e l'equilibrio in Parlamento». Di conseguenza, persino la lista dei popolari viene classificata come foriera di instabilità e perciò tacciata di insincero "parallelismo" programmatico.[17]

Sulla stessa lunghezza d'onda si sintonizza l'altro grande organo di riferimento del liberalismo conservatore italiano ovvero «Il Giornale d'Italia» di Bergamini, quando auspica l'avvento di una nuova Camera «non giolittiana», nonostante il forte affievolimento della mobilitazione intorno alle liste nazionali, tanto che esplicitamente si biasima l'estremo lassismo organizzativo dei comitati liberali e dei partiti bloccardi che: «basano troppo le possibilità di vittoria sul malessere degli altri, ritenendo di avere con gli eccessi della violenza fascista intimoriti i socialisti e anche i popolari [...]».[18]

Per queste ragioni, si pronostica la possibilità che Giolitti non riesca a comporre un esecutivo sorretto da una stabile maggioranza, mentre dalle solite testate moderate si caldeggia un ritorno all'unica figura in grado di coniugare la politica nazionale con il liberalismo: Antonio Salandra, che nel suo ultimo discorso in campagna elettorale registra «l'adesione dei nazionalisti e dei fascisti, oltre che dei liberali di Destra».

Di conseguenza, secondo una efficace catechesi elettorale, il compito degli elettori doveva essere in ordine di priorità: contrastare l'ascesa dei comunisti e dei socialisti, ma anche dei popolari, ma soprattutto non favorire la riconferma dei rappresentanti di quella borghesia «disponibile a

16. *Domande ai candidati*, in «Corriere della Sera», 12 maggio 1921, p. 1.

17. *Votare per il Blocco nazionale significa sostenere la causa dell'ordine. Le parallele*, in «Corriere della Sera», 13 maggio 1921, p. 3.

18. *Il pericolo dell'astensionismo. La nuova Camera non sarà giolittiana*, in «Corriere della Sera», 12 maggio 1921, p. 1.

lasciarsi mettere i piedi sul collo». E, a questo riguardo, si cita l'approvazione dell'odg Casalini, che secondo la vulgata conservatrice viene subìto dalla maggioranza «quasi per paura», portando di fatto alla «morte del bilancio e al deprezzamento della moneta».[19]

Contestualmente, dal punto di vista retorico la frequenza d'uso di un termine dalla forte connotazione destabilizzante quale "demagogia", abbinato a quello di "folla", dimostra, una volta di più, quanto sia fondata la volontà di delegittimare le componenti avversarie di matrice popolare e socialista e quanto rimanga profonda l'avversione nei confronti di tutte quei provvedimenti che richiamano la pianificazione e l'assistenza, partoriti soprattutto durante il triennio bellico.

A poco possono valere i «chiarimenti» opposti da «La Stampa», alla luce della sua forte adesione all'area giolittiana, quando durante la campagna elettorale sottolinea come sia del tutto inappropriato continuare ad alimentare la frattura neutralismo/interventismo, auspicandone un naturale «superamento». Si tenta, perciò, ma invano, di contro-delegittimare quanti accusano di tradimento della patria coloro che non hanno condiviso la «politica di guerra», aspetto ben diverso dal non ritenere ugualmente apprezzabile l'aver sostenuto la guerra in quanto espressione patriottica.[20] Ovviamente, il quotidiano torinese si riserva soprattutto di concentrare la maggior parte della sua attenzione in merito alla salvaguardia del metodo della mediazione sociale. Il ripristino di una politica liberista, in luogo della legislazione previdenziale e assistenziale, veniva infatti sbrigativamente etichettato come «retrogrado» e non «conservatore», in quanto a priori viene rifiutato il pregiudizio di valutare ogni istanza proveniente dal proletariato e dal mondo del lavoro come apodittimente inaccettabile, alla luce dell'incontrastato primato riservato al mercato della domanda e dell'offerta.

Da qui, scaturiscono le grottesche dichiarazioni di alcuni ex responsabili dei dicasteri economici che plaudono incautamente alle azioni di rappresaglia condotte dalle squadre fasciste nei confronti delle Camere del lavoro e delle sezioni del sindacato. Su queste basi va, dunque, in scena una consultazione elettorale all'insegna della più profonda divisione all'interno della disarticolata galassia liberale, dove la componente liberal democratica (giolittiani e nittiani) non riesce a trovare alcun reale punto di concordanza con la corrispettiva componente nazional-liberale (salandrini ed

19. *Il compito degli elettori*, in «Corriere della Sera», 13 maggio 1921, p. 1.
20. *Chiarimenti*, in «La Stampa», 13 maggio 1921, p. 1.

ex sonniniani). La concentrazione liberale a cui si fa riferimento, dunque, è semmai tutt'altro che definibile come tale, poiché la frammentazione e le contraddizioni connotano le liste presentate nelle diverse circoscrizioni. Se la presenza della componente fascista è del tutto assente in Piemonte, dove Giolitti, Facta e Soleri egemonizzano il processo di selezione del personale politico, in altre realtà "i fascisti" rappresentano l'elemento qualificante e insostituibile della lista del blocco.

Non casualmente è «Il Giornale d'Italia» di Bergamini a rompere ogni indugio e a segnalare esplicitamente la presenza di Arpinati (Bologna), Ravazzolo (Udine), Acerbo e Cimoroni (Chieti-Teramo), Gray, Oviglio, Dudan: «candidati rappresentanti tutte le categorie sociali e della cultura».[21] Di contro sempre il quotidiano romano d'impronta salandrina e sonniniana si premura di indicare la cifra politica di coloro che dovevano essere considerati i veri "liberali" candidati nella lista: «coloro che non si rassegnavano alle furie della legione socialista [...] Essi erano però i reazionari, gli implacati nemici del popolo, coloro che avevano provocata la guerra e ne preparavano di nuove».[22]

Pertanto, non ci sorprende che fra rappresentanti vecchi e nuovi della classe dirigente liberale da salvaguardare o da prendere come riferimento vi siano i fondatori del Fascio parlamentare interventista come Paolo Boselli, immancabilmente affiancato da Giovanni Celesia e Vincenzo Riccio, ex ministri nel governo del 24 maggio 1915, oppure alcuni rappresentanti emergenti appartenenti alla corrente liberal nazionale, come Eugenio Maury, Antonio Scialoja e Gino Sarrocchi, non casualmente poi confluiti nel listone nazionale nell'aprile del 1924.

Dopo le elezioni l'esito restituisce alla Camera una galassia liberale e costituzionale molto più frastagliata di quella uscita dall'ultima legislatura. La prima adunanza del gruppo "democratico" registra la fusione dei democratici-liberali con i demo-sociali. La presidenza viene assunta da Cocco Ortu di fronte a un centinaio di deputati, come Amendola, Facta, Orlando e Falcioni, oltre ai ministri Gasparotto, Girardini, Giuffrida, Raineri, Soleri e De Nava. Il nuovo raggruppamento si confronta con l'inestricabile questione relativa alla disciplina interna, a dimostrazione dell'estrema precarietà che contraddistingue l'operazione.[23] Le basi del

21. *I fascisti*, in «Il Giornale d'Italia», 12 maggio 1921, p. 1.

22. *I liberali*, in «Il Giornale d'Italia», 11 maggio 1921, p. 1.

23. *La prima adunanza del nuovo gruppo democratico*, in «Corriere della Sera», 30 novembre 1921, p. 2.

programma sono: il ristabilimento del primato della legge per contrastare il dilagante uso della violenza, il risanamento delle finanze pubbliche, accantonando ogni ipotesi di nominatività dei titoli, e, infine, la questione meridionale.[24]

Nonostante l'estremo attivismo appare evidente come la componente demosociale guidata da Colonna di Cesarò sia ostile all'idea di tradurre l'unione dei gruppi in un'azione parlamentare condivisa e anche all'ipotesi di realizzare una rete organizzativa sul territorio nazionale.[25] Così, la proposta di creare dei comitati speciali in grado di realizzare un raccordo fra realtà locali e direttorio, rimane lettera morta a causa della resistenza opposta dai singoli notabili riconducibili alla Democrazia sociale.[26]

Di conseguenza, tutti i detrattori anti-giolittiani che preconizzano la non riuscita dell'operazione, registrano con soddisfazione l'ennesimo fallimento organizzativo della galassia liberal democratica. In un editoriale del «Corriere della Sera» del 1° dicembre 1921, presumibilmente ispirato da Luigi Albertini, dal titolo *La fusione e le sue leggi*, vengono anticipate alcune obiezioni al tentativo di creare una concentrazione liberale, non a caso equiparata senza alcuna perifrasi a una «mediocre e torbida alleanza». D'altronde, l'omissione dalla nomenclatura ufficiale del gruppo "democratico" dell'aggettivo liberale, autorizza le componenti più moderate dell'area costituzionale a ritenere l'operazione del tutto priva di un reale radicamento, alla luce della totale assenza di associazioni e circoli sul territorio nazionale che rimandino a quella cultura politica. La fusione, perciò, non senza qualche ragione, viene etichettata come una semplice sommatoria di clientele e particolarismi, e non come la risultante di un programma nazionale condiviso dai suoi componenti. È inoltre indicativo come il quotidiano milanese faccia un preciso riferimento alla forma-partito "fascista", eleggendola a principale modello di omogeneità e compattezza, di fatto riconoscendo maggior credito e credibilità a quest'ultimo più che a un eterogeneo gruppo che si profes-

24. *Gli accordi fra i gruppi di Destra, Agrari, democratici e popolari*, in «Corriere della Sera», 2 dicembre 1921, p. 1.

25. Sul percorso che condurrà gli eredi del radicalismo verso il fiancheggiamento del regime fascista, cfr. Lucio D'Angelo, *La democrazia radicale tra la prima guerra mondiale e il fascismo*, Roma, Bonacci, 1990; e Id., *Democrazia sociale*, in *Dizionario del liberalismo italiano*, Soveria Mannelli, Rubbettino, 2011, tomo I, pp. 322-324. *La Democrazia sociale. Che cosa è che cosa vuole*, in «La Vita italiana», 15 ottobre 1921, p. 1.

26. *Riunioni di democratici e agrari*, in «Corriere della Sera», 16 dicembre 1921, p. 1.

sa democratico, ma che secondo la testata di via Solferino non rinnega la «demagogia verbale e verbosa» dei suoi predecessori.[27] D'altronde, l'anti-giolittismo che spinge molti esponenti dell'area costituzionale a prendere le distanze dalla fusione democratica-liberale, trova forza nella tradizionale idiosincrasia dell'ex presidente del Consiglio verso il concetto stesso di "organizzazione", che presuppone l'assunzione di una rigida disciplina interna: un requisito che ridurrebbe le sue collaudate capacità manovriere in sede parlamentare.

3. *Il post 1921: abbattere la provincia più "rossa" d'Italia: il caso Rovigo*

Successivamente alla verifica elettorale del 1922 si assisterà ad altre significative consultazioni di carattere amministrativo, il cui esito prefigura in scala ridotta ma significativa quanto avverrà nelle successive e ultime consultazioni politiche dell'aprile del 1924.

L'ingovernabilità che immediatamente avrebbe investito il sistema lascia infatti ben poco spazio al dibattito, circoscritto agli aspetti di carattere politico e istituzionale, viceversa passa a un concreto esame delle prospettive in termini di mobilitazione del consenso, in relazione al fallimento della politica bloccarda finalizzata alla normalizzazione della componente fascista. Un dato inconfutabile irrompe perciò nelle valutazioni relative alle future alleanze elettorali: l'irresistibile ascesa registrata dal Blocco nazionale nelle competizioni amministrative svoltesi fra il settembre e l'ottobre del '22, a fronte della contestuale débâcle del Partito socialista, che nella precedente tornata generale del 1920 aveva conquistato quasi un quarto delle giunte locali.[28]

D'altronde, la frammentazione della galassia liberale favorisce a livello locale la riproposizione dell'alleanza fra costituzionali e fascisti, già sperimentata nelle consultazioni politiche del maggio 1921, ma con delle varianti del tutto nuove e soprattutto completamente favorevoli al Partito nazionale fascista.

27. *La fusione e le sue leggi*, in «Corriere della Sera», 1° dicembre 1921, p. 1.

28. Sulla mobilitazione fascista a livello locale si rimanda all'emblematico caso di Genova: cfr. M. Elisabetta Tonizzi, *La "marcia sul porto": 5 agosto 1922*, in *Genova 1919-1922. Dal primo dopoguerra alla marcia su Roma*, a cura di Paolo Battifora e M. Elisabetta Tonizzi, Genova, De Ferrari, 2022, pp. 201-239.

A questo riguardo è opportuno soffermarsi su una significativa consultazione che si svolge nelle settimane che precedono le dimissioni del governo Facta: ovvero quella che prelude al rinnovo dell'intera rappresentanza della provincia di Rovigo. L'area del Polesine viene infatti convocata ai comizi due settimane prima della futura marcia su Roma e dalle urne scaturisce un risultato estremamente sconvolgente, che azzera totalmente la presenza socialista da ogni giunta municipale e dal Consiglio provinciale, dove viceversa il Blocco nazionale acquisisce 38 dei 40 seggi dell'Assemblea. Rovigo prima di questa verifica elettorale è considerata una roccaforte del movimento operaio: nel 1919 al Partito socialista vengono attribuiti sei degli otto seggi della circoscrizione, nella tornata amministrativa del 1920 i socialisti sono il partito maggioritario in tutti i 63 comuni della provincia. Nel biennio successivo il peso numerico socialista si riduce drasticamente.[29] Sebbene la lista unitaria riesca a confermare Giacomo Matteotti alla Camera nel 1921, il patrimonio elettorale si dimezza, perché inizia una sostanziale erosione di consensi che sancisce il primato nella circoscrizione Padova-Rovigo della lista dell'Unione nazionale guidata da Aldo Finzi.[30]

L'esito di questa consultazione registra un'eccezionale amplificazione sulla stampa favorevole alla costituzione della medesima alleanza nelle future elezioni politiche, alla luce della clamorosa vittoria nella «provincia che fu la più rossa d'Italia», secondo l'enfatica espressione pubblicata in prima pagina proprio dal «Corriere della Sera».[31] Molte sono le circostanze che conducono a un simile tracollo del Partito socialista. Innanzitutto, il commissariamento di 62 comuni su 63, dovuto alle dimissioni delle rappresentanze municipali a causa dei continui e tollerati assalti squadristi, nonché dalla mutata strategia "popolare" che abbandona il precedente atteggiamento neutrale nei confronti dei socialisti, presentandosi con liste autonome, rompendo così ogni prospettiva di collaborazione persino con gli schieramenti democratici.[32] Ovviamente, viene

29. Ministero dell'economia nazionale, Direzione generale della statistica, *Statistica delle elezioni generali amministrative del 1920*, Roma, S.A.I. Industrie grafiche, 1924, p. LVII.

30. Ministero dell'economia nazionale, Direzione generale della statistica, *Statistica delle elezioni generali politiche per la XXVI legislatura (15 maggio 1921)*, Roma, S.A.I. Industrie grafiche, 1924, p. 106.

31. *Vittoria del blocco nazionale nelle elezioni in provincia di Rovigo*, in «Corriere della Sera», 17 ottobre 1922, pp. 1-2; *Vittoria del Blocco nazionale nelle elezioni del Polesine*, ivi, 19 ottobre 1922, pp. 1.

32. A questo proposito, si rinvia al severissimo giudizio della testata popolare sul concetto di democrazia applicato alla politica, che rappresenta il preludio alle dimissioni di

omesso da molti organi di stampa compiacenti verso le azioni squadriste che il Partito socialista si astiene dal presentare le proprie liste per non sottoporre i candidati a ulteriori aggressioni. L'«Avanti!» constata con preoccupazione la rilevante attenzione dedicata dalla stampa moderata all'insuccesso socialista.[33] Il quotidiano diretto da Serrati individua in Bergamini il principale mistificatore di una cronaca elettorale che rivela come la stampa moderata ometta ogni riferimento circa il livello di connivenza esistente in alcune aree del paese fra lo squadrismo fascista e le istituzioni. La «magnifica battaglia» descritta in prima pagina da «Il Giornale d'Italia», oltre a esaltare la compattezza del blocco delle forze nazionali, evidenzia come la vittoria sia frutto del coinvolgimento delle «grandi masse dei lavoratori».[34]

Dal caso rodigino, definito in passato come un «feudo social-popolare», emerge però la concreta possibilità per la rappresentanza liberale di conservare i propri seggi, sfruttando l'enorme capacità dei fascisti di mobilitare il consenso. Tanto più in previsione di una imminente competizione politica, e a maggior ragione nel caso in cui questa si celebri con una legge elettorale di carattere maggioritario. La svolta "a destra", auspicata nel biennio 1920-21 da Bergamini e Albertini, risponde anche a una concreta esigenza di sopravvivenza, oltre che essere una scelta di carattere ideologico. Nel caso della provincia di Rovigo la svolta si materializzerà nell'aprile del 1924 con l'adesione al "listone" del liberale Ugo Casalicchio, neoeletto nel 1921 con l'Unione nazionale insieme al futuro sottosegretario all'Interno nel governo Mussolini, Aldo Finzi, e a Ottorino Piccinato, a differenza di Giulio Alessio, che in quella tornata si sarebbe candidato nell'opposizione costituzionale contro la lista nazionale guidata in Veneto proprio da Finzi.[35]

Paolo Cappa dalla direzione: p.G.S., *Ancora la democrazia? All'on. Fera*, in «L'Avvenire d'Italia», 1° ottobre 1922, p. 1. Mentre sull'affermazione a Lendinara e Ficarolo delle liste popolari: *Le elezioni amministrative nel Polesine. Buone affermazioni dei popolari*, in «L'Avvenire d'Italia», 17 ottobre 1922, p. 1.

33. *Elezioni?*, in «Avanti!», 14 ottobre 1922, p. 1; *Le elezioni di Rovigo*, ivi, 18 ottobre 1922, p. 1.

34. *Grandiosa vittoria dei partiti nazionali. Magnifica battaglia*, in «Il Giornale d'Italia», p. 1.

35. Ministero dell'economia nazionale, *Statistica delle elezioni generali politiche per la XXVI legislatura*, pp. 105-106; Ministero dell'economia nazionale, Direzione generale della statistica, *Statistica delle elezioni generali politiche per la XXVII legislatura (6 aprile 1924)*, Roma, Libreria dello Stato, 1924, pp. 33-34.

D'altronde, l'esperienza dei blocchi nazionali inaugurata con le consultazioni del maggio 1921, in cui numerosi esponenti costituzionali risultano eletti nella stessa lista accanto ai nomi più noti dello squadrismo padano, giustifica la titubanza di coloro che vengono convocati al Quirinale per formare un ministero in grado di sostituire Facta, con l'obbligo morale di imprimere al nuovo esecutivo una chiara impronta anti-fascista. È emblematico il caso di Ivanoe Bonomi, che declina l'incarico perché non intende escludere i fascisti dalla combinazione ministeriale, probabilmente perché la sua recente conferma di deputato della circoscrizione mantovana scaturisce da un accordo con Roberto Farinacci e con il direttore della «Gazzetta di Mantova», Carlo Buttafuochi, eletti nella stessa lista.[36] La profonda sovrapposizione politico-elettorale delle aree in cui imperversa la lotta fra squadrismo e socialismo massimalista finisce, di conseguenza, per radicalizzare la lotta per il consenso di molti appartenenti all'area costituzionale, come sottolinea «Il Messaggero», diretto da un perfetto interprete di quella volontà di legittimare lo schieramento fascista, Virginio Gayda, che conduce il quotidiano di proprietà dei Perrone all'abbandono della tradizionale posizione liberale, per privilegiare una linea editoriale di aperta adesione al cosiddetto "realismo politico" di Mussolini:[37]

> [...] Bonomi il maggior esponente della lista fascista nelle ultime elezioni mantovane, la cui elezione fu dovuta in cospicua parte all'ausilio fervente delle squadre d'azione del collegio, deve troppo al movimento fascista per poter impunemente passare alla presidenza di un gabinetto antifascista.[38]

36. Ministero dell'economia nazionale, *Statistica delle elezioni generali politiche per la XXVI legislatura*, p. 88.

37. *Il Ministero Facta clamorosamente battuto alla Camera dopo un implacabile discorso di Mussolini contro la politica del Governo*, in «Il Popolo d'Italia», 20 luglio 1922, p. 1.

38. *L'on. Bonomi, non riuscendo a formare il Ministero, declina l'incarico. Fallimento definitivo*, in «Il Messaggero», 26 luglio 1922, p. 1.

Tito Forcellese

Il voto di preferenza nelle elezioni politiche del 1921

Premessa metodologica

Proseguendo sul solco del lavoro pubblicato nel volume sulle elezioni politiche del 1919, in questo contributo si analizzeranno i voti di preferenza ai leader politici nelle elezioni del 1921.

Come già evidenziato nel precedente contributo, si intendono esaminare l'incidenza e la rilevanza del voto di preferenza sul sistema politico, cercando di cogliere sia le dinamiche innescate dalla nuova legge elettorale proporzionale con scrutinio di lista che avvantaggiavano i partiti organizzati di massa e sia le eventuali persistenze delle logiche uninominali, ossia di consuetudini più sedimentate nella classe dirigente liberale. Attraverso alcuni casi di studio territoriali (da Nord a Sud), che tengono conto anche della nuova – e per alcuni collegi più ampia – configurazione dei collegi elettorali approvata dal governo, si proveranno a delineare le diverse strategie dei leader politici, ragionando, in primo luogo, sulla gerarchia scaturita dal voto di preferenza degli elettori e considerando, in seconda battuta, anche il contesto geografico, economico e sociale della circoscrizione.

Da un altro versante, si tenterà di elaborare anche una comparazione delle leadership all'interno dei partiti di massa – sia nei nuovi che in quelli più consolidati –, delle liste dei blocchi (con le candidature fasciste) e delle altre formazioni liberali.

Infine, proveremo a tracciare un quadro nazionale delle migliori performance preferenziali dei leader, includendo anche i politici delle nuove generazioni.[1]

1. Per le fonti elettorali faremo riferimento ai seguenti volumi: Ministero dell'economia nazionale, Direzione generale della statistica, *Statistica generale delle elezioni politiche per*

Come sappiamo, il voto di preferenza veniva espresso dall'elettore scrivendo il nome del candidato che si trova nella lista.[2]

1. *Collegi elettorali accorpati, liste e partiti politici, preferenze esprimibili*

Come sappiamo, con la richiesta di scioglimento della Camera Giolitti ridusse il numero dei collegi nel territorio italiano, evitando di cambiare il sistema elettorale. Egli intervenne solamente nella nuova sistemazione delle circoscrizioni elettorali che furono drasticamente ridotte da 54 a 34, con l'aggiunta di 6 collegi espressioni delle nuove province. Complessivamente, il numero dei deputati da eleggere alla Camera saliva a 535, rispetto ai precedenti 508. Il numero dei votanti aumentò dell'1,8% se confrontato alle consultazioni precedenti, raggiungendo la percentuale complessiva del 58% (6.701.496) sugli aventi diritto al voto. Occorre annotare anche che la bassa percentuale dei votanti in alcune

la XXVI legislatura (15 maggio 1921), Roma, S.A.I. Industrie grafiche, 1924; *Compendio delle statistiche elettorali italiane dal 1848 al 1934*, vol. II, a cura dell'Istituto centrale di statistica e Ministero per la costituente, Roma, Failli, 1946-47; Ugo Giusti, *Dai plebisciti alla Costituente*, Roma, Faro, 1945; Maria Serena Piretti, *Le elezioni politiche in Italia dal 1848 a oggi*, Roma-Bari, Laterza, 1996, pp. 226-243; Pier Luigi Ballini, *La questione elettorale nella storia d'Italia. Da Salandra a Mussolini (1914-1928),* Camera dei Deputati Archivio Storico, Roma, 2011, pp. 83-88; *Atlante storico elettorale d'Italia, 1861-2008*, a cura di Piergiorgio Corbetta e Maria Serena Piretti, Bologna, Zanichelli, 2009.

2. Si veda l'articolo n. 72 del R.D. n. 1495 del 2 settembre 1919. In un precedente saggio sui voti di preferenza nelle elezioni politiche del 1919, ho proposto una definizione di tasso di preferenza per poter comparare meglio il voto di preferenza dei candidati che tenesse conto delle diverse dimensioni dei collegi. Una corretta comparazione del voto di preferenza espresso ai candidati non può misurarsi in termini di voti assoluti, ma confrontando il tasso di preferenza (d'ora in poi Tdp), ossia «il rapporto tra voto di preferenza espresso per il singolo candidato e il totale dei voti raggiunto dalla sua lista in quella circoscrizione, escludendo dal nostro calcolo i voti aggiunti, ossia quelli raccolti dal candidato in altre liste». Cfr. Tito Forcellese, *I voti di preferenza nelle elezioni del 1919. Tra persistenze uninominali e sanzione della leadership*, in *Le elezioni del 1919. Alle origini del sistema politico dell'Italia contemporanea*, a cura di Giovanni Schininà, Firenze, Le Monnier, 2021, specialmente le pp. 179-184. La definizione del tasso di preferenza è tratta da un saggio di Aldo Di Virgilio, *Regionali 2005: l'Unione sfonda, la Casa delle Libertà ripara nel Lombardo Veneto. Si tratta di critical elections*?, in «Quaderni dell'Osservatorio elettorale», 254 (2005,), pp. 153-167.

aree del Sud e in determinate città come Napoli, Bari, Palermo risultò molto significativa.[3]

Il Partito socialista ufficiale ottenne il 24, 7% dei voti e 123 seggi (33 seggi persi di cui 15 ottenuti dai comunisti); il Partito comunista il 4,6% e 15 seggi; il Partito popolare il 20,4% e 108 seggi. Il blocco costituzionale che si era presentato sulla scia del successo amministrativo e includendo, stavolta, in alcuni collegi anche candidati fascisti, ottenne il 19,1% dei voti e 105 seggi; il Partito liberale il 7,1% e 43 seggi; il Partito liberal democratico il 10, 4% e 68 seggi e i demosociali il 4,7% e 29 seggi.

Complessivamente, il totale dei voti di preferenza espressi nelle politiche del 1921 fu pari a 235 voti individuali su 100 voti di lista (più di 15 milioni circa a fronte di 6.608.141 voti di lista), con un sensibile aumento rispetto alle politiche del 1919. Tale aumento si poteva spiegare anche con l'assenza di collegi a 5 deputati in cui era prevista una sola preferenza. I voti aggiunti non superarono il 15% e incisero in maniera molto limitata per la diversa distribuzione dei seggi e degli eletti.

Un'ultima annotazione sulle liste e i contrassegni. Dopo la scissione di Livorno, il Partito socialista presentava nel contrassegno identificativo della propria lista il simbolo contenente la falce, il martello e il libro, mentre il Pcd'I esponeva il contrassegno avuto dal Psu, ossia quello della repubblica dei Soviet. La galassia liberale, nonostante la positiva esperienza unitaria dei blocchi sperimentata alle amministrative d'autunno, si presentava ancora divisa, secondo uno schema che ricalcava le influenze territoriali e le persistenti pratiche uninominali del notabilato: i liberali, liberal democratici, i demosociali (specie nel Centro-Sud), i riformisti. I blocchi nazionali patriottici (con fascisti inclusi in molti collegi) si proposero in 22 collegi, acquisendo sfumature diverse in ogni territorio e, sovente, anche le sembianze dei protagonisti politici che esprimevano o monopolizzavano la lista in un collegio. Naturalmente, divennero eclatanti i casi dei collegi di Milano-Pavia e quello di Bologna (che analizzeremo tra breve), in cui il Blocco nazionale, con prevalenza di candidati liberali, almeno a Milano, accettò di inserire nel contrassegno il simbolo del fascio littorio.

Infine, proveremo a rispondere ad alcuni interrogativi Quali effetti politici innescarono i numerosi voti di preferenza espressi nel 1921 in collegi più ampi? I partiti politici furono positivamente beneficiati da questa nuo-

3. Ministero dell'economia nazionale, *Statistica delle elezioni generali politiche per la XXVI legislatura*, pp. XXVI-XXX.

va configurazione dei collegi? In quali modalità si mossero per la raccolta dei suffragi i candidati liberali, abituati – come abbiamo notato nel precedente saggio sulle politiche del 1919 – alle logiche dell'uninominale? Quali furono le modalità di azione dei popolari, dei socialisti, dei comunisti e dei fascisti?

2. *Alcuni casi territoriali significativi*

L'analisi dei risultati elettorali del collegio di Milano-Pavia rappresenta un importante caso di studio e un punto di osservazione privilegiato per cogliere le dinamiche dei partiti e dei voti di preferenza. È uno dei collegi più importanti d'Italia per ragioni politiche, sociali ed economiche. Si sfidavano, infatti, leader politici di rilievo nazionale come Turati del Psu, Meda per il Ppi e, infine, Mussolini, candidato fascista del blocco, nonostante le lunghe polemiche interne al mondo liberale milanese che culminarono con il veto (inefficace) espresso dal senatore Albertini sulla presenza in lista del capo fascista. Come è noto, un ruolo decisivo per l'inserimento di Mussolini venne svolto dalle pazienti mediazioni del prefetto Lusignoli.[4]

Innanzitutto, va precisato che il nuovo collegio di Milano risultava formato dall'accorpamento del collegio di Milano (che nel 1919 aveva 20 deputati) con quello di Pavia (che ne aveva 8). Ciò significava che gli elettori potevano esprimere 4 preferenze. Una prima differenza emergeva per gli elettori del collegio di Pavia che nella precedente tornata potevano esprimere solo 2 preferenze. Un articolo molto interessante del bollettino del comune di Milano proponeva un'analisi statistica e geografica del voto, utilizzando la cartografia per visualizzare meglio le differenti zone a prevalenza socialista, popolare o del blocco, sia all'interno del comune di Milano e sia per l'intero collegio.[5]

Innanzitutto, si riportava la cifra complessiva degli abitanti presenti nel collegio Milano-Pavia (28 deputati da eleggere) che si assestavano sui

4. Renzo De Felice, *Mussolini il fascista*, vol. I: *La conquista del potere, 1921-1925*, Torino, Einaudi, 1995, pp. 78-87. Roberto Vivarelli, *Storia delle origini del fascismo. L'Italia dalla grande guerra alla marcia su Roma*, vol. III, Bologna il Mulino, 2012, pp. 206-209.

5. *La seconda prova della "proporzionale". Caratteri ed esito delle lezioni politiche nella circoscrizione di Milano*, in «Città di Milano. Bollettino municipale di cronaca amministrativa e di statistica», XXXVII, 5 (1921), pp. 187-191.

2 milioni 280 mila, ossia una media di 80 mila abitanti per ogni deputato. Per fornire un dato comparativo, si possono citare i casi del collegio di Caserta (13 deputati da eleggere) e L'Aquila (18 deputati da eleggere), in cui il rapporto tra gli abitanti per ogni deputato era pari rispettivamente a 63.769, L'Aquila 65.777; a Roma, con 15 deputati da eleggere, si stimavano 87.066 elettori per deputato.

Nel collegio Milano-Pavia vi furono 508.898 votanti, pari al 74,7% degli aventi diritto. Il Partito socialista ufficiale ottenne 251.707 voti, ossia il 49% e 14 eletti; il Ppi conseguì 101.181, cioè il 19,8% e 6 deputati; il blocco, 124.451 voti per una percentuale pari al 24,5% e 7 eletti; il Partito comunista d'Italia raggiunse la quota di 2.472 voti, il 4% e 1 deputato.[6]

Osserviamo ora le dinamiche principali del voto ai partiti. L'aumento dei votanti rispetto al 1919 favorì gli elettori del blocco. Occorre ricordare che la sfida delle elezioni amministrative nell'autunno precedente era stata vinta di misura dal Psu che si impose con 73.469 voti sui 70.365 raccolti dal blocco; in quella circostanza si era determinata l'astensione del Ppi dalla partecipazione al voto con una propria lista e non si era ancora verificata la scissione socialista di Livorno. Complessivamente, nelle politiche del 1921, a Milano città, il Psu arrivava a 66.769 (49%) voti, il blocco 50.866 (37,3%), il Ppi 12.717 mila (8%) e il Pcd'I ne raccoglieva 4.319 (2,9%). Il Psu raccoglieva il maggior consenso nei quartieri periferici della città (ossia i Navigli, Porta Ticinese, Porta Genova, Porta Magenta e Porta Sempione nella zona che conduce al di fuori delle mura spagnole); tali quartieri corrispondevano ai mandamenti VIII e IX, ossia quelli dei Corpi Santi che andavano dalle mura spagnole sino alla cinta daziaria del 1898.[7] Qui il Partito socialista conquistava circa 35 mila voti, ossia il 61% del totale ottenuto, distanziando molto il blocco in termini di voti assoluti.[8]

6. Ministero dell'economia nazionale, *Statistica delle elezioni generali politiche per la XXVI legislatura*, pp. 90-94.

7. *La seconda prova della "proporzionale"*, pp. 189-191. Per i risultati delle elezioni comunali a Milano si vedano «L'Avvenire d'Italia», martedì 9 novembre 1920. E «Avanti!», 11 novembre 1920, p. 4. Qui si riportavano gli eletti in Consiglio comunale. Caldara, sindaco uscente, risultava il primo degli eletti con 73.020 voti, mentre Massimiliano Berti il primo del blocco con 70.020 voti. Al di là della lieve differenza delle cifre assolute, si può asserire che furono 3.000 circa i voti di differenza tra il Partito socialista ed il Blocco.

8. *La seconda prova della "proporzionale"*, pp. 189-191. Sulla storia della circoscrizione amministrativa di Milano si veda il volume di Elisabetta Colombo ed Emanuele Pagano, *Milano e territori contermini. L'ordinamento amministrativo, 1750-1923*, Bologna, il Mulino, 2016.

Il blocco conseguiva la maggioranza nei mandamenti centrali della città, in particolare nella zona I (entro la fossa interna delle zone concentriche dove raggiungeva i 14.000 voti pari al 53,8% dei votanti in quella zona, mentre il 30% dei consensi andava ai socialisti), nel I e II mandamento, in cui erano ricompresi Piazza Duomo e il Castello, e il centro; poi, il blocco si affermava di misura nel VI mandamento, quello attorno alla stazione centrale e nel mandamento VII, con corso Monforte e via Indipendenza.

Il Ppi raccolse solo il 9,3%% (12.719 voti) a Milano città, mentre il 29,1% (72.889 voti) circa dei voti nella provincia di Milano; peraltro, nelle zone centrali della città otteneva il 41% del voto complessivo, mostrando, comunque, meno dicotomie sociali del blocco nella distribuzione urbana dei propri elettori. D'altro canto, invece, la profonda bipartizione nel voto espresso dagli elettori popolari che si concentravano soprattutto in provincia dimostrava il forte radicamento del partito (e del movimento cattolico) nei comuni di media e piccola grandezza e nelle aree agricole rispetto a quelle urbane popolose più caratterizzate da insediamenti industriali, in cui il sindacato socialista si era consolidato da tempo. Il Ppi godeva, infatti, di un largo consenso nella Brianza: in molti comuni, specie quelli di piccole dimensioni, sovente otteneva la maggioranza assoluta, lasciando il blocco assai distanziato in terza posizione.[9] Non acquisiva, però, lo stesso risultato nel capoluogo della Brianza, ossia a Monza, dove il Psu superava il Ppi. In totale, erano poco meno di 26 mila i voti per il blocco, contro i quasi 19 mila voti ottenuti dai socialisti, (ossia il 50% del totale dei voti conseguiti dal blocco a Milano città si condensavano in questi 4 mandamenti e, in particolare, nelle prime due zone concentriche).[10] Vale qui la pena di ricordare che il predominio politico dei cattolici in queste aree si era già manifestato nelle elezioni del 1913: Filippo Meda si era presentato, con esito positivo, nel collegio uninominale di Rho; in quello di Monza era stato eletto Cesare

9. *Dove si delineano le vittorie popolari*, in «L'Avvenire d'Italia», 17 maggio 1921.

10. *La seconda prova della "proporzionale"*, pp. 190-191. La prima zona era delimitata dalla fossa interna. La seconda zona andava dalla fossa interna alle mura spagnole e viali corrispondenti. A supporto di tale lettura si osservino i dati di tutte le sezioni di Milano città riportate dal quotidiano socialista «Avanti!». Si noterà che almeno per le prime 80 sezioni su un totale di 238, il blocco ottiene sempre più voti del Psu. In genere, ai quartieri centrali dei comuni italiani corrispondono le sezioni elettorali che partono in senso progressivo dalla prima in avanti; mentre quelle che radunano i quartieri periferici di un comune sono, solitamente, le ultime nell'elenco gerarchico. Cfr. *Nelle sezioni milanesi*, in «Avanti!», 17 maggio 1921, p. 2.

Nava, e, infine, a Melegnano si era affermato il cattolico moderato Angelo Valvassori Perroni.[11]

Nella Brianza monzese si raggiunse un alto numero di votanti. Il territorio era contrassegnato da una certa prevalenza del lavoro artigianale e a domicilio, con una alta densità di popolazione. Nell'alto milanese la lotta elettorale si disputava soprattutto tra popolari e socialisti. In alcune aree geografiche come la Lomellina, situata nella parte nord-occidentale della provincia di Pavia, emergeva una componente sindacale all'interno del Psu che aveva deciso di puntare su una ben precisa scelta per le preferenze, in modo da riversare i consensi su candidati del proprio territorio: ad esempio, si concentrarono le preferenze su Canevari (29.895 voti nel collegio) ed Egisto Cagnoni (38.756 voti nel collegio).[12] Secondo lo studio statistico coevo citato, qualora fossero rimasti separati i due collegi poi uniti nel 1921, gli eletti socialisti nella provincia di Pavia sarebbero stati Montemartini, De Giovanni, Cagnoni e Canevari. La compattezza dei socialisti e dei sindacalisti pavesi nell'indirizzare sui propri candidati le quattro preferenze a disposizione, ebbe come conseguenza diretta la sconfitta del segretario della Cgl, Ludovico D'Aragona e del massimalista brianzolo Ezio Riboldi, rispettivamente primo e secondo dei non eletti per il Psu. Naturalmente, D'Aragona e Riboldi sarebbero rientrati tra gli eletti qualora l'ex collegio di Milano non fosse stato accorpato con Pavia.[13] Come già avvenuto nelle consultazioni del 1919, la strategia dei socialisti milanesi – città in cui i

11. Ministero di agricoltura, industria e commercio, Direzione generale della statistica e del lavoro, Ufficio centrale di statistica, *Statistica delle elezioni generali politiche alla XXIV legislatura, 26 ottobre e 2 novembre 1913*, Roma, Tipografia nazionale Bertero, 1914, p. 36.

12. Ivi, p. 44. Cagnoni era stato eletto al primo turno nel collegio uninominale di Mortara, ottenendo 5.415 voti. Alessandro De Giovanni era stato eletto deputato del collegio uninominale di Vigevano nel 1913 con 7283 voti. Su Alessandro De Giovanni si veda la voce curata da Francesco Biscione, *Dizionario biografico degli italiani*, Roma, Istituto della Enciclopedia Italiana Treccani, vol. 36, 1988. Cfr., https://www.treccani.it/enciclopedia/alessandro-de-giovanni_%28Dizionario-Biografico%29/

13. *La seconda prova della "proporzionale"*, p. 190; Luigi Montemartini era stato deputato del collegio uninominale di Stradella (lo stesso di Agostino Depretis), sin dal 1900, per diverse legislature. Nel 1913 era stato eletto senza competitori con 7.865 voti. Su Luigi Montemartini si veda la voce curata da Giuseppe Sircana, *Dizionario biografico degli italiani*, vol. 76, 2012. Cfr., https://www.treccani.it/enciclopedia/gabriele-luigi-montemartini_%28Dizionario-Biografico%29/. Sul socialismo a Milano si veda Ivano Granata, *Milano rossa. Ascesa e declino del socialismo (1919-1926)*, Milano-Udine, Mimesis, 2018.

riformisti esercitavano una grande influenza nonostante la segreteria fosse guidata dai massimalisti – fu quella di concentrare le quattro preferenze esprimibili, in larga parte, sui tre candidati riformisti milanesi, ossia Turati, Treves, Caldara (ex sindaco fino al 1920, quando venne eletto il massimalista Angelo Filippetti) e il forte pavese Montemartini. La candidatura del sindaco uscente Caldara che, nonostante le accese lotte interne dell'autunno precedente con i massimalisti in vista del congresso di Livorno, aveva deciso di entrare comunque nella lista delle amministrative per le comunali di Milano, ebbe un impatto notevolmente positivo per tutto il Partito socialista. Cfr. Tabella 2.

Tra gli eletti del blocco spiccava la clamorosa affermazione di Mussolini che, con 69.248 voti di preferenza, pari ad un 55% del Tdp, distanziava, di gran lunga, gli altri candidati. Il secondo tra gli eletti del blocco era Attilio Fontana (deputato liberale uscente del collegio plurinominale di Pavia, che nel 1919 aveva qui raccolto 5.900 voti) con 30 mila voti circa. Tra Mussolini e il secondo degli eletti, cioè Fontana, ci sono 39 mila voti di differenza. Subito dietro a Fontana, si distinguevano Innocenzo Cappa e Giuseppe De Capitani D'Arzago (18.255 voti nel collegio di Milano nelle elezioni del 1919 e 27.585 nel 1921).[14] Seguiva Luigi Lanfranconi, l'altro candidato fascista (uno squadrista attivo in Lomellina) originario di Como, che ottenne 21.811 voti di preferenza, mentre il "fascista irregolare" Massimo Rocca solo 5.897 voti. Come spiegare il successo personale di Mussolini e la notevole distanza, in termini di voti assoluti, con il resto degli eletti nella lista del blocco, pur potendo l'elettore esprimere fino a quattro preferenze?

La strategia perseguita dal Fascio di combattimento milanese fu quella di puntare sul leader del movimento e direttore del quotidiano «Il Popolo d'Italia». Come ebbero modo di sostenere durante la campagna elettorale, si invitavano gli elettori a scegliere la «preferenza delle preferenze», ossia a privilegiare innanzitutto una preferenza, ponendo tutte le altre, anche quelle di altri fascisti, in secondo piano.[15] Tale strategia, basata su una esaltazione propagandistica e ossessivamente ripetitiva delle doti carismatiche

14. Sul ruolo di De Capitani per l'alleanza tra liberali e fascisti a Milano si veda Giuseppe Sircana, *Dizionario biografico degli italiani*, vol. 33, 1987. Cfr., https://www.treccani.it/enciclopedia/de-capitani-d-arzago-giuseppe_%28Dizionario-Biografico%29/. De Capitani era un liberale di destra assai vicino alle posizioni di Salandra.

15. «Il Popolo d'Italia», 14 maggio 1921, p. 2.

del leader fascista, costituiva, al di là dei pur importanti rilievi sui profondi cambiamenti di ordine culturale e sociologico innescati dall'uso aggressivo e disinvolto delle tecniche di comunicazione di massa adoperate dal quotidiano fascista,[16] un chiaro messaggio politico che da Milano doveva arrivare a livello nazionale: Mussolini doveva vincere, innanzitutto, la sfida nel blocco e con i suoi *comptetitor* interni alla lista. Naturalmente, la netta affermazione sugli altri candidati di provenienza liberal conservatrice avrebbe poi implicato una più efficace lotta con avversari politici importanti e dotati di largo seguito elettorale, come Turati e Meda. Si può ben asserire che la clamorosa sconfitta del 1919 avesse indotto i fascisti milanesi a puntare su una tattica che mirava, allo stesso tempo, a distanziare molto Mussolini dagli altri candidati del blocco e superare, nella sfida dei consensi, Turati e Meda. Certamente, Milano città restava per il Fascio milanese il principale riferimento per attingere le preferenze da riversare su Mussolini. L'altissima percentuale di preferenze utilizzate dagli elettori del blocco in tale collegio (ossia il 79%, pari a poco meno di 400 mila voti di preferenza espressi) dimostra che, nelle varie combinazioni preferenziali da proporre agli elettori, il nome di Mussolini venne utilizzato (anche per la sua crescente notorietà) dagli altri candidati del blocco in tutto il vasto collegio Milano-Pavia, senza particolari distinzioni tra candidati liberali o fascisti, tra le diverse aree territoriali del collegio, anche in quelle più storicamente legate, per le risalenti tradizioni politiche dell'uninominale, al deputato proveniente da quel preciso contesto. Se osserviamo, infatti, la ripartizione delle preferenze nel circondario di Lodi (che faceva parte della provincia di Milano), Mussolini prese 5.300 voti di preferenza, mentre il liberale uscente, Paolo Bignami, conseguì 7.099 preferenze. Nella città di Pavia, Mussolini raccoglieva 975 preferenze, mentre altri candidati, come Cappa e Franchi, ottenevano rispettivamente 1.600 e 1.400 voti.[17] Ciò sta

16. Si veda a tal proposito Serge Noiret, *L'organizzazione del voto prima e dopo la Grande guerra (1913-1924)*, in *Storia delle campagne elettorali*, a cura di Pier Luigi Ballini e Maurizio Ridolfi, Milano, Bruno Mondadori, 2002, pp. 137-167.

17. Per quanto riguarda il circondario di Lodi si segnalava con soddisfazione la rielezione dell'on. Romeo Campanini, in «La Difesa», Giornale della Federazione provinciale milanese dei braccianti e dei contadini, 28 maggio 1921. Ne «La cronaca agricola del lodigiano», 6 maggio 1921, si indicavano come candidati del blocco da supportare l'on Paolo Bignami, l'on. Attilio Fontana e l'avv. Mario Grossi. Cfr., Marcello Saija, *I prefetti italiani nella crisi dello stato liberale*, vol. I, Milano, Giuffrè, 2001, pp. 247-312. Nella sua opera in due volumi sul ruolo dei prefetti nella crisi dello stato liberale, l'autore attribuisce ad

ad indicare che rispetto alle tecniche adoperate dai liberali nel 1919 (e in parte anche nel 1921 in diversi collegi), ossia quelle di privilegiare, nelle possibili distribuzioni delle combinazioni preferenziali, una razionale divisione degli ex collegi uninominali come aree di preminenza per la raccolta dei voti del deputato di riferimento, stavolta, per via di un collegio più ampio e con un movimento politico organizzato – specie militarmente – e radicato in tutto il territorio con proprie sezioni, come quello fascista, i candidati liberali accettarono di includere il nome del direttore de «Il Popolo d'Italia» nelle schede distribuite agli elettori. Probabilmente, molti di essi coltivarono anche la speranza che, con l'ausilio di un movimento organizzato su vasta scala e che sapeva utilizzare le moderne forme di propaganda con le sue squadre violente, essi potessero raccogliere qua e là, nei tanti comuni del collegio, qualche voto di preferenza in più per sé stessi, al di là dell'area abitualmente frequentata.

Passando ora ad esaminare i voti preferenziali per il Pcd'I, bisogna sottolineare che il candidato più votato fu Repossi con 12.594 preferenze, per un Tdp pari al 67%. Anche in questo caso, ristretto all'analisi di un circondario (quello di Lodi), emergeva un chiaro lavoro di squadra del partito che, con le quattro preferenze a disposizione, cercava di convogliare i consensi sui tre candidati, ossia Bellone, Ambrogi e Costa.

Si notano già i differenti approcci tra il Pcd'I e il Psu. I comunisti italiani si mostravano capaci di controllare capillarmente il voto degli iscritti, anche indicando gerarchicamente l'ordine delle preferenze, suggerendoci l'avvio di una impostazione che rimanda al modello leninista, seppur in fase di elaborazione e perfezionamento.

Come abbiamo potuto notare, il Partito popolare nella città di Milano non disponeva dello stesso seguito di cui poteva godere in provincia. Tuttavia, colpisce il dato relativo alle preferenze conseguite dal suo principale esponente in città, ossia Filippo Meda: egli raccolse 9.034 voti di preferenza, pari a un Tdp del 75%. Ciò testimoniava, per un verso, la stima ed il personale carisma di cui godeva anche nella città meneghina tra gli elettori popolari; per l'altro, naturalmente, il voto massiccio su Meda denotava una ottima capacità comunicativa e propagandistica del Ppi che riusciva a persuadere i propri elettori sul nome del ministro in tutto il territorio del col-

alcuni prefetti – come Lusignoli a Milano e Pugliese a Ferrara – un ruolo determinante per la raccolta delle preferenze per i fascisti – e per Mussolini in particolare – nelle liste dei blocchi.

legio Milano-Pavia. Non mancavano i tratti peculiari nel giovane partito di Sturzo. Ad esempio, nel lodigiano il Ppi scelse di indicare tre preferenze: Mauri, Scevola e Molinari. La quarta preferenza venne lasciata libera con alcune raccomandazioni a favore di chi si era fatto notare nel circondario, ossia Mauro, Grandi e Paleari. La scheda con le preferenze doveva essere preparata in precedenza scrivendo i cognomi dei candidati preferiti.[18]

Secondo quanto riportato dal periodico socialista «La Battaglia Socialista», la Federazione provinciale socialista milanese non intendeva fornire indicazioni precise ai propri elettori sulle preferenze ai candidati. La Federazione dei lavoratori della terra, invece, indicava, come propri candidati, Bellotti e Campanini, lasciando libertà agli elettori di esprimere altre due preferenze disponibili.[19]

Mi sembra assai utile riportare una tabella dei voti ottenuti dai partiti nel circondario di Gallarate, con i principali voti di preferenza ottenuti dai candidati per singolo partito politico.

Dalla lettura dei dati riportati nella Tabella 3 si possono trarre alcune considerazioni.[20] Innanzitutto, si tenga conto che il territorio del gallaratese era caratterizzato dalla presenza di grandi opifici in cui lavoravano molti operai. Il leader della corrente massimalista del Psu, Francesco Buffoni, otteneva il 66% dei propri voti preferenziali (21.024) nel circondario di Gallarate, dimostrando di usufruire di un largo seguito in questa zona.[21] Assai più distaccato rimaneva il leader riformista Turati che conservava i maggiori consensi a Milano e in particolare nell'area del suo ex collegio uninominale di Milano V che corrispondeva al mandamento VII. Tale comparto si situava nella parte nord della città, più nota come zona degli ex Corpi Santi che andava da Porta Comasina a Porta Nuova, e di cui fa-

18. Cfr., «L'Azione popolare», 12 maggio 1921,

19. In effetti, come riportato da «La Battaglia Socialista», settimanale della Federazione provinciale socialista, sabato 14 maggio 1921, p. 2, si avvertivano gli elettori socialisti di non scrivere alcuna preferenza, ma di inserire la scheda nella busta così come gli era stata consegnata. Si raccomandava all'elettore anche di non macchiarla o di non gualcirla.

20. La tabella qui riportata è tratta dai risultati pubblicati sul periodico «Unione», settimanale dell'alto milanese (stampato a Gallarate), 21 maggio 1921.

21. Su Francesco Buffoni si veda la voce sul *Dizionario biografico degli italiani* curata da Bruno Anatra, vol. 15, 1972. Cfr., https://www.treccani.it/enciclopedia/francesco-buffoni_(Dizionario-Biografico). Buffoni si era presentato come candidato socialista alle elezioni del 1913 per il collegio uninominale di Gallarate rimediando però una sconfitta contro il deputato liberale uscente Scipione Ronchetti. Cfr. Ministero dell'economia nazionale, *Statistica delle elezioni generali politiche per la XXVI legislatura*, p. 36.

ceva parte anche la Bovisa, un'area caratterizzata da un elevato sviluppo industriale.[22]

Per il blocco, infine, la presenza di Rossi nel circondario di Gallarate consentiva di superare di poco Mussolini che riusciva a ottenere molti consensi anche al di fuori della città di Milano. Colpiscono poi le alte preferenze per Meda sul totale dei voti di lista; tale gradimento per il ministro popolare si confermava in tutti i comuni del collegio.

Un altro caso interessante di studio è quello relativo al nuovo collegio elettorale politico di Bologna, Forlì Ferrara e Ravenna. Se osserviamo le dinamiche del voto in questo collegio, ci accorgiamo della notevole flessione del Partito socialista rispetto alle consultazioni del 1919. In questo contributo non ci occuperemo del complesso e assai importante fattore della violenza che giocò un ruolo decisivo nel primo dopoguerra e nella nascita e avvento del fascismo. Tuttavia, anche allo scopo di comprendere meglio certi repentini spostamenti dell'elettorato, occorre ricordare che nei primi mesi del 1921 si sviluppò rapidamente l'organizzazione fascista in tutta la regione, sia in Emilia e dunque nel collegio di Parma (a Reggio Emilia il Psu di Prampolini non presentò la lista per protestare contro le violenze subite dalle organizzazioni socialiste) e, in maniera particolare, nel ferrarese.[23]

Nelle elezioni precedenti, il collegio di Bologna eleggeva 8 deputati, mentre Ferrara formava, assieme a Rovigo, un collegio con 8 deputati; infine, il collegio di Ravenna-Forlì ne aveva 8. Tale più ampio collegio da 20 deputati, dove ora si potevano esprimere fino a 4 preferenze, costituì, assieme a L'Aquila, il collegio in cui si espresse il più alto numero di preferenze (302%) in Italia.[24]

22. Si veda, più in generale Duccio Bigazzi e Marco Meriggi, *Storia d'Italia. Le regioni dall'unità a oggi, La Lombardia*, Torino, Einaudi, 2001. In particolare, all'interno del volume si vedano i saggi di Elisabetta Colombo, *Comuni e municipalizzazione nell'età giolittiana*, pp. 699-785; e di Ivano Granata, *Il fascismo e le sue basi sociali*, pp. 945-984.

23. Nicola Tranfaglia, *La prima guerra mondiale e il fascismo*, Torino, Utet, 1995, pp. 256-266; Giovanni Sabbatucci, *La crisi dello stato liberale*, in *Storia d'Italia. Guerra e fascismo, 1914-1943*, vol. 4, a cura di Giovanni Sabbatucci e Vittorio Vidotto, Roma-Bari, Laterza, 1997, pp. 125-133. Sul fascismo in Emilia Romagna si veda Marco Palla, *Il fascismo*, in *Storia d'Italia. Le regioni dall'unità a oggi. L'Emilia-Romagna*, a cura di Roberto Finzi, Torino, Einaudi, 1997, pp. 579-596

24. Occorre ricordare che nelle precedenti politiche del 1919 nel collegio di Ravenna furono eletti 5 socialisti, 2 repubblicani e 1 popolare; a Bologna 7 socialisti e un popolare. Nemmeno un liberale venne eletto nei collegi di Bologna e di Ravenna; solo nel collegio di

Il Partito popolare ottenne 42 mila voti circa, pari al 13,2%; il deputato uscente Milani si affermò con 27.488 preferenze (64% Tdp).

Il Pcd'I conseguì l'8% (29.000) e il più votato fu Marabini con 19.758 con un Tdp pari al 65% (aveva preso 14 mila preferenze circa col Psu nel 1919); Graziadei venne superato di poco da Ettore Croce, mentre più staccato si piazzò Bombacci, ossia il leader indiscusso dei socialisti nel collegio di Bologna nel 1919.

Il Partito repubblicano, storicamente concentrato nel triangolo geografico tra Cesena, Forlì e Ravenna, raccolse 34.758 voti (10,6%) e in molti comuni otteneva la maggioranza relativa dei voti. Tra gli eletti segnaliamo Ulderico Mazzolani, deputato uscente, con 18.898 preferenze per un Tdp pari al 53% (nella sola provincia di Ravenna ne aveva avuti 9.100, ossia poco meno della metà di quelli conseguiti nell'intero collegio).[25]

La lista socialista otteneva 110.105 voti, pari al 30% e 7 deputati. Il più votato fu Gaetano Zirardini con 50.723 preferenze (Tdp 45%), seguito dall'avvocato Bentini 40.762 voti (Tdp 36%); più dietro si piazzavano l'ex sindaco di Ferrara, Bogiankino, con 28.100 voti e l'ex sindaco di Bologna Zanardi, con 26.521 voti.

Il Blocco nazionale, col simbolo del fascio littorio, arrivò a 96.267 (30,3%) ed elesse ben 6 deputati. Nelle elezioni precedenti non aveva eletto deputati né nel collegio di Bologna, né in quello di Ravenna; solo nel collegio di Ferrara era stato eletto il prof. Pietro Sitta (rettore dell'università di Ferrara) per il blocco democratico.

In questo collegio Mussolini raccoglieva la cifra più alta di preferenze – in valore assoluto – di tutti i collegi del regno d' Italia, giungendo a 74.475 preferenze (e un Tdp del 77%). Lo seguiva l'ingegner Vico Mantovani, di Ferrara con 52.071 preferenze (Ferrara), e il futuro ministro Aldo Oviglio con 41.301 preferenze;[26] da notare anche il rettore di Ferrara, Pie-

Ferrara-Rovigo fu eletto nel blocco democratico il rettore Pietro Sitta che sarebbe confluito nel blocco (ed eletto) due anni più tardi.

25. Ministero dell'economia nazionale, *Statistica delle elezioni generali politiche per la XXVI legislatura*, p 33. Per i risultati delle provincie dell'Emilia Romagna e per i voti di preferenza dei candidati si veda l'articolo *Come hanno votato gli elettori del ferrarese*, in «L'Avvenire d'Italia», 18 maggio 1921, p. 2.

26. Su Aldo Oviglio si veda la voce dell'Enciclopedia Treccani curata da Fulvio Conti, https://www.treccani.it/enciclopedia/aldo-oviglio_(Dizionario-Biografico). Come nota Conti, Oviglio vinse la sfida personale delle preferenze a Bologna città ottenendo più voti di Mussolini e Dino Grandi.

tro Sitta, in quinta posizione con 35.858 preferenze, mentre il sesto eletto era il giovane avvocato di Bologna, Dino Grandi, con 27.651 preferenze. Leandro Arpinati giunse all'"ottavo posto in graduatoria e non venne eletto.

Osserviamo ora la distribuzione del voto ai partiti e la graduatoria delle preferenze nei diversi territori del collegio.

A Bologna città, l'ex sindaco Zanardi del Psu si imponeva su tutti gli altri candidati con 30.259 voti di preferenza, seguito da Bentini con 25 mila circa. Per il blocco, l'ex nazionalista (e da poco fascista) Oviglio otteneva 23.981 preferenze, Mussolini 21.393 (ossia il 28% delle preferenze avute sull'intero collegio), Grandi 18.641, Arpinati 16 mila.[27] Mi sembra interessante rilevare che il principale organizzatore dello squadrismo bolognese, ossia Arpinati (colui che avrebbe poi organizzato la dimostrazione fascista nel giorno dell'insediamento del Consiglio comunale di Bologna) si piazzasse al quarto posto.

Per il neonato Pcd'I, si segnalavano Marabini con 3.982 voti e Bombacci con 3400 preferenze. Occorre evidenziare l'affermazione del Partito comunista nel circondario di Imola: da qui, in effetti, proveniva l'onorevole Graziadei, già deputato con il Psu nel collegio di Imola nel 1909 e nel 1913. Anche i popolari avevano una propria roccaforte elettorale nel circondario di Faenza.

Assai interessante risulta il caso di Ferrara e della sua provincia.[28] Come sappiamo, dopo il tragico episodio del dicembre 1920, in cui si verificò uno scontro sanguinoso nei pressi del palazzo comunale della città, guidata da una larga maggioranza socialista, il movimento fascista dilagò

27. *Altri risultati delle elezioni*, in «L'Avvenire d'Italia», 18 maggio 1921, p. 4.

28. Sulle vicende politiche e sociali di Ferrara, sul socialismo e la nascita del fascismo si vedano: Alessandro Roveri, *Le origini del fascismo a Ferrara, 1918-1921*, Milano, Feltrinelli, 1974; Paul Corner, *Il fascismo a Ferrara, 1915-1925. Come nacque la reazione di massa in Italia*, Bologna, Clueb, 1989. Per uno sguardo sulle lotte agrarie si vedano Luigi Preti, *Le lotte agrarie nella valle padana*, Torino, Einaudi, 1973; Guido Crainz, *Padania. Il mondo dei braccianti dall'Ottocento alla fuga dalle campagne*, Donzelli, Roma, 1994; Luigi Davide Mantovani, *Nel centro della violenza. Matteotti segretario della Camera del lavoro di Ferrara*, in *Giacomo Matteotti*, a cura di Edmondo Montali, Roma, Donzelli, 2015, pp. 75-102. Per un approfondimento interessante che inquadra storicamente la nascita dello squadrismo fascista a Ferrara e i suoi sviluppi durante il ventennio, si veda Salvatore Lupo, *Il Fascismo. La politica in un regime totalitario*, Roma, Donzelli, 2005, pp. 75-102. Per la storiografia si vedano *Il fascismo in persona. Italo Balbo, la storia e il mito*, a cura di Andrea Baravelli, Milano, Mimesis, 2021 e Andrea Baravelli, *Le forme del nero. Nascita e affermazione del fascismo in Emilia Romagna*, Milano, FrancoAngeli, 2022.

rapidamente in tutto il territorio assumendo una rilevanza sconosciuta ad altre realtà italiane. Occorre ricordare anche che il Partito socialista aveva dominato le elezioni del 1919 e le amministrative del 1920 ottenendo quasi ovunque nei comuni maggioranze assolute. Colpisce notevolmente l'altissimo numero di preferenze ottenute da Mussolini in provincia di Ferrara, ossia all'incirca 45 mila voti, il 60% dei voti totali di preferenza conseguiti nel collegio. Nel circondario di Ferrara riusciva ad ottener 35.104 voti su 37.915 dati alla lista del blocco, ossia il 94,5% come Tdp.[29] Seguivano Mantovani e Tumiati, mentre più staccati rimanevano Sitta e Gattelli. Poche preferenze arrivavano per i candidati bolognesi del blocco, ossia Oviglio, Grandi e Arpinati, quasi a precisare la cruciale dimensione identitaria locale, prosecuzione di antiche rivalità tra le città di Bologna e Ferrara. Tale lettura appare confermata anche dall'analisi delle preferenze ottenute dai candidati del Psu in provincia di Ferrara. Nonostante il difficile periodo attraversato dal Partito socialista ferrarese, messo sotto indagine per i fatti di dicembre e sottoposto al dilagare delle violenze fasciste, Bogiankino raccolse circa 12 mila preferenze e quasi 9 mila nella città di Ferrara, città di cui era sindaco. Immediatamente dopo seguiva Zirardini con 11.945 preferenze, poi Bussi, mentre rimanevano ampiamente staccati i candidati bolognesi Bentini e Zanardi. Dunque si verificava una simile dinamica per il blocco con i fascisti che per il Psu: i candidati di Bologna a Ferrara risultano i meno votati e viceversa.[30]

Mussolini raccolse pochi consensi nel suo territorio d'origine: circa 8 mila voti nelle province di Ravenna (poche preferenze) e Forlì, da dove proveniva. Mi pare anche opportuno ricordare che nelle politiche del 1913 Mussolini, come candidato socialista, venne battuto dal repubblicano Gaudenzi nel collegio uninominale di Forlì.[31]

Poniamo ora la nostra attenzione alle dinamiche del collegio di L'Aquila. Nelle politiche del 1921 diventò il capoluogo di un collegio a 18 deputati che unificava gli ex collegi del 1919 di L'Aquila (a 7 deputati), Chieti (a 6 deputati) e Teramo (a 5 deputati): i tre collegi provinciali divennero, pertanto, un unico collegio regionale. Gli elettori iscritti furono

29. Cfr. *Come hanno votato gli elettori del ferrarese*, p. 2.

30. *Ibidem*.

31. Ministero di agricoltura, industria e commercio, *Statistica delle elezioni generali politiche alla XXIV legislatura*. Su Giuseppe Gaudenzi si veda la voce curata da Fulvio Conti in *Dizionario biografico degli italiani*, vol. 52, 1999, https://www.treccani.it/enciclopedia/giuseppe-gaudenzi_%28Dizionario-Biografico%29/.

392.207, i votanti 186.199 (47,4%) e, secondo quanto previsto dalla legge n. 1495 del 1919, le preferenze esprimibili dagli elettori abruzzesi, con un collegio a diciotto deputati, erano quattro. A tal proposito, non è senza significato rimarcare il fatto che, nella comparazione delle preferenze tra tutti i collegi del regno, proprio nel collegio di L'Aquila si utilizzarono il massimo numero delle preferenze esprimibili, ossia il 314%: un dato enorme che riguardò in maniera trasversale tutti i partiti e le liste concorrenti.

La lista liberal democratica guidata dal sottosegretario al Ministero dell'interno, il giolittiano Camillo Corradini, conquistò 122.649 voti per una percentuale pari al 65% e ottenne 13 deputati. Assai distanziati seguivano i socialisti del Psu che, con 28.219 voti pari al 15%, riconfermavano i tre deputati eletti nel 1919, testimoniando così l'esistenza di una buona rete organizzativa operante soprattutto nelle province di L'Aquila (con i due deputati Lopardi e Trozzi) e Teramo (con il prof. Agostinone). Il Partito popolare, con 13.356 voti pari al 7%, riusciva a eleggere un deputato (Serafino Speranza). Il Blocco nazionale d'avanguardia otteneva 17.028, pari al 9%; veniva rieletto il prof. Raffaele Caporali, presentatosi con la lista ministeriale liberale nel 1919. La lista del blocco d'avanguardia comprendeva al proprio interno candidati provenienti dalle file del combattentismo aquilano, come i deputati uscenti Muzi e Ludovici, avversati da Corradini e in rotta di collisione con Acerbo dopo la confluenza dei combattenti con il fascismo. Il Pcd'I si fermava con 3228 voti si fermava all'1%.[32]

La lista ministeriale includeva tre fascisti, quasi tutti provenienti dal movimento combattentistico abruzzese. Il più votato tra essi fu Giacomo Acerbo, esponente del notabilato teramano di provincia (del secondo circondario di Penne) e primo dei non eletti nel 1919, nonché consigliere provinciale nel 1920 dopo gli accordi con i blocchi liberali nell'autunno procedente.[33] Acerbo, con la scelta di far confluire gran parte dei combattenti nel fascismo, aveva diviso il movimento abruzzese. Gli altri candidati

32. Tito Forcellese, *In Abruzzo da De Vito ad Acerbo: reti politiche e istituzioni*, in «Trimestre», XLIII/1-4 (2010), pp. 51-109. Il Psu in Abruzzo, dopo la scissione di Livorno, perdeva un migliaio di voti in termini assoluti e il Pcd'I ne otteneva 3.228. Per i partiti di sinistra in Abruzzo si era determinato un saldo positivo con la crescita di duemila voti circa (tra Psu e Pcd'I) rispetto al 1919. Più in generale sull'Abruzzo del primo dopoguerra si vedano Raffaele Colapietra, *I ceti politici: un profilo*, in *Storia d'Italia. Le regioni dall'unità a oggi. L'Abruzzo*, Torino, Einaudi, 2000, pp. 701-724; Umberto Dante, *L'Abruzzo contemporaneo. Dall'Unità d'Italia ai nostri giorni*, L'Aquila, Textus, 2000.

33. Ivi, pp. 75-78.

fascisti nella lista costituzionale erano Alessandro Sardi, attivo a Sulmona, Giustino Troilo di Chieti; infine, occorre annoverare anche il nazionalista monarchico Raffaele Paolucci, decorato della Prima guerra mondiale e candidato anche nel collegio di Napoli per la lista del Fascio.[34]

Assai accentuata risultava la caratterizzazione ministeriale della lista liberale per la presenza di Corradini e De Vito che furono anche i candidati più votati. Si può asserire che nella lista confluissero tutte le tendenze presenti nel liberalismo italiano: giolittiani come Corradini e Masciantonio, demosociali come De Vito, radicali come Sipari, socialriformisti come Celli, liberali di destra (salandrini) come Riccio. Ciò costituì una peculiarità nel panorama del liberalismo italiano, ancora troppo frastagliato al proprio interno nonostante la sperimentazione, poi fallimentare, dei blocchi. Probabilmente, la presenza in lista di due autorevoli esponenti di rilievo nazionale, come Corradini e De Vito, contribuì alla composizione delle differenti sensibilità. Non appare irrilevante evidenziare che, come simbolo della lista ministeriale, fu scelta la bandiera nazionale con lo stemma sabaudo e non fu incluso il fascio littorio, come avvenne, peraltro, anche in altri collegi – specie nel Sud – in cui l'apporto fascista non si prefigurava determinante per l'affermazione elettorale.

Corradini ottenne 66.847 preferenze per un Tdp pari al 52%, mentre De Vito si fermò a quota 34.129. In questa elezione, i candidati della provincia teramana provenienti dal circondario di Penne (dove si affacciava la moderna cittadina di Castellammare Adriatico, che nel 1927 si sarebbe unita a Pescara per formare una più grande città, diventando al contempo capoluogo di provincia) riuscirono, al contrario della tornata precedente e con un lavoro di attenta distribuzione delle preferenze, a eleggere ben tre rappresentanti (Delfico, Acerbo e Tinozzi); complessivamente nella lista liberal ministeriale furono eletti cinque rappresentanti della provincia di Teramo (compresi De Vito e Celli). Come si muovevano i candidati liberali abruzzesi con la proporzionale a scrutinio di lista in un collegio assai più ampio? Si può affermare che ognuno di essi privilegiasse, come principale bacino territoriale a cui attingere consensi, innanzitutto il proprio ex collegio uninominale e poi anche quello provinciale, come nel 1919. Difatti, come per la provincia di Teramo, anche in provincia di L'Aquila essi si divisero i compiti: il sottose-

34. Occorre ricordare che Raffaele Paolucci si candidò nel collegio di Napoli per la lista del Fascio di combattimento. Egli era su posizioni nazionaliste e monarchiche ma aderì al fascismo.

gretario Corradini puntava soprattutto sulla propria area di riferimento nel circondario di Avezzano e nella Marsica, associandosi, nella distribuzione delle preferenze in tutto il territorio provinciale, con gli altri candidati aquilani: con Camerini (nel circondario di L'Aquila, di cui era stato per molti anni rappresentante nel collegio uninominale), con Sipari (ex collegio uninominale di Pescina) e con Sardi, candidato di Sulmona.[35] In provincia di Chieti si affermava il giolittiano Masciantonio (ex collegio di Gessopalena), il salandrino Riccio (ex collegio di Atessa) e il giovane Agostino Bassino, nipote della famiglia chietina Mezzanotte, da lungo tempo presente con propri deputati nel collegio di Chieti.[36]

I notabili liberali si muovevano partendo dall'ambito territoriale che coincideva proprio con il loro ex collegio uninominale di pertinenza, stabilendo alleanze con i colleghi. Utilizzando in maniera oculata e flessibile le preferenze, con variabili combinazioni che dovevano tener conto delle diverse sfumature ed esigenze delle province e dei comuni, essi riuscirono a capitalizzare al meglio il nuovo assetto del collegio. Corradini, ad esempio, si affermò nettamente in provincia di L'Aquila, raggiungendo 37.960 preferenze (ossia il 57% di quelle ottenute nell'intero collegio), il 39% in provincia di Chieti, dove operavano Masciantonio (ricambiato nelle preferenze in provincia di L'Aquila) e Bassino che, ovviamente, predisposero schede elettorali con preferenze includenti anche il sottosegretario all'Interno.

Proprio il modus operandi di Bassino costitutiva un esempio chiaro della tecnica usata dai candidati liberali ancora legati alla concezione dell'uninominale: egli conquistava il 92% delle preferenze complessive ricevute – nell'intero collegio di L'Aquila – in provincia di Chieti. Ben il 30% di tali voti ottenuti da Bassino in provincia di Chieti provenivano dai comuni che componevano l'ex collegio uninominale di Chieti, ossia, in termini assoluti, circa 7 mila preferenze.

Giacomo Acerbo otteneva l'86% delle sue preferenze in provincia di Teramo. In quest'ultima provincia i giolittiani non ottenevano grandi consensi: l'ex ministro De Vito rimaneva il più votato con 28.937 preferenza, ossia l'87% di quelle raccolte nel collegio.[37]

35. Alessandro Sardi era il figlio del barone Gennaro Sardi, per molti anni esponente e anche deputato del notabilato liberale.

36. Era morto il candidato ed ex ministro Francesco Tedesco, giolittiano e rappresentante per alcuni anni il collegio uninominale di Ortona.

37. Si vedano a tal proposito i dati preferenziali per provincia raccolti dal periodico «Corriere abruzzese», 22 maggio 1921.

Osservando le dinamiche interne al Psu abruzzese occorre evidenziare che il leader più rappresentativo, Lopardi, conquistava 10.301 preferenze (ossia il 57% di quelli raccolti nell'intero collegio) nella sua provincia di L'Aquila, poco distanziato seguiva l'avvocato di Sulmona, Trozzi, e infine Agostinone che otteneva i maggiori consensi nella sua provincia di Teramo. Si può asserire che gli elettori socialisti abruzzesi concentrassero l'espressione delle loro preferenze verso i candidati provenienti dalle rispettive province in maniera ancor più compatta rispetto agli elettori della lista liberale: per Lopardi nella provincia di L'Aquila il Tdp giunse al 76%, per Trozzi al 69% e per Agostinone a Teramo il Tdp sulla lista toccò l'85%.[38] Pur considerando il forte impatto ideologico che spingeva gli elettori a concentrare i loro voti sul simbolo e sulle battaglie del Psu, non può non colpire l'emersione, e non solo in questo collegio, di un tipo di personalità politica che avvicinava i candidati socialisti al modello rappresentativo del criticato notabilato liberale, caratterizzato da un solido e stretto legame tra eletto ed elettori del collegio. Cfr. Tabella 4.

3. *Leader, candidati e leader emergenti*

Osserveremo ora le performance dei principali leader politici e candidati alle elezioni politiche del 1921, ricordando che la riduzione del numero dei collegi aveva comportato un allargamento delle dimensioni delle circoscrizioni elettorali. Ciò implicava uno sforzo maggiore dei partiti e dei singoli candidati che si sarebbero dovuti muovere in una superficie territoriale più grande, profondendo, dunque, uno sforzo economico e organizzativo maggiore rispetto al passato. Come si accennava in precedenza, l'accorpamento dei collegi, definiti nel 1919, per lo più, su base provinciale, eliminò la presenza dei collegi a 5 deputati che prevedevano una sola preferenza esprimibile per gli elettori.[39] Tale scelta costrinse tutti

38. Lopardi e Trozzi erano anche consiglieri provinciali. Trozzi rappresentava gli interessi del sindacato dei ferrovieri, sviluppatosi lungo la linea che da Sulmona portava a Castellammare Adriatico.

39. L'assenza dei collegi con cinque deputati costrinse il notabilato liberale meridionale a modificare ulteriormente il proprio *modus operandi* nella raccolta del consenso: ora le alleanze con altri candidati in una lista diventavano determinanti per essere eletti. Per un confronto con le elezioni del 1919 si veda Forcellese, *I voti di preferenza nelle elezioni del 1919*, pp. 189-191.

gli attori in gioco, partiti e candidati, a sfruttare nel miglior modo possibile le svariate opzioni preferenziali (due, tre o quattro preferenze secondo il numero dei deputati da eleggere nel collegio, come riportato nella Tabella 1), stringendo cioè alleanze tra concorrenti della stessa lista o agendo tramite precise indicazioni preferenziali espresse dai partiti. Anche per questi motivi si ebbe, rispetto al 1919, un incremento considerevole di preferenze espresse, sia in valore assoluto che nel tasso di preferenza; e l'aumento si registrò per i candidati di tutti i partiti e in varie aree della penisola, seppur con percentuali differenti.

Cominciamo ad esaminare i risultati migliori per singolo partito. Il Psu si presentava agli elettori dopo la scissione di Livorno con i candidati massimalisti e riformisti. Nonostante la scissione, i dissidi interni e le difficili condizioni dal punto di vista dell'ordine pubblico in cui si svolse la campagna elettorale – specie nel Centro-Nord – per via del dilagare del fascismo, il Psu ottenne un buon risultato. Come si può notare dalla tabella, il leader storico riformista, ossia Turati, si affermava nel collegio di Milano-Pavia con un alto numero di preferenze, pur perdendo la sfida con Meda e Mussolini. D'altronde, come abbiamo notato in precedenza, le indicazioni della Federazione provinciale del Psu milanese puntavano a prediligere il voto al simbolo piuttosto che ai candidati, specie nella città di Milano. Peraltro, il tasso di preferenza non elevato di Turati appare in linea con la tornata precedente. Negli altri collegi che includevano le grandi città come Torino e Genova, il tasso di preferenza dei candidati socialisti è superiore a quello dei socialisti milanesi: ad esempio, si vedano Casalini a Torino (Tdp 36%) e Rossi a Genova (Tdp 43,5%). Colpisce il voto ragguardevole all'on. Zirardini sia a Bologna e soprattutto a Novara, dove aveva battuto, nell'ordine delle preferenze, il deputato uscente Ramella. È assai probabile che la direzione centrale del Partito socialista volesse proteggere – anche da rappresaglie fasciste – il segretario della Camera del lavoro di Ferrara, ossia Zirardini, finito sotto inchiesta assieme a Bogiankino.[40] La candida-

40. Cfr., Atti Parlamentari Camera del regno, legislatura XXVI, *I Sessione, Discussioni, tornata del 26 giugno 1922*. In questa circostanza, ossia un anno dopo le elezioni politiche, l'onorevole Zirardini, che intanto era stato prosciolto assieme a Bogiankino per i fatti luttuosi del dicembre 1920, chiedeva al governo Facta di intervenire per sanzionare le minacce dei fascisti in merito a un suo ritorno a Ferrara. Un interessantissimo resoconto sui fatti di Bologna del novembre 1920, che poi portarono allo scioglimento del Consiglio comunale, e più in generale sulla situazione economica e agricola, si tenne, su iniziativa del deputato popolare Fulvio Milani, nelle sedute del 16 e 17 giugno 1922. In tale circostanza

tura a Novara doveva servire a dimostrare, come poi si verificò, la forza del Psu soprattutto in ambito rurale. La conquista violenta delle leghe in provincia di Ferrara da parte dei fascisti aveva ribaltato i rapporti di forza; pertanto, occorreva inviare un segnale alle federazioni dei lavoratori della terra in tutto il paese che avevano appoggiato il Psu. Rispetto alle elezioni del 1919, si può osservare un considerevole aumento dei voti ai candidati socialisti sia in valori assoluti che nelle percentuali del Tdp, quasi a testimoniare una maggiore attenzione ai risvolti assai importanti del voto alla persona che, nella tornata precedente, erano stati spesso denunciati come una ripetizione di abitudini corruttive dei liberali borghesi. A tal proposito, si possono citare gli ottimi risultati di Lazzari nel nuovo collegio di Cremona-Mantova (10 deputati e 2 preferenze esprimibili) che passava da 9394 voti (Tdp 28,1%) del 1919 a 28.476 (Tdp 40%); e di Modigliani nel nuovo collegio di Pisa-Livorno-Lucca e Massa Carrara (collegio a 15 deputati e 3 preferenze) che da 15.457 voti di preferenza (Tdp del 44,8%) arrivava a quota 32.289 (Tdp del 69%). Risulta degno di attenzione, infine, il dato relativo ai socialisti eletti nei collegi del Centro-Sud (Vella, Lopardi, Volpi e Lucci) che si distinguono per un Tdp molto elevato, arrivando quasi a competere con i più consolidati notabili liberali (è il caso di Vella a Bari). Cfr. Tabella 5.

Osserviamo ora la Tabella 6 relativa ai candidati del Ppi più votati. Si è tenuto conto, anche in questo caso, del voto (in termini assoluti e per il tasso di preferenza) ottenuto dai candidati in vari collegi, da Nord a Sud, e con varie dimensioni.

Da questa tabella si può verificare che i principali leader del Ppi, ossia Meda e Micheli, confermarono gli ottimi risultati del 1919, aumentando i consensi in termini assoluti (12 mila in più per Meda, considerando il nuovo collegio di Pavia); un lieve decremento nel Tdp per Micheli (ma con circa 7 mila voti in più rispetto al 1919) dovuto anche all'aumento di voti di lista per il Ppi (+4%).[41] Il ministro Rodinò, seppur perdendo lievemente

intervennero deputati socialisti, fascisti e popolari del collegio di Bologna. Cfr. AP, Camera del regno, legislatura XXVI, *I Sessione, Discussioni, seconda tornata del 16 giugno*, pp. 6293-6326 e *seconda tornata del 17 giugno 1922*, pp. 6375-6398. Zirardini ricostruì in quella circostanza il grave episodio accaduto a Ferrara.

41. Come già detto in precedenza, va ricordato che in questo collegio i socialisti reggiani, per iniziativa del loro leader Prampolini, non presentarono candidati alle elezioni per protestare contro la mancanza di una reazione adeguata dello Stato alle violenze fasciste. Su Camillo Prampolini si veda la voce curata da Alberto Ferraboschi nel *Dizio-*

in termini di preferenze (duemila voti in meno circa) aumentò nella percentuale del Tdp, forse perché, tutto sommato, seppe mantenere inalterato il proprio consenso personale, a fronte di un arretramento dei voti di lista del Ppi nel collegio dei Napoli rispetto alla tornata precedente. I buoni risultati di Longinotti nel collegio di Brescia-Bergamo e di Curti in quello di Verona-Vicenza testimoniano la forza del Ppi in quelle aree in cui tradizionalmente era molto consolidato e organizzato il movimento cattolico. Emerge poi l'ottimo risultato del deputato uscente bolognese Fulvio Milani, in valori assoluti e nel tasso di preferenza.[42] Vanno segnalate le ottime performance personali dei candidati Bertini (eletto nel 1919 nel collegio di Ancona con 11.961 preferenze, per un Tdp del 62%) e Martire (come Tdp dal 32,6% al 47% e da 15.595 a 21.073 voti), in due collegi in cui il Ppi confermava le proprie posizioni, nonostante la perdita di un seggio a Roma (dal 25,5% al 21,4% nel voto alla lista).[43] Infine, spiccava il risultato del giovane Alcide De Gasperi (40% del Tdp) in un collegio in cui i popolari conquistavano ben 6 seggi sui 7 disponibili.

nario biografico degli italiani. Cfr. https://www.treccani.it/enciclopedia/camillo-vittorio-prampolini_%28Dizionario-Biografico%29/. I popolari ottennero un seggio in più rispetto al 1919. Vennero presentate la lista del Psu e una lista socialista indipendente (insieme ottennero quasi 88 mila voti a fronte dei 120.179 conseguiti nel 1919, passando dal 52,6% del Psu nel 1919 al 33,6% delle due liste), mentre il Pcd'I non propose la propria lista di candidati. Si presentò anche Alceste De Ambris che conseguì solo il 2%. I socialisti persero 4 deputati (da 11 a 7) e il Blocco nazionale (con lo stemma dei Fasci), con il 33%, ottenne 7 seggi. Nelle precedenti elezioni del 1919, in questo collegio i liberal democratici, con capolista Meuccio Ruini, ottennero il 14% e 3 deputati; il blocco democratico il 7,4% e 1 deputato, ossia Agostino Berenini che si sarebbe poi candidato, senza successo, per la lista dei Socialisti indipendenti nel 1921 (ottenendo 5.584 voti di preferenza); i Combattenti il 2% circa e nessun deputato. Per quanto riguarda il successo della lista del Blocco nazionale va rimarcato il fatto che furono eletti due deputati liberal democratici uscenti, ossia Pollastrelli e Raineri. Da notare, tra gli eletti del blocco, oltre al più votato, ossia Michele Terzaghi, fascista e massone, si distinsero i fascisti Ottavio Corgini (poi dissidente e oppositore) e il fascista modenese Marco Arturo Vicini. Cfr. *Statistica delle elezioni generali politiche per la XXVI legislatura*, pp. 112-115.

42. Milani era stato eletto nel collegio di Bologna, unico deputato popolare rispetto ai 7 socialisti eletti (il Psu aveva raggiunto il 68% dei voti di lista). Il Ppi aveva conseguito il 17% dei consensi, mentre le liste dei liberali e dei combattenti non avevano conquistato nemmeno un seggio. Cfr. Forcellese, *I voti di preferenza nelle elezioni del 1919,* p. 188.

43. Occorre qui ricordare che gli ex collegi di Ancona con 9 deputati e Macerata con 8 vennero accorpati in un collegio da 17, in cui gli elettori potevano esprimere fino a 4 preferenze.

Nella Tabella 7 verificheremo le performance dei fascisti inseriti nei blocchi. Dall'analisi di questa tabella affiorano alcune questioni. In primo luogo, la supremazia di Mussolini sugli altri candidati e futuri ras fascisti appare del tutto evidente. Tuttavia non può sottacersi il fatto che nel collegio di Bologna egli ottenne numeri più alti anche nel tasso di preferenza, come abbiamo mostrato poc'anzi. In secondo luogo, il fascismo emiliano-romagnolo si affermava in modo deciso – anche nel numero degli eletti in Parlamento – sul resto del fascismo italiano e, soprattutto, su quello primigenio di Milano. Tale successo avrebbe posto non pochi problemi a Mussolini. In particolare, come accennato in precedenza, si imponevano i candidati della provincia di Ferrara anche per il tasso di preferenza più elevato. Anche i futuri protagonisti del regime fascista provenienti dall'area centrale e meridionale, ossia Bottai, Acerbo e Caradonna, conseguirono una discreta affermazione nelle rispettive liste, in cui figuravano liberali di lungo corso e nazionalisti.[44]

Nella Tabella 8 si è cercato di riunire i migliori risultati dei candidati del multiforme mondo liberale e dei partiti più piccoli. Si possono notare il rilevante successo personale di Corradini, sottosegretario all'Interno, tra i più votati in Italia e, tra la numerosa componente demosociale, assai forte nei collegi del Sud, quello del rettore di Catania Gabriello Carnazza. Infine, i significativi risultati di Misiano del Pcd'I e Mazzolani per il Pri dimostrano il rapporto di elevata fidelizzazione e identificazione degli elettori comunisti e repubblicani con i propri rappresentanti.

Per concludere, nella Tabella 9 si sono messi a confronto i risultati dei principali leader storici liberali italiani (presidenti ed ex presidenti del Consiglio) nelle elezioni del 1919 e in quelle del 1921. Se si eccettua il calo di Nitti, possiamo asserire che i vecchi leader riuscirono a muoversi discretamente bene anche con i collegi più ampi, mantenendo inalterato il rapporto di fiducia con gli elettori del proprio territorio.

44. Nella lista dell'Unione nazionale presentata al collegio di Roma (15 deputati da eleggere), il cui simbolo racchiudeva l'aquila, il fascio littorio e la stella d'Italia, figuravano nazionalisti come Federzoni e Rocco, e liberali di lunga data come Guglielmi. Nel collegio di Bari (ora a 18 deputati per la fusione con Foggia), la lista del Blocco nazionale, il cui contrassegno prevedeva una spiga di grano, un ramo d'ulivo e grappoli d'uva intrecciati, non recava al proprio interno il simbolo dei fasci littori. Essa conseguì il 50% e ottenne 11 deputati. Il fascista Caradonna si piazzò al terzo posto, assai staccato da Salandra. Cfr., *Statistica delle elezioni generali politiche per la XXVI legislatura*, p. 23.

Conclusioni

Abbiamo potuto verificare che i liberali impiegarono il voto di preferenza utilizzando solo in parte la logica dell'uninominale. Stavolta, infatti, con i collegi più larghi, essi si accordarono meglio nella distribuzione delle preferenze all'interno della lista. Tuttavia, ai leader del liberalismo italiano continuava a sfuggire l'importanza del partito organizzato su scala nazionale, che poteva garantire l'uniformità nella direzione politica generale, anche nella selezione delle candidature, superando l'abusata – e forse poco rispondente - intromissione dei prefetti nei territori (che fu comunque praticata). Non si accettava, insomma la logica del partito di massa, ma neanche la *ratio* dell'obbligo del contrassegno prevista dalla legge voluta da Nitti.

I socialisti attuarono strategie politiche diversificate che tenevano conto sia di elementi geografico-economici e sia della diversa composizione sociale dell'elettorato. Nei collegi comprendenti le grandi città, in cui il Psu godeva di largo seguito, soprattutto nelle periferie, le federazioni puntarono sul voto di lista, cercando di non rischiare dei possibili annullamenti delle schede. Tuttavia, le federazioni provinciali, in cui più frequente si mostrava l'uso delle preferenze, si mossero con decisione; così come fece d'altronde la Federterra prediligendo propri candidati. I popolari adoperarono in modo consistente le preferenze disponibili, sostenendo i leader nei rispettivi collegi o i rappresentanti sindacali espressione del mondo rurale. Emergono chiaramente gli orientamenti degli elettori popolari che si avvalsero della possibilità di scegliere i candidati in modo uniforme, sia nella città che nelle campagne. I fascisti candidati nel Blocco nazionale riportarono una notevole supremazia nelle preferenze rispetto ai candidati liberali, dimostrando di saper organizzare la distribuzione dei voti in diversi collegi e in particolare in Emilia Romagna e in Lombardia, dove si distinse Mussolini (nei collegi di Milano e Bologna) come deputato più votato in termini di valori assoluti.

Tabella 1. Elezioni politiche 1921. Preferenze esprimibili secondo i collegi

Da 6 a 10 deputati	Da 11 a 15 deputati	Da 16 deputati in su
(6 collegi in Italia)	(15 collegi in Italia)	(13 collegi in Italia)
2 preferenze	3 preferenze	4 preferenze

Tabella 2. Collegio Milano-Pavia. Preferenze e tasso di preferenza (Tdp) dei candidati

Psu	**Ppi**	**Blocco e fascisti**
Turati 47.220 (18%)	Meda 58.568 (57,8%)	Mussolini 69.248 (55,6%)
Caldara 43.050 (17,1%)	Mauri 45.463 (45%)	Fontana 30.412 (24,4%)
Montemartini 42.230 (16,8%)	Grandi A. 39.644 (39,1%)	Cappa 28.193 (22,6%)
Treves 40.716(16,1%)	Cavazzoni 35.591(35,1%)	De Capitani 27.585 (22,1%)
Repossi (**Pcd'I**) 12.594 (57%)		

Tabella 3. Preferenze nel circondario di Gallarate

Socialisti	**Blocco**	**Popolari**	**Comunisti**
27.311	8.786	16.956	1.916
Buffoni 14.388	Rossi 5.118	Meda 13.924	Repossi 1.310
Campi 12.130	Mussolini 4.974	Cavazzoni 10.317	Belloni 1.432
Lazzari 8.108	De Capitani 2155	Mauro 8.478	
Turati 7.988	Gasparotto 2531	Grandi 6.632	

Tabella 4. Graduatoria delle preferenze e del Tdp. nel collegio di L'Aquila-Chieti-Teramo

Liberal costituzionali	**Psu**	**Ppi**	**Blocco democratico**
Corradini 66.847 (57%)	Lopardi 18.129 (64%)	Speranza 3.513 (23%)	Caporali 7.965 (47%)
De Vito 34.189 (27,8%)	Trozzi 16.151 (57%)		
Acerbo 28.307 (23%)	Agostinone 13.251 (46%)		
Delfico 28.272 (23%)			

Tabella 5. Preferenze e Tdp tra i candidati del Psu più votati

Candidato	**Collegio e numero deputati**	**Preferenze**	**Tasso di preferenza (Tdp)**
Casalini	Torino (19)	21.166	36%
Turati	Milano (24)	47.229	18%
Zirardini	Novara (12) Bologna(20)	61.096 50.723	84% 46%
Lazzari	Cremona (10)	28.476	40%
Matteotti	Padova (11)	21.214	41%
Faggi	Parma (19)	34.888	45%
Modigliani	Livorno (15)	32.289	62%
Volpi	Roma (15)	25.218	50%
Lopardi	L'Aquila (18)	18.129	64%
Lucci	Napoli (17)	22.948	87%
Vella	Bari (18)	31.587	59%

Tabella 6. Preferenze e Tdp tra i candidati del Ppi

Candidato	**Collegio e numero deputati**	**Preferenze**	**Tasso di preferenza (Tdp)**
Marconcini	Torino (19)	22.978	48%
Meda	Milano (24)	58.568	57,8%
De Gasperi	Trento (7)	14.516	40%
Longinotti	Brescia (15)	34.463	37%
Curti	Verona (14)	35.658	43,7%
Micheli	Parma (19)	41.397	63%
Milani	Bologna (20)	27.489	64,2%
Bertini	Ancona (17)	31.416	58,4%
Martire	Roma (15)	21.073	47%
Rodinò	Napoli (17)	15.861	62%

Tabella 7. Preferenze e Tdp tra i candidati fascisti nei blocchi

Candidato	**Collegio e numero deputati**	**Preferenze**	**Tasso di preferenza (Tdp)**
Devecchi	Torino (19)	22.408	27%
Mussolini	Milano (24) Bologna(20)	69.248 74.475	55% 77%
Grandi	Bologna (20)	27.651	28,1%
Mantovani	Bologna (20)	52.071	54%
Oviglio	Bologna (20)	41.301	44%
Terzaghi	Parma (19)	33.758	42%
Capanni	Firenze (14)	19.350	24,3%
Acerbo	L'Aquila (18)	28.307	23%
Bottai	Roma (15)	15.076	17,7%
Caradonna	Bari (18)	23.520	21%

Tabella 8. Preferenze e Tdp dei candidati e leader emergenti

Nome candidato	**Collegio e numero deputati**	**Preferenze**	**Tasso di preferenza (Tdp)**
Olivetti	Torino (19)	30.188	37,5%
Corradini (Liberal.)	L'Aquila (18)	66.847	57%
Amendola (Liberal.)	Salerno (10)	12.404	35,2%
De Nicola (Liberal.)	Napoli (17)	31.583	48,4%
Carnazza (demosociali)	Catania (24)	42.740	38%
Mazzolani (Partito repubblicano)	Bologna (20)	18.898	53%
Misiano (Pcd'I)	Torino (19)	23.079	76,6%

Tabella 9. Graduatoria dei leader liberali. Voti assoluti e tra parentesi il Tdp

Graduatoria 1919		**Graduatoria 1921**	
Giolitti	14.915 (49,8%)	Giolitti	30.825 (60%)
Salandra	16.144 (88,8%)	Salandra	40.077 (36,7%)
Nitti	42.230 (71%)	Nitti	20.040 (59,8%)
Orlando	19.177 (61%)	Orlando	25.516 (48%)
Bonomi	6.168 (46%)	Bonomi	22.732 (40%)

Gerardo Nicolosi

"Nelle valli di Giolitti". Le elezioni del 1920 e del 1921 nel cuneese e considerazioni sul caso piemontese

Premessa

Oggetto di analisi in questo contributo sono le elezioni amministrative del 1920 e quelle politiche del 1921 a Cuneo, con particolare riferimento alle forze liberali, cui si aggiungeranno alcune necessarie considerazioni che riguardano il caso piemontese nel suo complesso. Quasi superfluo sottolineare le ragioni di questa scelta, che sono facilmente riconducibili al valore paradigmatico che hanno le vicende elettorali nelle "valli di Giolitti", come appunto recita il titolo del saggio, dove lo statista di Dronero condusse una delle sue ultime battaglie politiche.

In via di premessa, credo sia utile ricordare le profonde divisioni delle forze liberali al 1920, già presenti prima della Grande guerra, ma da essa acuite, avendo agito, come ha messo in evidenza la storiografia, da fattore di accelerazione di processi di scomposizione già in atto. La guerra inoltre introduce nuove divergenze, come quella tra neutralisti ed interventisti, una frattura che dopo la conclusione del conflitto condiziona in maniera determinante proprio la famiglia liberale.[1]

Su questa situazione di disunione si innesta una tradizionale idiosincrasia dei liberali italiani nei confronti del partito organizzato, un problema antico sul quale esiste un ampio dibattito storiografico.[2] Indisciplina e indi-

1. In particolare sui liberali nel passaggio attraverso la Grande guerra, si rimanda a *La fatalità della guerra e la volontà di vincerla. Classe dirigente liberale, istituzioni e opinione pubblica*, a cura di Rossella Pace, Soveria Mannelli, Rubbettino, 2019.

2. Per una analisi di lunga durata, Fabio Grassi Orsini, *L'idea di partito nella cultura liberale. Dai moderati italiani a Vittorio Emanuele Orlando*, a cura di Gerardo Nicolosi e Andreas Iacarella, Roma, Tab Edizioni, 2021.

vidualismo diffusi, imperanti logiche notabilari sono fattori non confacenti a un modello di organizzazione della politica che è già attivo dalla fine del secolo, ma che giocherà ruolo di protagonista all'indomani della Grande guerra: legge elettorale proporzionale ed elezioni del 1919 suggelleranno tale modello a dominus della situazione politica.

Riguardo al problema organizzativo, bisogna però dire che non tutta la famiglia liberale nel suo complesso era estranea, o quanto meno contraria, alla dimensione partitica. Si deve infatti registrare una tendenza all'aggregazione soprattutto nella tradizione del centro-destra sonniniano e salandrino e questo anche prima della presa d'atto della grande affermazione delle forze popolari nelle elezioni del 1919. Il precedente cui fare riferimento, che agì come possibile punto di partenza di un processo aggregativo sebbene ancora a livello parlamentare, fu il Fascio parlamentare di difesa nazionale tra la fine del 1917 e il 1918, che è di tendenza antigiolittiana.[3] A partire dal 1919 inizia un percorso caratterizzato da ripetuti tentativi di incontro tra queste componenti e la democrazia liberale di Giolitti. Una tensione alla ricomposizione che dunque esiste, ma sulla quale il peso del passato, e cioè l'idea che con le vecchie armi della politica si potesse giocare ancora un ruolo dominante, funge da fattore fortemente dissuasivo. Particolarmente refrattarie all'organizzazione partitica nel paese erano proprio le forze riconducibili a Giolitti.

1. *Le tendenze "unitarie" in Piemonte e le amministrative del 1920 nel cuneese.*

Anche il Piemonte è teatro di questo processo aggregativo e quanto avviene conferma la tesi sopra esposta, che l'idea nasce prima del momento elettorale del 1919, cioè non sono le elezioni, ma il clima post-bellico e il dibattito sulla introduzione della nuova legge elettorale, a preoccupare i liberali.[4] Inoltre, si conferma il dato che gli ambienti più sensibili all'ag-

3. Riprendo qui considerazioni già portate a introduzione del "caso" toscano, in Gerardo Nicolosi, *La crisi della famiglia liberale all'indomani della Grande Guerra. Scomposizione, fiancheggiamento, opposizione al fascismo*, in *Il biennio nero in Toscana. Crisi e dissoluzione del ceto politico liberale*, a cura di Sandro Rogari, Firenze, Edizioni dell'Assemblea, 2022, pp. 95-108.

4. Sulla proporzionale si segnalano qui due contributi coevi: Tommaso Tittoni, *Conflitti politici e riforme costituzionali*, Bari, Laterza, 1919; Andrea Ponti, *La rappresentanza proporzionale*, Milano, Hoepli, 1919. Per un punto sulla storiografia: Pier Luigi Ballini, *Le*

gregazione sono non a caso quelli del centro-destra o quanto meno delle correnti distanti da Giolitti. Come ha sottolineato Valerio Castronovo, a Torino, già a partire dal 1917, tra una attiva sezione del movimento nazionalista e la Lega industriali si era registrata una saldatura che aveva un forte accento anti-giolittiano.[5]

Parallelamente alla crescita del movimento socialista, non diversamente da quanto avviene in altre regioni italiane, come la Toscana, si registra dunque un proliferare di associazioni combattentistiche ed ex interventiste che trovano terreno fertile nella destra liberale e che si ricollegano a quella esperienza parlamentare. Il 13 agosto del 1919 «La Stampa», sebbene non proprio in prima pagina, dava notizia della costituzione di un Fascio liberale a Torino con relativo manifesto e appello ai cittadini ad unirsi sotto un'unica bandiera. Il riferimento era esplicitamente alla «nuova legge elettorale» che stava per essere approvata in Parlamento. Il *wording* cui ricorre l'organo di stampa è indicativo della percezione del rischio: «fautori convinti della riforma – si scriveva – abbiamo fiducia nei risultati di essa, ma abbiamo ad un tempo coscienza della più alta responsabilità, dei maggiori doveri dell'azione vieppiù difficile e complessa che la medesima, per il raggiungimento dei suoi fini, impone alle organizzazioni politiche e ai corpi elettorali».[6] E la notizia rimbalzò su alcuni giornali locali come «La Gazzetta di Biella», tanto che un processo analogo interessò, come vedremo, anche la provincia di Novara, con l'intento dichiarato di superare le divisioni tra le correnti generate soprattutto dalla guerra e con ruolo attivo della locale Associazione nazionale combattenti, a dimostrazione anche qui della matrice "interventista" del fenomeno aggregativo.[7]

elezioni politiche nel Regno d'Italia. Appunti di bibliografia, legislazione e statistiche, Firenze, Quaderni dell'osservatorio elettorale, 1985, vol. 15, pp. 143-218. Più di recente Serge Noiret, *La nascita del sistema dei partiti in Italia. La proporzionale del 1919*, Manduria-Bari-Roma, Lacaita, 1994; Emanuela Zuffo, *L'introduzione del sistema proporzionale nelle elezioni italiane nel 1919. Il contenuto della nuova legge ed i risultati della consultazione*, Firenze, Quaderni dell'Osservatorio Elettorale, 2001, vol. 44, pp. 57-98. Da ultimo: *Le elezioni del 1919. Alle origini del sistema politico dell'Italia contemporanea*, a cura di Giovanni Schininà, Firenze, Le Monnier, 2021

5. Valerio Castronovo, *Storia delle Regioni italiane dall'Unità a oggi. Il Piemonte*, Torino, Einaudi, 1977, p. 292

6. «La Stampa», 13 agosto 1919.

7. Sul caso di Biella, si veda anche Federico Caneparo, *I liberali biellesi e il "partito della borghesia". Dalla fine della prima guerra mondiale alla marcia su Roma*, in «L'Impegno», Istituto per la storia della Resistenza e della società contemporanea nelle province di Biella e Vercelli, XXVIII, 1 (2008).

Come è noto, le elezioni del 1919 furono un vero disastro per le forze liberali piemontesi. Il tono di una lettera di Antonio Cefaly a Giolitti, scritta qualche giorno dopo la tornata elettorale, rende bene l'idea di una sconfitta che non riguardava soltanto la componente giolittiana, ma la galassia liberale nel suo complesso, scriveva il senatore:

> Che ecatombe! Mio illustre e caro amico; le tue file si sono diradate ma il giudizio del paese è stato severo e giusto. Nella provincia di Catanzaro è caduto il tuo amico Casolini, ma è anche caduto il salandrino Larussa; costà hai perduto altri e molti altri tuoi valorosi seguaci, ma anche per i Galimberti si è fatta la giustizia che questi meritavano.[8]

È la sconfitta ad agire dunque in funzione aggregante, assieme alla paura del massimalismo socialista. Qui il caso piemontese è in linea con quanto avviene a livello nazionale: in prossimità delle amministrative a Torino, il 5 novembre 1920 «La Stampa» pubblicava un editoriale attribuibile a Frassati dal titolo *Debolezza*, che era un attacco durissimo ai massimalisti torinesi, articolo in cui si riprendevano alcuni passaggi salienti del manifesto della direzione del Partito socialista firmato da Egidio Gennari e pubblicato sull' «Avanti!» il 4 settembre 1920, messo in evidenza anche nel terzo volume della *Storia delle origini del fascismo* di Vivarelli. «La Stampa» metteva in risalto come la sostanza di quel manifesto fosse che non si andava più in comune «per amministrare meglio dei borghesi, per dar prova di giustizia e correttezza amministrativa, per fare il bene della cittadinanza e simili promesse piccolo borghesi. I socialisti al comune [avrebbero dovuto] provvedere esclusivamente all'interesse di classe del proletariato, antagonistico a quello della borghesia».[9] In effetti, nell'edizione romana del giornale socialista si sottolineava che quelle elezioni avrebbero dovuto segnare una netta cesura rispetto al passato, ovviando agli errori commessi con la strategia riformista, e il discrimine stava proprio in una diversa concezione dell'azione amministrativa, tutta improntata al massimalismo. Essa doveva essere ispirata, senza ripiegamenti, dal criterio della lotta di classe, non per invocare «una giustizia che non è mai esistita

8. Lettera a Giolitti del 21 novembre 1919, in *Dalle carte di Giovanni Giolitti. Quarant'anni di politica italiana, III, Dai prodromi della Grande Guerra al fascismo*, a cura di Claudio Pavone, Milano, Feltrinelli, 1962, pp. 267-268.

9. Si veda «La Stampa» del 5 novembre 1920. Il manifesto è pubblicato nella sua interezza in Roberto Vivarelli, *Storia delle origini del fascismo. L'Italia dalla Grande Guerra alla marcia su Roma*, Bologna, il Mulino, 2012, vol. III, pp. 66-67.

e non esiste e una democrazia ormai sorpassata». L'azione amministrativa doveva, cioè, «spianare la via, attraverso l'azione di studio e di preparazione dei comuni, all'avvento del regime comunista». Nell'articolo, si spiegava anche in cosa dovesse consistere nello specifico questa azione e cioè «risolvere tutti i grandi problemi tecnici dal punto di vista comunista, legiferando, emanando decreti di espropriazione di palazzi, di terre, di municipalizzazioni, di grandi riforme radicali [...]». Nella concezione dell'autore dell'articolo, i comuni erano i «primi nuclei statali» che più si avvicinavano ai soviet e quindi formavano «la più solida base d'appoggio per una rivoluzione sociale», una volta conquistati dal partito e «uniti da una potente federazione, [avrebbero costituito] un effettivo, reale, potente contropotere che si oppone[va] allo stato capitalista e borghese».[10] Cioè quanto di più efficace ci fosse per atterrire i ceti d'ordine e non solo quelli.

«La Stampa» riprendeva questi articoli puntando soprattutto a dividere il fronte socialista, sparando a zero sul frazionismo comunista: non si trattava più infatti del vecchio Psi, ma di un «nuovo Partito, o meglio, della nuova frazione» – si scriveva – , istruita a dovere dall'«Avanti!», «non tanto con la sua dottrinaria prosa programmatica, quanto coi suoi inumani articoli facenti l'apologia degli assassini, della delinquenza omicida, ecc...».[11]

Per quanto riguarda il caso specifico di Cuneo, anche qui non era mancata una spinta all'aggregazione delle varie tendenze liberali, avvertita già nel periodo d'anteguerra, solo che i propositi organizzativi arrivavano da «La Sentinella delle Alpi», il giornale di Tancredi Galimberti, uomo capace però di porsi come punto di riferimento soprattutto delle varie tendenze anti-giolittiane, come si evince dalla stessa lettera di Cefaly citata sopra. La rottura tra Galimberti e Giolitti risaliva al 1903, quando Giolitti non lo aveva riconfermato al governo e nemmeno difeso in occasione dello scandalo Nasi, poi nel 1909 Galimberti si era smarcato da Giolitti come promotore di una intesa con i cattolici moderati. Nelle elezioni del 1913 aveva corso contro Soleri nel collegio di Cuneo, quando Giolitti chiese al conte Gentiloni addirittura la disapplicazione del "patto", in modo che l'astensione dei cattolici potesse favorire l'elezione di Soleri, cosa che infatti avvenne. L'anti-giolittismo e l'interventismo spinsero poi Galimberti a collaborare con «L'Unità» di Salvemini, collaborazione che gli alienò

10. Guido Fiorelli, *Elezioni amministrative massimaliste*, in «Avanti!», edizione romana, 4 settembre 1920.

11. *Debolezza*, in «La Stampa», 5 novembre 1920.

non poche simpatie tra i cattolici del suo collegio. È indicativo che in occasione delle elezioni del 1919, il suo giornale «La Sentinella delle Alpi» aveva auspicato, nel numero del 20 marzo, la candidatura di Mussolini nel collegio di Dronero, in chiara funzione anti-neutralista e, ovviamente, anti-giolittiana.[12] Ad ogni modo, i risultati delle elezioni del 1919 in provincia di Cuneo confermavano la pessima situazione in cui versavano i liberali: a fronte di 4 deputati socialisti e di 4 cattolici, furono eletti soltanto tre liberali, Giolitti, Soleri e Peano.

Il processo aggregativo che si registra a Cuneo va collocato quindi senza ombra di dubbio nell'area dell'anti-giolittismo: a fine gennaio del 1920 si teneva un raduno delle diverse tendenze del liberalismo cuneese, ma dove i protagonisti erano soprattutto i principali dignitari della fronda anti-giolittiana, cioè coloro che nel 1919 si erano riuniti nel Partito agrario, tra questi, oltre a Galimberti, Carlo Bianchi, Francesco Pivano, il conte Govone e altri ancora, sotto la presidenza di Antonio Bassignano, il sindaco di Cuneo che poi nel 1925 sarà costretto a dimettersi per le pressioni fasciste. In quella occasione fu stabilita una convergenza di quest'area nel Partito liberale-democratico di tendenza giolittiana, secondo un programma di conciliazione degli interessi agrari con quelli del notabilato urbano e dei ceti impiegatizi.[13] La partitizzazione della scena politica è però ancora ostacolata, qui più che nelle altre province piemontesi, in primo luogo dalla volontà di Giolitti di non rinunciare al suo ruolo personale di mediatore e di conciliatore degli interessi più disparati, e lo si vedrà nel rapporto con i cattolici, e, in secondo luogo, è ostacolata dal peso delle divisioni del passato, acuitesi nel periodo della Grande guerra. Non bisogna sottovalutare il fatto che nel cuneese le vicende belliche hanno un impatto maggiore, laddove esso era stato il «principale serbatoio di reclutamento dei corpi alpini, [e] avrebbe lamentato alla fine del conflitto il più elevato tasso di caduti tra tutte le province del Regno».[14]

Ad ogni modo, l'operazione elettorale riusciva in pieno, ricordando qui i risultati delle amministrative a livello nazionale, laddove in 4665 co-

12. Si veda Giuseppe Sircana, *Galimberti Tancredi Lorenzo*, in *Dizionario biografico degli italiani*, Roma, Istituto della Enciclopedia Italiana Treccani, vol. 51, 1998. Per uno studio più esteso Emma Mana, *La professione del deputato. Tancredi Galimberti fra Cuneo e Roma (1856-1939)*, Treviso, Pagus Edizioni, 1992.

13. Si veda Aldo A. Mola, *Storia dell'amm.ne provinciale di Cuneo dall'Unità al fascismo (1859-1925)*, Torino, AEDA, 1971, p. 393.

14. Castronovo, *Storia delle Regioni italiane*, p. 292.

muni, cioè nel 56% dei casi, la maggioranza dei consiglieri fu ottenuta dai partiti costituzionali; il Partito socialista ufficiale conquistò la maggioranza in 2022 comuni, cioè nel 24% dei casi; il Partito popolare in 1613 comuni, cioè nel 19% dei casi e il Partito repubblicano in 27 comuni.[15] A livello regionale, alle elezioni comunali in Piemonte le liste liberali avevano ottenuto il 57.5%, contro il 28.4% dei socialisti e il 14% dei popolari.[16] In particolare, per il caso di Cuneo, la maggioranza del Consiglio provinciale, presieduto, come noto, da Giolitti, andava alle liste liberali e nelle elezioni comunali 202 consigli della provincia andavano ai costituzionali, contro i 43 ai popolari e i 18 ai socialisti ufficiali. Risalta la differenza tra il caso di Cuneo e quello di Torino, dove la maggioranza ai socialisti andava in 141 comuni (contro 228 ai costituzionali e 73 ai popolari), e di Novara, dove i socialisti ottenevano la maggioranza in 186 comuni (contro i 226 ai costituzionali e 29 ai popolari). [17] Nelle elezioni provinciali, a livello regionale Cuneo rimaneva in mano ai liberali, mentre a Torino, Novara e Alessandria la maggioranza era socialista.

Nelle elezioni comunali di Cuneo risultavano eletti tutti i 19 nomi della lista liberale-democratica e sindaco diventava il già citato Antonio Bassignano, che aveva presieduto alla riunione degli agrari. Ma esemplare è quanto avviene per le elezioni dell'amministrazione provinciale di Cuneo, considerata la roccaforte storica del potere giolittiano. Oltre all' aggregazione con gli agrari, le candidature per le provinciali scelte da Giolitti svelavano una sorta di accordo di desistenza con i popolari, tanto che la lista liberale-democratica – quella giolittiana – non presentava propri candidati nei mandamenti di Cortemilia, del circondario di Alba e di Bagnasco e nel circondario di Mondovì, dove la lotta rimaneva circoscritta tra il socialista Gauthier, medico, il clericale Canonica, ingegnere, e un popolare, Mazzarelli, altro ingegnere. Dal canto suo, il Partito popolare non aveva coperto con propri candidati tutti i mandamenti del cuneese, tranne appunto quello di Cortemilia e di Bagnasco e poi quelli di Ravello, Canale e Ormea-Pamparato.[18]

15. Ministero dell'economia nazionale, Direzione generale della statistica, *Statistica delle elezioni generali politiche per la XXVI legislatura (15 maggio 1921).* In appendice *Statistica delle elezioni generali amministrative del 1920*, Roma, S.A.I. Industrie grafiche, 1924, p. LV (dell'appendice).

16. Ivi, p. LVI

17. Ivi, p. LVII

18. Si veda *Le elezioni amministrative in provincia di Cuneo*, in «La Stampa» del 9 ottobre 1920.

Le cose, come dicevamo, andarono meglio di ogni ottimistica previsione: i socialisti ottenevano in tutto 4 seggi in Consiglio provinciale contro i 33 dei liberali-democratici, gli 11 dei popolari e i 3 seggi del Partito contadino, che era espressione del residuo dissenso anti-giolittiano dell'area di Alba e delle Langhe, dissenso pronto a convergere con la maggioranza in funzione dell'ordine. Espressione di punta di questo gruppo era sicuramente Urbano Benigno Prunotto, di Alba, che fu poi eletto deputato nel 1921 e nel 1924 con il "listone".[19]

In particolare, il rapporto con il Partito popolare è indicativo di un atteggiamento, quello di Giolitti, ancora legato a logiche gentiloniane, ormai sorpassate dai tempi: ora c'era un partito di ispirazione cattolica, che tra l'altro proprio in occasione delle elezioni amministrative aveva lanciato una campagna intransigentista attorno alla quale si era aperta un'aspra polemica nei confronti di don Sturzo che aveva interessato anche le vicende elettorali piemontesi.[20] Ad ogni modo, l'appello di intransigentismo di Sturzo funzionò più nei congressi del partito che nella realtà effettuale della lotta politica e l'elettorato cattolico in molti casi si indirizzò verso quei candidati che avevano assunto posizioni liberali, nazionaliste o di "destra economica". Sintomatica, a questo proposito, fu la convergenza tra liberali e popolari alle comunali di Torino, dove il blocco riuscì a imporsi sul filo di lana grazie a una campagna elettorale sostenuta dalla Lega industriali, da «La Stampa» di Frassati, da «La Gazzetta del Popolo» e da un giornale cattolico come «Il Momento» di Don Garelli.[21] A Luigi Salvatorelli non sfuggivano le conseguenze nazionali di quanto occorso a Torino, dove quell'accordo raggiunto in via eccezionale aveva dato paradossalmente più risalto alla battaglia (persa) che i popolari avevano condotto a Roma contro i liberali non meno che contro i socialisti e quindi «alla sconfitta toccata colà [a Roma], ove i popolari [erano] rimasti esclusi perfino dalla

19. Mola, *Storia dell'amministrazione provinciale di Cuneo*, pp. 399 ss.

20. «Nella visione politica di Sturzo era quindi possibile sacrificare posti di governo nelle amministrazioni locali pur di preservare il carattere autonomo del partito e valorizzare l'importanza delle istituzioni comunali», così Matteo Baragli, *Il dovere dei cattolici. Il Partito popolare e le elezioni amministrative torinesi del 1920*, in «Contemporanea», 4 (2012), in particolare p. 625. Sui popolari in questa fase si veda anche Guido Formigoni, *Il ceto politico dei popolari: un'analisi del gruppo parlamentare,* in *Il partito politico dalla Grande Guerra al fascismo*, a cura di Fabio Grassi Orsini e Gaetano Quagliariello, Bologna, il Mulino, 1996, pp. 785-828.

21. Baragli, *Il dovere dei cattolici*, p. 646.

minoranza».[22] Dal canto loro i socialisti invece evocarono l'ombra di brogli elettorali, chiamando in causa il solito «colpo» di Giolitti che «[aveva rubato] il comune ai proletari torinesi», un attacco ovviamente stigmatizzato dal giornale di Frassati.[23]

Ad ogni modo, per spiegarsi il successo del blocco d'ordine, non è da sottovalutare anche in questo caso la paura del massimalismo, a Torino come nel cuneese, dove, a partire della fine della Grande guerra, i socialisti avevano intensificato la loro propaganda grazie a una rete di organi di stampa molto attiva: a Savigliano esisteva «Voce proletaria», a Saluzzo «Battaglie socialiste», a Ceva «La difesa del popolo» e «La Squilla», a Bra «Bra Rossa». «La Riscossa», organo socialista del saviglianese, vendeva in quegli anni 1500 copie settimanali.[24] Particolarmente "toccati" dalla propaganda socialista erano i ceti agrari, che appunto serrarono le fila attorno al blocco d'ordine, e gli imprenditori. Tra questi è da segnalare la figura di Giovanni Battista Imberti, indicativa di un percorso che sarà comune a molti suoi coevi: grande imprenditore serico, proveniva dalle file liberali, tanto che era stato nominato da Soleri direttore al Commissariato degli approvvigionamenti. Tra le amministrative del 1920 e le politiche del 1921 maturava il distacco dai liberali, approdava tra i popolari ma su posizioni di destra e aderiva all'Unione costituzionale di Carlo Ottavio Cornaggia, componente cattolica estranea alla logica del partito di massa e avente più la natura del blocco d'ordine, primo movente della sua candidatura nel 1920 nelle liste del partito di Sturzo.[25]

Quindi Giolitti, che di quel Consiglio provinciale era presidente dal 1905, e lo sarebbe stato sino al 1925, poteva contare su una solida maggioranza, ma una maggioranza "d'ordine", non una maggioranza "giolittiana" o affine politicamente, cioè una maggioranza "spuria" e funzionale all'emergenza dell'ora. Ne è specchio fedele la composizione della Deputazione provinciale: presieduta dall'avvocato Paolo Enrico, in carica dal 1916, vi facevano parte due liberali indipendenti, Donato Colombo, che era espressione del ceto agrario, e Guido Viale; due popolari e cioè i conti

22. Luigi Salvatorelli, *Politica popolare*, in «La Stampa», 19 novembre 1920

23. «La Stampa», 10 novembre 1920, che aveva titolato *La vittoria del blocco nell'elezione del Consiglio comunale di Torino.*

24. Mola, *Storia dell'amministrazione provinciale di Cuneo*, p. 400.

25. Su Imberti si veda Mola, *Storia dell'amministrazione provinciale di Cuneo*, p. 298 e *passim*; Formigoni, *Il ceto politico dei popolari*, p. 805. Su Carlo Ottavio Cornaggia Medici Castiglioni si veda Silvia Pizzetti, in *Dizionario Biografico degli Italiani*, vol. 29, 1983.

Annibale Galateri di Genola e di Suniglia e Carlo Incisa Beccaria di S. Stefano, due espressioni dell'aristocrazia cattolica; Sebastiano Lissone, che si rivelerà di lì a poco un simpatizzante dell'ascesa del fascismo; Imberti, di cui già abbiamo detto; Marco Cassin, già deputato nella XXIV legislatura, che fu compensato della mancata rielezione nel 1919 proprio con un seggio in Deputazione provinciale e protagonista di una vittoria contro un candidato massimalista a Vinadio; poi Luigi Fresia, che era un galimbertiano di simpatie nazionaliste e sindaco di Cuneo dal 1914 al 1920, più Giovanni Battista Fillia e Teobaldo Viglino, che simboleggiavano la difesa anti-socialista nel Saluzzese e nelle Langhe. Quale era la logica di questa composizione? Dopo il risultato disastroso del 1919, l'aggregazione tra liberal democratici, filo-nazionalisti e agrari era prevalentemente una risposta al clima di stato d'assedio percepito dai ceti dirigenti tradizionali, che si arroccavano nelle loro posizioni di potere e non a caso la scelta cadeva su nomi di sicura esperienza negli affari politici e amministrativi.[26]

2. *Le elezioni politiche del 1921*

Nonostante per le elezioni politiche vigesse un'altra legge elettorale, su queste stesse basi fu impostata la strategia per affrontare la tornata del 1921. Ciò è facilmente deducibile da una semplice analisi della composizione delle liste elettorali in competizione. Nel collegio di Cuneo, la lista democratico-liberale, il cui simbolo era la spiga di grano, riusciva a piazzare, oltre a Giolitti e ai fedelissimi Soleri, Peano e Fazio, anche Carlo Bianchi e Francesco Pivano, che erano stati nella lista degli agrari nel 1919 assieme a Tancredi Galimberti. La lista raddoppiava il risultato complessivo rispetto alla tornata precedente. Tra i non eletti figurava anche quel Teobaldo Viglino, deputato provinciale, che era il baluardo anti-socialista di Alba, e il già citato Guido Viale. Manteneva le stesse posizioni invece il Partito popolare, che eleggeva 4 deputati, tra i quali però oltre a Giovan Battista Bertone, Giovanni Zaccone e Teodoro Bubbio, veniva eletto Giovan Battista Imberti, che nel 1919 aveva corso, senza successo, tra i giolittiani, a conferma di quanto dicevamo sopra sul suo spostamento sempre più marcato verso i cattolici. La lista degli agrari piazzava Urbano Benigno Prunotto, già da noi citato, mentre i socialisti ufficiali eleggevano un solo

26. Mola, *Storia dell'amministrazione provinciale di Cuneo*, p. 443.

candidato, Stefano Paolino, contro i 4 del 1919. È da notare che Giolitti, Soleri e Peano, i tre soli eletti del 1919, avevano più che raddoppiato i loro voti di preferenza,[27] così come li aveva più che raddoppiati anche Carlo Bianchi, che nel 1919 era, appunto, risultato eletto tra gli agrari. Era stato dunque un ottimo risultato, ma, in linea con quanto avvenuto per le provinciali, era in realtà un successo apparente: intanto, invece di affrontare il tema organizzativo, si era tentata anche qui la costituzione di una sorta di partito della borghesia, che, a pensarci bene, è qualcosa che va contro la natura del liberalismo, che per principio disconosce ogni contrapposizione di classe e ancor di più era contrario alla logica del giolittismo. In secondo luogo, è innegabile che l'aggregazione facesse leva sulle tradizionali logiche notabilari e sul ruolo pivot del "vecchio" Giolitti.

Procedendo a una comparazione con gli altri collegi piemontesi, si notano fattori comuni e alcuni tratti differenziali di grande interesse. Nel collegio di Alessandria, non era stata presentata alcuna lista per il Partito liberale-democratico ma una denominata Blocco di difesa nazionale, il cui simbolo era un aratro, una bandiera nazionale e un fascio littorio. Si tratta del collegio piemontese in cui la proposta fascista ebbe maggiore rappresentanza: assieme al giolittiano Brezzi e all'agrario Marescalchi, riuscirono eletti Edoardo Torre, che era stato tra i fondatori del Fascio di combattimento di Alessandria e che fu poi primo eletto nel listone alle elezioni del 1924, ed Ettore Mazzucco, fondatore del Fascio di Casale, già vicino al Partito agrario e attivissimo nella repressione dei moti anti-fascisti nel Monferrato.[28]

Un caso di studio interessante è quello che si registra nel collegio di Novara, dove più che nel cuneese si realizza il progetto di quel partito della borghesia cui facevamo riferimento sopra, un processo che inizia all'indomani della sconfitta del 1919 con l'organizzazione di una Unione costituzionale, una Associazione liberale su base provinciale. Gli intenti erano dichiaratamente unitari e l'obiettivo era quello della costituzione di un partito di massa: al primo congresso provinciale che si riunì nel gennaio del 1921 parteciparono esponenti parlamentari delle diverse tendenze, come i senatori Abbiate, Bollati, Rizzetti e i deputati Falcioni, giolittiano, Rossini, demo-sociale, e

27. Giolitti passava da 14.915 voti di preferenza del 1919 a 30.825 del 1921; Soleri da 11.670 passava a 26987; Peano da 6964 a 24.367. I dati sono tratti da Ministero dell'economia nazionale, *Statistica delle elezioni generali politiche per la XXVI legislatura*.

28. Su Torre e Mazzucco, Renzo De Felice, *Mussolini il fascista*, vol. I: *La conquista del potere*, Torino, Einaudi, 1995, p. 98 e *passim*.

Alice, esponente del Partito agrario.[29] Alle politiche i socialisti risultarono maggioritari, con un calo dovuto più che altro alla presenza del Partito comunista, ma il risultato dei liberali fu comunque lusinghiero: la lista dell'Unione costituzionale, il cui simbolo raffigurava un sole, riuscì ad eleggere quattro deputati, i già citati Rossini, Falcioni e Alice, cui si aggiungeva il nazionalista Ezio Maria Gray. Da un raffronto con quanto accaduto nel 1919, quando si erano presentate due liste, una per il Partito costituzionale democratico riformatore e una per il liberale democratico indipendente (che aveva eletto tre deputati), il risultato era decisamente migliorato, ma comunque ancora molto al di sotto rispetto alla lista socialista ufficiale.[30]

A Torino, il blocco liberale democratico piazzava ben otto deputati (contro i cinque dei socialisti ufficiali e due dei comunisti). Anche qui la composizione "unitaria" del blocco appare molto chiaramente, con esponenti del più puro giolittismo come Facta e Cesare Rossi, dell'Associazione nazionale combattenti, come il giovane Villabruna, del mondo economico come Gino Olivetti (che alla Camera aderì al gruppo di Giolitti) e Giuseppe Mazzini, che invece era un salandrino, poi Giuseppe Bevione, che aderisce al gruppo giolittiano, ma nel 1919 era in una lista monarchico liberale con il "vecchio" Boselli, quindi vicino alla destra liberale, l'agrario Quilico e, in più, il fascista Cesare Maria De Vecchi, che aveva già tentato la fortuna nel 1919 nella lista monarchico liberale.[31]

Impossibile portare considerazioni su quanto accaduto tra il 1920 e il 1921 non facendo riferimento al dichiarato fiancheggiamento dei liberali al fascismo, cui furono spinti dall'illusione di potersene servire per restaurare l'ordine e dalla paura del massimalismo socialista, come abbiamo visto. È molto indicativa questa testimonianza del già citato Ezio Maria Gray, elet-

29. Si veda Caneparo, *I liberali biellesi e il "partito della borghesia"*, che basandosi principalmente su fonti di stampa locale, come «La Gazzetta di Biella», riporta anche l'interessante dibattito interno all'Associazione.

30. Le due liste liberali nel 1919 avevano ottenuto assieme 39.016 voti assoluti; nel 1921 la lista Unione costituzionale ottenne 45.741 voti. Il Partito socialista ufficiale ottenne 72.600 voti e il Partito Comunista 17.620 voti. È da notare comunque che si presentò anche una lista democratico liberale, che ottenne soltanto 8.205 voti non eleggendo alcun deputato. In Ministero dell'economia nazionale, *Statistica delle elezioni generali politiche per la XXVI legislatura*, pp. 101-103.

31. Nel 1919, le liste "liberali" erano quattro (liberale, monarchico liberale, agrario, economico). Sul caso De Vecchi e più in generale sulle elezioni del 1921 a Torino si veda Emma Mana, *Origini del fascismo a Torino (1919-1926)*, in *Torino tra liberalismo e fascismo*, a cura di Umberto Levra e Nicola Tranfaglia, Milano, FrancoAngeli, 1987, pp. 237-373.

to a Novara, il quale nel marzo del 1921 dichiarava: «Anche del fascismo io voglio fare un organo di controllo della vita pubblica in questa ora di smarrimento; un organo di resistenza e non mai di provocazione pittoresca, un organo di difesa e non di offesa [...] La funzione del fascismo deve essere provvisoria».[32]

Così come è opportuno segnalare che le elezioni amministrative del '20 e le politiche del '21 sono due tappe di fondamentale importanza nel percorso che porterà alla fondazione del Partito liberale italiano con il primo congresso che si terrà a Bologna tra l'8 e il 10 ottobre del 1922, poche settimane prima dell'arrivo di Mussolini al potere, dal quale lo stato di divisione delle forze liberali cui facevamo riferimento in apertura emerge molto chiaramente. Il congresso si svolse in un clima di grande attenzione da parte della stampa nazionale, con in testa il «Corriere della Sera», data anche la presenza del senatore Albertini, e del ceto parlamentare, in particolare dell'area del centro-destra. Erano presenti Gino Sarrocchi, Bortolo Belotti, Giuseppe Mazzini, l'influentissimo presidente della Lega industriali eletto a Torino e segretario del gruppo parlamentare salandrino, poi Ettore Valentini e l'agrario Aldi-Mai. Tra i senatori, oltre ad Albertini, parteciparono il generale Alfredo Dall'Olio e Giuseppe Tanari, che era stato sindaco di Bologna, di famiglia liberale di tradizione risorgimentale, già deputato per due legislature per la destra. Tra i promotori dell'iniziativa, l'economista Alberto Giovannini, autore del programma del congresso assieme al piemontese Gay e al toscano Mascagni. Mentre tra i giolittiani, oltre a un giovane Soleri, troviamo due deputati di non molto peso, Michelino Poggi e Pietro Sitta.

Non deve stupire se il dibattito interno si era concentrato tutto sul nome da dare al partito, Partito liberale senza alcun'altra specificazione o Partito liberale-democratico; non una semplice disputa nominalistica ma questione sostanziale e relativa al problema delle alleanze: a destra, i liberali puri rimarcavano il fatto che il termine "democrazia" era diventato sinonimo di "demagogia" e vi era concordia assoluta sul respingere le componenti demo-sociali e demo-nittiane. Partito liberale invece era un'etichetta che i democratici rifiutavano per non essere confusi con quelli che definivano «i reazionari». Guardando alla caratterizzazione "geografica" delle differenti posizioni: proprio il Piemonte era diviso in due tendenze, a Torino e Cuneo prevaleva la sinistra, quindi la soluzione liberale-

32. Dichiarazione tratta da «La Tribuna Biellese» del 23 marzo 1921, citata da Caneparo, *I liberali biellesi e il "partito della borghesia"*.

democratica, mentre a Novara prevaleva la destra, come appare evidente anche dalle denominazioni delle liste elettorali del 1921 da noi citate. Per quanto riguarda le altre regioni, secondo il puntuale resoconto de «il Resto del Carlino», Lombardia e Veneto erano prevalentemente a destra, così come il Lazio, l'Italia meridionale e soprattutto le Puglie, terra di Salandra. Nelle Isole e in Liguria prevaleva la tendenza liberale-democratica. La soluzione liberale pura e intransigente nei confronti della sinistra liberale era caldeggiata spiccatamente in Toscana ed Emilia, soprattutto nella città di Bologna, diversamente da quanto avveniva in Romagna.

Se si segue con attenzione tutto il dibattito,[33] si nota come il problema principale rimane quello dell'unificazione di tutte le componenti liberali, pur nella consapevolezza di una crisi drammatica delle istituzioni, di uno Stato incapace di imporre l'autorità, di una urgente necessità di difendersi dalla minaccia della violenza massimalista. Il congresso è dunque una conferma della ricerca di una strategia di resistenza e di riscossa "borghese" che inizia nel 1919. Basta guardare la stessa vicenda personale di molti congressisti, prima fra tutte proprio quella di Giovannini. Nel suo discorso di apertura, l'economista aveva respinto con nettezza ogni possibilità di apertura alla "democrazia", escludeva ogni possibilità di collaborazione a sinistra, in nome del vero liberalismo. Per Giovannini, "destra" in quella precisa fase storica significava «antitesi alla degenerazione della Sinistra e ripristino dei valori politici dello Stato». La strategia era indicata chiaramente: i liberali vedevano nel fascismo un dissidio interno tra una tendenza rivoluzionaria e una legalitaria, un dissidio non ancora risolto, per cui un Partito liberale unito avrebbe avuto la sua ragion d'essere, facendo in modo che la fazione legalitaria avesse il sopravvento. Queste le parole di Giovannini: «Occorre che ci sia un Partito liberale forte, il quale sappia disciplinare queste forze (i fascisti n.d.a.) nel grande alveo della legalità affinché l'Italia abbia forza e salute».[34] Il fascismo era visto apertamente, da più parti, come una soluzione

33. Gli atti sono pubblicati nel cd-rom allegato a *Il Partito liberale nell'Italia repubblicana. Guida alle fonti archivistiche per la storia del Pli. Atti dei congressi e Consigli nazionali, Statuti del Pli, 1922-1992*, a cura di Giovanni Orsina, Soveria Mannelli, Rubbettino, 2004.

34. Il discorso di Giovannini è riportato da «il Resto del Carlino» del 10 ottobre 1922. Giovannini sostenne il governo Mussolini, eletto nel listone nel 1924, convinto soprattutto sui temi della restaurazione dello Stato e del liberismo economico. Passò all'opposizione dopo il congresso di Livorno e fece parte di quella pattuglia di liberali di opposizione che non partecipò all'Aventino capeggiati da Giolitti. Si veda Roberto Pertici, *Giovannini, Alberto*, in *Dizionario Biografico degli Italiani*, vol. 56, 2001.

inevitabile e necessaria per il ripristino della legalità. Giovanni Borelli definì a Bologna il fascismo come una «benefica ira di Dio»; Giuseppe Mazzini, in una intervista a «il Resto del Carlino» a fine congresso sosteneva che il fascismo aveva «salvato l'Italia» e un delegato di Ancona (tale Fiorelli), dichiarava che il fascismo non poteva rientrare nella legalità se non andando al potere, con l'esaurimento del fascismo si sarebbe arrivati al trionfo delle idee liberali.[35] Altra illuminante testimonianza è quella di Quintino Piras, piemontese e segretario organizzativo del primo PLI, che in un opuscolo del 1926 scriveva: «la marcia su Roma fu spiritualmente combattuta da noi (i liberali), attraverso il martirio del '19 e del '20 e del '21 nelle piazze e nelle vie d'Italia, col congresso di Bologna che voleva dire soprattutto rinnovamento della nostra vita politica parlamentare, restaurazione dell'imperio della legge e dell'autorità dello stato».[36] Tuttavia gli esiti del congresso disattesero le intenzioni unitarie degli organizzatori: «Il Giornale d'Italia» salutava con favore la decisa collocazione a destra del neonato Pli, che era «nelle speranze di coloro che in questi anni avevano assistito alle degenerazioni del liberalismo parlamentare, imbastardito da una democrazia che aveva tuttavia ceduto alla demagogia», inoltre il giornale di Bergamini puntava ora a un accordo per una riforma elettorale con i partiti affini, per il superamento della proporzionale pura. Il più critico di tutti rimaneva «il Resto del Carlino», che metteva in evidenza come la corsa a destra stesse vanificando gli sforzi unitari che pure erano stati premiati nelle ultime competizioni elettorali. Così si leggeva nel numero del 10 ottobre, in riferimento al caso specifico da noi preso in esame, riguardo le componenti liberali-democratiche di orientamento giolittiano:

> Nel solo Piemonte esiste da anni, e ha sopravvissuto a tutte le tempeste, una organizzazione liberale che ha permesso anche recentemente alle liste costituzionali politiche e amministrative una prevalenza schiacciante sopra tutte le altre. Ebbene, con una leggerezza che non sappiamo giustificare, sopra una questione puramente nominalistica, il congresso non solo ha permesso, ma ha in tutti i modi favorito la secessione di queste forze.[37]

Non a caso «La Tribuna» metteva in evidenza che il congresso, invece di unire le varie tendenze, le aveva divise.

35. *Ibidem.*
36. Quintino Piras, *Battaglie liberali*, Novara, Tipografia Gaddi, 1926, p. 11
37. «Il Resto del Carlino», 10 ottobre 1922.

Da questo momento, lo slittamento di gran parte del liberalismo piemontese in direzione del fascismo sarà sempre più marcato. Alla fine, le liste "aggregate", i "blocchi d'ordine" erano stati dei cavalli di Troia: da essi si registrò una trasmigrazione molecolare verso il fascismo di uomini che avevano le loro radici politiche in un passato liberale, ma che la Grande guerra e le vicende immediatamente successive avevano fatto approdare a nuove posizioni. Rimanendo al caso di Cuneo, si possono fare alcuni esempi significativi: l'avv. Guido Viale, deputato provinciale e non eletto alle politiche del 1921, succederà a Giolitti come presidente e poi rettore della provincia di Cuneo e sarà deputato al Parlamento dal 1924 al 1939. Giovanni Battista Imberti aveva "utilizzato" il Partito popolare per il traghettamento dal liberalismo al fascismo, presentandosi nel 1924 nel listone con quella componente di cattolici di destra che confluì nel regime: fu podestà di Cuneo dal 1927 al 1938. Lo stesso Tancredi Galimberti proverà simpatie per il fascismo, salvo disapprovarne i metodi violenti, lo stesso dicasi per Ezio Maria Gray per il collegio di Novara e altri ancora. A proposito del fallimento dei propositi di creazione di un partito liberale di massa e del *décalage* verso il fascismo, ci sembra pertinente quanto sosteneva Marcello Soleri proprio in riferimento al concitato periodo che portò alle elezioni del 1921, quando parlava del «pavido animo della borghesia italiana, agraria e industriale, che vide nella protezione dei pugnali e dei manganelli fascisti, anziché nella legge e nelle istituzioni, la difesa dei suoi interessi materiali».[38]

Il "caso" Soleri ci aiuta a sostenere però che la confluenza nel fascismo si registra in maniera più massiccia da parte di personalità provenienti prevalentemente dal fronte anti-giolittiano costituitosi tra guerra e dopoguerra. A partire da quegli anni, la folla che si radunava alla stazione ferroviaria di Cuneo tutte le volte che Giolitti arrivava in città andò riducendosi drasticamente. Pochi amici, pochi fedelissimi uomini politici, gli stessi che animeranno la piccola opposizione al fascismo in Parlamento, e soprattutto pochissimi giovani, che nella stragrande maggioranza erano ormai fatalmente attratti dal verbo fascista. La fine di un'epoca.

38. Marcello Soleri, *Memorie*, Ravenna, LibroAperto Editore, 2013, p. 122.

Elisabetta Caroppo

Le elezioni politiche del 1921 in Puglia. Notabilato e partiti di massa in Terra d'Otranto

Introduzione

All'interno del quadro più generale riguardante gli esiti delle elezioni politiche del 1921 in Puglia,[1] si pone attenzione, in questa sede, sul caso della Terra d'Otranto, un'antica provincia del Mezzogiorno d'Italia corrispondente alle attuali province di Lecce, Brindisi e Taranto (e quindi all'area territoriale indicata anche come Salento). Nello specifico, s'indaga sullo spazio geografico compreso nei confini territoriali del collegio elettorale di Lecce, che nel 1919 fu ampliato fino a includere tutta la provincia in questione, avendo inglobato i precedenti dieci collegi uninominali che comprendevano 136 comuni e 372 sezioni rientranti nei quattro circondari di Lecce, Brindisi, Taranto e Gallipoli.

Si tratta di un'area meritevole di attenzione sia per le diverse articolazioni che presenta nel rapporto città/campagna, sia perché consente di riflettere su importanti nodi sollevati dalla storiografia, primi tra tutti i tempi di scomparsa/persistenza del notabilato meridionale dopo l'introduzione del sistema proporzionale nel 1919; il rapporto effettivo di quest'ultimo con la crisi dello Stato liberale;[2] il peso nel Mezzogiorno dei combattenti

1. Si precisa che con questo nome s'intende la regione storica, ossia il compartimento dell'Italia meridionale così denominato nei rilevamenti statistici postunitari, che poi avrebbe costituito territorialmente la regione amministrativa.

2. Cfr. Gaetano Quagliariello, *Masse, organizzazione, manipolazione. Partiti e sistemi politici dopo il trauma della Grande guerra*, in *Il partito politico dalla grande guerra al fascismo. Crisi della rappresentanza e riforma dello Stato nell'età dei sistemi politici di massa (1918-1925)*, a cura di Fabio Grassi Orsini e Gaetano Quagliariello, Bologna, il Mulino, 1996, pp. 57-58 e anche Giovanni Sabbatucci, *La crisi del sistema politico liberale*,

dopo il 1919; non ultimo, i caratteri concreti rivestiti dai partiti di massa – Partito popolare italiano e Partito socialista italiano – nel passaggio dallo Stato liberale a quello fascista.

Sul fronte del notabilato meridionale, in effetti, se risulta ormai superata la sua esclusiva identificazione con le pratiche degenerative del clientelismo (nell'ambito della progressiva democratizzazione del sistema rappresentativo),[3] è stata ipotizzata già a suo tempo l'eccessiva enfasi attribuita al rinnovamento della deputazione nel primo Parlamento dopo la guerra, che invece sarebbe rimasta, per lo meno relativamente alla composizione dell'élite governativa della galassia liberale, pressoché invariata rispetto a quella dell'anteguerra.[4]

Quanto al nuovo sistema proporzionale, benché sia fuori discussione la sua capacità di troncare carriere politiche da tempo consolidate, è stata rimarcata l'opportunità di «guardare le cose un po' più da vicino»[5] tramite indagini territoriali e studi specifici condotti tanto sugli eletti quanto sugli esclusi, anche in considerazione del fatto che a essere sconfitta fu in realtà un'antica maggioranza contraria a una politica di riforme.[6]

Sul piano infine dei nuovi partiti di massa, se insufficienti risultano, in alcuni contesti, definizioni come quelle di massimalisti o riformisti, appare opportuno, sul versante del Partito popolare, fare maggiore luce, al di là del

ivi, pp. 255-256. Più di recente, *Le elezioni del 1919. Alle origini del sistema politico dell'Italia contemporanea*, a cura di Giovanni Schininà, Firenze, Le Monnier, 2021. A proposito della proporzionale come sostanziale disgregazione del meccanismo della mediazione politica incentrata sulla figura del notabile cfr. in particolare Giovanni Sabbatucci, *La crisi dello Stato liberale*, in *Storia d'Italia*, vol. 4, *Guerre e fascismo*, a cura di Giovanni Sabbatucci e Vittorio Vidotto, Roma-Bari, Laterza, 1998, p. 115, nonché Serge Noiret, *Campagne elettorali e sistemi elettorali nell'Italia liberale. 1900-1924*, in *Rappresentanza e governo alla svolta del nuovo secolo*, Atti del Convegno di Studi Firenze, 28-29 ottobre 2004, a cura di Sandro Rogari, Firenze, Firenze University Press, 2006, p. 67. Per una lettura diversa, per la quale il mutamento che si venne a creare nelle elezioni del 1919 fu più radicale nelle regioni dell'Italia settentrionale e centrale e meno nel Mezzogiorno per la permanenza dei tradizionali rapporti clientelari, cfr. invece Roberto Vivarelli, *Storia delle origini del fascismo. L'Italia dalla grande guerra alla marcia su Roma*, Bologna, il Mulino, 1991, vol. II, p. 164.

3. Ciò che induce, negli studi più recenti, a una lettura differenziale del fenomeno, considerato come una particolare forma di relazioni politiche a fronte di processi di cambiamento dalle traiettorie multiple. Cfr. per questo Daria De Donno, *Notabilato e carriere politiche tra Otto e Novecento. Un esempio di ascesa (Giuseppe Pellegrino, 1856-1931)*, Galatina (Le), Congedo, 2010, pp. 12-16.

4. Quagliariello, *Masse, organizzazione, manipolazione*, p. 63.

5. Vivarelli, *Storia delle origini del fascismo*, p. 165.

6. Ivi, pp. 165, 167, 173 e 188.

rapporto tra Sturzo e la Chiesa, sulle modalità attraverso le quali le strategie del partito convissero con una realtà materiale in cui assunsero un peso determinante le diverse espressioni della presenza cattolica sperimentate prima della guerra.[7]

Tutto questo spinge ad interpretare in maniera più puntuale gli snodi istituzionali intesi come veicolo della modernizzazione-mobilitazione socio-politica,[8] al fine di ricostruirne tempi e modalità reali con cui essa avvenne. In tal senso, riprendendo anche le suggestioni lanciate da Guido Formigoni, riteniamo possa risultare utile in questa sede ricorrere a un'analisi più attenta all'approccio prosopografico e all'approfondimento dei percorsi biografici dei protagonisti della lotta elettorale, compresi i loro programmi e le loro esperienze di governo locale, che molto possono dire al di là dei risultati numerici elettorali in senso stretto.[9]

1. *Violenza politica e fatti di sangue in Puglia nel primo dopoguerra. I risultati elettorali del 1921*

Com'è noto, la campagna elettorale dell'aprile-maggio del 1921 fu la più violenta di tutta la storia d'Italia. A poco tempo dalla guerra, la violen-

7. Quagliariello, *Masse, organizzazione, manipolazione*, p. 68. Una lacuna che anche in questo caso ha indotto a condurre analisi più articolate della capacità di strutturazione e penetrazione di questo partito nei diversi contesti territoriali, alla luce anche delle alleanze clerico-moderate che non vennero meno di fronte alle novità del partito, della discrasia che intercorse tra quest'ultimo e il popolarismo, infine dell'esperienza composita, eterogenea e a volte anche contraddittoria che caratterizzò il partito in questione. Cfr. per tutto questo Guido Formigoni, *Il ceto politico dei popolari: un'analisi del gruppo parlamentare*, in *Il partito politico dalla grande guerra al fascismo*, pp. 785-794 e soprattutto, per le nuove prospettive di analisi, i recenti volumi di *Alla scuola di Don Sturzo*, a cura di Lorenzo Coscarella e Paolo Palma, Cosenza, Pellegrini, 2021 (nello specifico, per la Puglia, il saggio di Daria De Donno, *Un partito senza leader. La difficile rappresentanza del Ppi in Puglia*, pp. 123-137) e *Il Partito popolare italiano nel Mezzogiorno. Alle origini della Dc come partito nazionale*, a cura di Roberto P. Violi, Milano, FrancoAngeli, 2021 (in particolare, sempre per la Puglia, il contributo di Vincenzo Robles, *Il "fragile" popolarismo pugliese da Murri a De Gasperi*, pp. 267-308).

8. Formigoni, *Il ceto politico dei popolari*, p. 786.

9. Ivi, p. 787. Cfr. anche, con specifico riferimento all'importanza dell'analisi dei percorsi biografici dei singoli uomini politici, Serge Noiret, *Le campagne elettorali dell'Italia liberale: dai comitati ai partiti*, in *Idee di rappresentanza e sistemi elettorali in Italia tra Otto e Novecento*, a cura di Pier Luigi Ballini, Venezia, Istituto Veneto di Scienze, Lettere ed Arti, 1997, pp. 393-394.

za diveniva ormai un dato essenziale della nuova competizione elettorale, trasformandosi – come poi sarebbe stato anche nel 1924 – «in una modalità ordinaria della competizione politica» e in «una misura dell'abilità della raccolta del consenso».[10] Il ricordo della guerra, anziché rappresentare uno strumento in grado di rafforzare i vincoli della comunità politica, s'incardinava in un sentimento di frustrazione tipico dei paesi che erano stati militarmente sconfitti, procurandone, già dal 1920, segnali indicativi che includevano accuse reciproche sulle responsabilità del tempo di guerra, affermazioni estremistiche, scontri fisici e così via.[11] Come già nel 1919, si assisteva a una «crescente drammatizzazione della propaganda elettorale» con una grave messa in discussione della classe dirigente sotto il profilo tanto dell'integrità quanto dell'autorevolezza, accompagnata dall'ossessiva ricerca di un nemico interno.[12]

In questo scenario, al ritorno dei vecchi sistemi giolittiani degli elettori del Centro-Sud si unì, nelle aree dell'insediamento del fascismo, l'intensificazione dell'opera delle squadre d'azione. A livello nazionale, fu confermata la geografia elettorale disegnata nelle consultazioni del 1919, nonostante il nuovo clima politico e le mutate condizioni di voto. Abbastanza trascurabile fu il rafforzamento delle forze costituzionali, che riuscirono ad avere successo sostanzialmente inglobando i 31 deputati fascisti,[13] mentre i socialisti ufficiali persero diversi seggi (ne ebbero 123 rispetto ai 156 del 1919) e i popolari migliorarono le loro posizioni (passando da 100 a 108 seggi).[14]

Per quanto riguarda la Puglia, rispetto alle elezioni politiche del 1919, quelle del 1921 presentarono una serie di novità, soprattutto per il clima di

10. Daniele Pasquinucci, *Linguaggi propagandistici e simbolismi politici nella mobilitazione del voto (1913-1924)*, in *Propaganda e comunicazione politica. Storia e trasformazioni nell'età contemporanea*, a cura di Maurizio Ridolfi, Milano, Mondadori, 2004, pp. 170-171 (le citazioni sono a p. 171).

11. Andrea Baravelli, *Il nemico nelle campagne elettorali italiane del primo dopoguerra*, in *Il nemico in politica. La delegittimazione dell'avversario nell'Europa contemporanea*, a cura di Fulvio Cammarano e Stefano Cavazza, Bologna, il Mulino, 2010, p. 113.

12. Marco Pignotti, *Tentazioni e processi delegittimanti nella campagna elettorale del 1919*, in *Le elezioni del 1919*, a cura di Giovanni Schininà, pp. 113-114.

13. Sabbatucci, *La crisi del sistema politico liberale*, pp. 131-132.

14. Ministero per l'Industria, il Commercio ed il Lavoro – Ufficio centrale di Statistica, *Statistica delle elezioni generali politiche per la XXV legislatura (16 novembre 1919)*, Roma, Stabilimento poligrafico per l'amministrazione della guerra, 1920, LVI e Ministero dell'economia nazionale, Direzione generale della statistica, *Statistica delle elezioni generali politiche per la XXVI legislatura (15 maggio 1921)*, Roma, S.A.I. Industrie grafiche, 1924, XLII.

intimidazioni e per i diversi fatti di sangue che si vennero a creare rendendo la campagna elettorale tra le più violente d'Italia.

Ciò fu ancor più vero nel barese e nel foggiano, dove violenze ed eventi sanguinosi assunsero una dimensione davvero feroce e all'insegna del più accentuato illegalismo, sull'onda del carovita, delle delusioni procurate principalmente dal decreto Visocchi e della mancata soluzione del problema del latifondo. E d'altra parte, sia il barese sia il foggiano rappresentavano delle zone in cui sin dalla fine dell'Ottocento si era avviata la trasformazione delle aziende agrarie in senso più compiutamente capitalistico, con la presenza di un bracciantato "puro" che aveva favorito la costruzione di importanti organizzazioni sindacali come le Leghe di resistenza e le Camere del lavoro.[15] Nel foggiano, poi, più spiccata rispetto ad altre zone della Puglia era stata la tendenza alla ruralizzazione, facendo sì che centri come Cerignola e San Severo acquisissero i caratteri dirompenti di città contadine, con migliaia di contadini in grado di mettere in crisi gli equilibri tradizionali attraverso la richiesta di servizi elementari di igiene, assistenza e abitazione, e una borghesia chiamata a governare queste spinte mediante risposte sul terreno produttivo.[16]

Di notevole gravità fu quanto accadde, in queste zone, dal maggio del 1919 a tutto il 1920, proprio contro quelle organizzazioni proletarie e contadine che nel frattempo erano andate sempre più costituendosi. Iniziò a diffondersi, cioè, quel movimento dei Fasci d'ordine o dei Fasci di combattimento in cui era confluita quella borghesia agraria e urbana pugliese – sempre meno liberale e sempre più simpatizzante di Mussolini – che richiedeva un intervento dello Stato sia per la tutela della proprietà minacciata dalle lotte sociali sia per il rilancio dell'economia locale.[17]

15. Basti pensare, per esempio, alla costituzione, a Bari, nel 1893, della Federazione socialista pugliese, coerente col programma del Partito dei lavoratori italiano votato a Genova nel 1892, o alla nascita, a Trani (tra il barese e il foggiano), nel 1904, della Federazione regionale pugliese dei lavoratori della terra. Cfr. per tutto questo, *Il movimento socialista e popolare in Puglia dalle origini alla Costituzione. 1874-1946. Storia fotografico-documentaria*, a cura di Gianni C. Donno, Bari, Tipografia Mare, 1985, vol. II, soprattutto p. 90 e Nicola Antonacci, *Ceti dirigenti e lotte di classe dall'età liberale all'avvento del fascismo*, in *Storia della Puglia. Il Novecento*, a cura di Angelo Massafra e Biagio Salvemini, Roma-Bari, Laterza, 1999, vol. 5, p. 41.

16. Anna Lucia Denitto, *Alle origini della Puglia contemporanea: la crisi agraria del 1887*, in *Storia della Puglia. Il Novecento*, p. 20.

17. Antonacci, *Ceti dirigenti e lotte di classe*, pp. 54-55.

Questo movimento, in Puglia, non era solo la diretta filiazione dei Fasci d'ordine organizzati dagli agrari, ma raccoglieva anche l'insoddisfazione di piccoli proprietari e contadini reduci di guerra delusi dalla scarsa incisività dell'Associazione nazionale combattenti e contrari all'azione rigidamente classista del bracciantato socialista. Con una serie di intellettuali progressisti che avevano guardato con favore alla guerra, esso sosteneva la prospettiva di una modernizzazione dall'alto della società pugliese, da realizzare attraverso una politica di opere pubbliche e di interventi statali guidati da una borghesia urbana convinta anch'essa che la grande ricchezza della provincia dovesse essere costituita dall'agricoltura e dalle innovazioni della grande azienda capitalistica, prima tra tutte la bonifica integrale.[18] Per cui, i Fasci di combattimento presentavano una proposta più avanzata di quella dei liberali, in quanto garantiva alla difesa della proprietà e della produzione una base di massa prospettando un raccordo più diretto tra il centro e la periferia, che superava l'ottica regionalista e si avvaleva in particolare dell'azione di enti statali controllati localmente. Tra questi, come vedremo, rientrava l'Acquedotto pugliese.

In questo quadro, dal gennaio del 1921 si scatenò compatta sia in Terra di Bari sia in Capitanata l'offensiva fascista, nella quale rientrarono tra l'altro l'assalto alla Camera del lavoro di Bari dopo il congresso bracciantile del 23 gennaio, l'incendio della Camera del lavoro di Minervino, appiccato per vendicarsi del ferimento di uno squadrista, e l'assalto del circolo comunista e della cooperativa di consumo a Canosa.[19]

Gravissimi per violenza furono i fatti che si verificarono a Cerignola tra il febbraio e il marzo del 1921, quando il paese fu conquistato dai fascisti capeggiati da Giuseppe Caradonna, avvocato e vice-pretore onorario proprio a Cerignola, interventista e mutilato di guerra, membro del Comitato centrale degli stessi Fasci e presto eletto nel 1921.[20] Fu proprio

18. Ivi, p. 56. Sul rapporto con l'agricoltura anche delle élites urbane di Capitanata cfr. Leandra D'Antone, *Un problema nazionale: il Tavoliere*, in *Storia d'Italia. Le regioni dall'Unità a oggi. La Puglia*, a cura di Luigi Masella e Biagio Salvemini, Torino, Einaudi, 1989, p. 467.

19. Michele Magno, *Il movimento proletario pugliese nel primo trentennio di vita e le sue peculiarità nel Mezzogiorno*, in *Il movimento socialista e popolare in Puglia dalle origini alla Costituzione. 1875-1946*, a cura di Fabio Grassi e Gianni C. Donno, Bari, Caracciolo, 1985, vol. I, pp. 149-150.

20. Araldo di Crollalanza, *Giuseppe Caradonna*, in «A noi! Organo settimanale di un gruppo di Fasci pugliesi di combattimento», 1, f. 6, 5 giugno 1921, e s.f., *Gli uomini del*

lui a mettersi a capo di una serie di fascisti alla conquista del paese, che avvenne con l'appoggio palese e concertato della forza pubblica, e con vittime e ferimenti vari, compresi diversi arresti tra cui quelli del sindaco socialista Salminci, di quasi tutti i consiglieri comunali e del dirigente delle organizzazioni contadine Giuseppe Di Vittorio. A ciò si aggiunsero, nel maggio dello stesso anno, nove vittime per mano ancora una volta dei fascisti guidati da Caradonna, oltre a numerosi episodi di intimidazione e violazione. Episodi brutali e di accesa violenza si verificarono anche in altre zone della Capitanata, come Ascoli Satriano – dove furono consegnate schede già preparate a favore del Blocco nazionale –, Ortanova – paese in cui l'amministrazione socialista fu costretta a proclamare l'astensione elettorale piuttosto che far massacrare le masse –, Apricena, Trinitapoli, Sansevero e San Nicandro Garganico.[21]

Dall'ondata di violenze e fatti di sangue – che tra l'altro videro a Noci, nel barese, l'uccisione di un fascista, Oronzo Loperfido –,[22] non fu esclusa neppure la Terra d'Otranto, anche se non con la stessa portata di quanto era accaduto in altre zone delle Puglie, e questo soprattutto perché nel Salento prevaleva la piccola proprietà e più deboli erano le leghe contadine.[23] Ad ogni modo, il clima di violenza diffusa contraddistinse anche qui diversi comuni, come per esempio Taviano e Melissano, procurando il ferimento di alcuni dirigenti leghisti nel primo caso e la devastazione della sede comunale nel secondo. Altri episodi si registrarono anche a Tuglie il 12 maggio, con l'invasione da parte dei fascisti della sede del municipio, le dimissioni del sindaco, il socialista Giuseppe Chetta, e la distruzione, agli inizi del giugno successivo, della sede della Lega dei contadini.[24] Incidenti e episodi violenti non mancarono neppure a Ugento e in quei comuni in cui erano più forti le organizzazioni socialiste come per esempio a Taranto, dove furono assaltate dai fascisti la sezione comunista e la Camera

giorno, in «Giornale delle Puglie: quotidiano di politica agricoltura industria commercio e finanza», 3, f. 116, 19 maggio 1921.

21. Simona Colarizi, *Dopoguerra e fascismo in Puglia. 1919/1926*, Roma-Bari, Laterza, 1977, pp. 94-103 e 108. Cfr. anche «Giornale delle Puglie: quotidiano di politica agricoltura industria commercio e finanza», 3, f. 114, 17 maggio 1921.

22. S.f., *I funerali del fascista Loperfido*, in «A noi! Organo settimanale di un gruppo di Fasci pugliesi di combattimento», 1, f. 4, 22 maggio 1921.

23. Antonacci, *Ceti dirigenti e lotte di classe*, p. 42.

24. Salvatore Coppola, *Fascismo e stampa nel Salento: il caso de L'Ordine e de La Provincia di Lecce (19121-1926)*, in «L'Idomeneo», 33 (2022), pp. 79-80.

del lavoro, con l'assassinio, nell'aprile del 1921, di un operaio. Per non parlare poi di quanto avvenne, sempre a Taranto, il 12 maggio, quando fu ucciso un diciottenne legionario fiumano, poco prima dell'inaugurazione della sezione fascista che si sarebbe dovuta tenere nel vicino comune di Crispiano.[25] Disordini e scontri fisici si registrarono infine anche dopo le elezioni, come a Castellaneta, nel tarantino, dove gli scontri coinvolsero non solo socialisti e sostenitori della lista ministeriale, ma anche diversi contadini e carabinieri; oppure a Ostuni, nel brindisino, e a Squinzano, nei pressi di Lecce, ove il Consiglio comunale fu costretto a richiedere rinforzi per riuscire ad affrontare la grave situazione che si era venuta a creare.[26]

Sul piano dei risultati elettorali, in generale, in tutti i collegi pugliesi, come già era accaduto nel 1919, nel 1921 fu netta la vittoria dei blocchi nazionali, col 50,84% in quello di Bari-Foggia e il 52,53% in quello di Lecce.[27] Scomparvero poi del tutto, rispetto al 1919, i combattenti, i quali andarono ad affiancare i fascisti o si unirono ai socialisti riformisti o ai democratici.

A uno sguardo complessivo – come riportava la stampa locale – molto confusi apparivano gli orientamenti politici, con partiti ancora in formazione che rendevano impossibile «comprendere sino a qual punto i contrasti delle idee genera[va]no contrasti di *realtà* politiche»; né chiaro si profilava il contributo che in Puglia avrebbero dato le forze fasciste, «che pure si [erano] amalgamate in un Blocco di contrastanti volontà».[28]

Nel collegio di Bari-Foggia – che ora accorpava in un unico collegio le due province di Bari e di Foggia –, furono presentate sette liste, ovvero quella dei socialisti ufficiali (con falce, martello e libro); quella dei repubblicani (campana), quella dei comunisti (martello e falce entro corona di spighe), quella degli indipendenti costituzionali (bandiera nazionale);

25. S.f., *Il tragico conflitto di Taranto. Un fascista ucciso. I funerali. La morte di un bambino*, in «La Provincia di Lecce», 27, f. 18, 15 maggio 1921. Cfr. anche Colarizi, *Dopoguerra e fascismo in Puglia*, p. 109.

26. Archivio di Stato di Lecce, *Prefettura – Gabinetto*, cat. 28, *Ordine pubblico*, b. 276, f. 3108, 3127 e 3135, 1921.

27. Ministero dell'economia nazionale, *Statistica delle elezioni generali politiche per la XXVI legislatura*, pp. 20-24 e 84-86. Gli stessi blocchi nazionali erano nettamente prevalsi anche nelle amministrative del 1920, con un totale di quasi il 70% contro il 30% circa dei due partiti di massa. Cfr. *Il movimento socialista e popolare in Puglia*, p. 151.

28. S.f., *Nella IV Circoscrizione. Nuove proteste e nuove speranze ed illusioni. Qualche verità*, in «Giornale delle Puglie: quotidiano di politica agricoltura industria commercio e finanza», 3, f. 120, 24 maggio 1921.

quella dei popolari (scudo crociato col motto Libertas); quella del Blocco nazionale (spiga di grano, ramo d'olivo e grappolo d'uva intrecciati); quella infine dei socialisti riformisti (faro).[29] Il blocco ottenne undici deputati, di cui quattro fascisti-combattenti, tra i quali lo stesso Caradonna. Ai fascisti combattenti andò non solo il sostegno di intellettuali progressisti favorevoli alla prospettiva di una modernizzazione dall'alto della società pugliese attraverso opere pubbliche e interventi statali, ma anche l'appoggio di piccoli proprietari e di contadini reduci delusi dalla scarsa incisività dell'Associazione nazionale combattenti e contrari all'azione classista del bracciantato socialista. Comunque, il maggiore suffragato fu Antonio Salandra (con 40.077 voti di preferenza contro i 23.520 di Caradonna), i fascisti non presentarono alcun simbolo proprio e si schierarono dietro i liberali. Progredirono anche i socialisti ufficiali, che ottennero cinque deputati, tra cui lo stesso Di Vittorio e Giuseppe Di Vagno, che poi sarebbe stato ucciso dai fascisti ad Andria, tra le poche roccaforti socialiste ancora rimaste. Furono eletti infine un solo popolare e un indipendente costituzionale. Uno dei grandi assenti, rispetto al 1919, fu Gaetano Salvemini, che aveva ritirato la sua candidatura per evitare una ulteriore disgregazione del fronte socialista, già colpito dalla scissione comunista e dall'intensificazione delle azioni fasciste contro le sedi socialiste.[30]

Per quanto concerne nello specifico la provincia di Terra d'Otranto, nel 1921 furono presentate cinque liste, e cioè quella degli indipendenti (spiga di grano); quella del blocco liberale democratico (contrassegnata da un'ancora, che simboleggiava la salvezza della nazione); quella dei comunisti (martello e falce entro corona di spighe); quella dei socialisti ufficiali (falce, martello e libro); quella dei popolari (scudo crociato col motto «Libertas»). Non si ricandidava il radicale Antonio De Viti de Marco, come Salvemini contrario alla politica di Giolitti. Anche qui, come abbiamo anticipato, prevalse il blocco, che già aveva trionfato nel 1919 e che ora era composto da liberali, democratici, radicali, nazionalisti e combattenti. Esso restò largamente maggioritario e ottenne in Terra d'Otranto la percentuale più alta rispetto alla Terra di Bari e alla Capitanata. Inoltre, furono eletti due deputati dell'opposizione, gli indipendenti Giuseppe Grassi e Antonio

29. Ministero dell'economia nazionale, *Statistica delle elezioni generali politiche per la XXVI legislatura*, pp. 20-24.

30. Luigi Masella, *Tra corporativismi e modernizzazione. Le classi dirigenti pugliesi nella crisi dello Stato liberale*, Lecce, Milella, 1983, p. 189.

Vallone, mentre i socialisti ufficiali mantennero la propria forza elettorale intorno al 7% (esattamente il 7,0% nel 1919 e il 7,6% nel 1921) e guadagnarono un deputato, Felice Assennato. Quanto ai popolari, raggiunsero il 13,44% (dal 7,7% del 1919) ed ebbero un deputato, Antonio Donato Tommasi. Nessun eletto ottennero invece i comunisti, pur presentando figure tipiche del socialismo avanzato come Edoardo Sangiorgio, Giuseppe Prampolini ed Edoardo Voccoli.[31]

Sul fronte infine della geografia del voto, i dati disaggregati per comune a nostra disposizione, pubblicati dal giornale salentino «La Provincia di Lecce» a pochi giorni dalle elezioni, attestano che l'Unione prevalse un po' ovunque, mentre i socialisti riscossero la meglio nei centri di Gallipoli, Brindisi e Taranto, città quest'ultima interessata anche da un elevato consenso ai comunisti. Quanto ai popolari, ottennero buoni risultati a Lecce e soprattutto in alcune aree rurali del brindisino e della parte occidentale del gallipolino.[32]

2. *La vittoria del blocco in Terra d'Otranto. Notabili e liberali tra perstenze e spinte alla modernizzazione*

Se focalizziamo l'attenzione sugli eletti del blocco nell'area di nostro interesse, emerge la comune appartenenza di tutti i deputati all'antico notabilato salentino: un notabilato, cioè, composto in gran parte da professionisti e avvocati e da figure di indubbio prestigio, che erano state protagoniste della lotta elettorale nel 1913 e ancor prima, rivestendo un ruolo di successo anche nelle elezioni del 1919.[33] Ci riferiamo, più esattamente, agli eletti del 1921 Carlo Fumarola, Paolo Tamborino, Giuseppe Pellegrino (tutti giolittiani), Francesco Troilo e Alfredo Codacci Pisanelli (ex sonniniano avvicinatosi ora a Antonio Salandra) e anche ai non eletti Pietro Chimienti (ex ministro della Pubblica istruzione durante il governo Nitti e ora passato a Giolitti), Antonio Ippazio Dell'Abate (simpatizzante del rinnovamento combattenti),[34] Gabriello Quarta e Raffaele Flascassovit-

31. Ministero dell'economia nazionale, *Statistica delle elezioni generali politiche per la XXVI legislatura*, pp. 84-86. Cfr. anche Antonio Fino, *Riflessioni per una storia del P.P.I. in Terra d'Otranto*, in «Sociologia» (1987), p. 228.

32. Cfr. s.f., *Le elezioni in provincia, in* «La Provincia di Lecce», 27, f. 19, 22 maggio 1921.

33. Come emerge dal confronto nominativo di tutti i canditati per Terra d'Otranto alle elezioni politiche che si tennero dai primi del Novecento al 1921.

34. Non poco significativo ci sembra il fatto che Dell'Abate avesse chiesto, subito dopo il 1919, di far parte del gruppo dei fondatori del rinnovamento dei combattenti nella

ti. Gli stessi Giuseppe Grassi e Antonio Vallone (della lista indipendente) erano figure della "vecchia guardia", Grassi già eletto nel 1913 e nel 1919 e Vallone più volte deputato in passato, sconfitto nel 1913 ma rieletto nel 1919.[35] Pressoché tutti i candidati dell'Unione, inoltre, avevano fatto esperienze di governo locali – Fumarola e Pellegrino, ad esempio, erano stati sindaci di Lecce mentre Troilo di Taranto –, mostrandosi sempre sensibili alle istanze di rinnovamento locali anche attraverso la messa a frutto di saperi e nuove tecnologie.[36]

Al di là dell'appartenenza alla "vecchia guardia" e del loro probabile ricorso a certe insuperate logiche di tipo clientelare nella ricerca del consenso politico ed elettorale, in effetti, erano figure che mostravano una certa apertura, rendendosi in vario modo protagonisti di istanze di modernizzazione. Ne era prova, intanto, come già era avvenuto nel 1919, la scelta di spostarsi al di fuori del proprio comune di appartenenza per condurre la competizione elettorale, percorrendo affannosamente – è quanto riportava un giornale del tempo – «la provincia per lungo e per largo, tenendo comizi ed arringando le folle» nelle piazze.[37] Ma soprattutto, ne erano prova i contenuti dei programmi elettorali del 1921, i quali vertevano sulla necessità di riforme mercantili, burocratiche, tributarie, dell'istruzione pubblica e sullo sviluppo delle opere pubbliche (*in primis*, delle ferrovie, dell'illuminazione elettrica, delle bonifiche e del risanamento dei porti e delle acque).[38] E d'altra parte, nuovi mezzi di trasporto e nuove tecniche di propaganda supplivano ormai alla sola stampa di partito, al tradizionale manifesto o al comizio pubblico, rivoluzionando per molti aspetti, grazie

direzione di un vero e proprio partito di massa; prospettiva che tra l'altro non escludeva il recupero anche di forze e classi politiche radicali e riformiste, ma che poi non si concretizzò spingendo a trasmigrare sotto altre bandiere. Cfr. Quagliariello, *Percorsi e strategie*, pp. 716 e 729-740.

35. Ministero per l'Industria, il Commercio ed il Lavoro, *Statistica delle elezioni generali politiche per la XXV legislatura*, pp. 63-64.

36. S.f., *La lotta elettorale e politica*, in «L'Ora nuova», 3, f. 18, 5 maggio 1921 e f. 19, 11 maggio 1921. Tant'è vero, nel caso di Troilo, che durante e dopo la guerra divenne il portavoce delle istanze di autonomia della città dal capoluogo salentino. Cfr. Luigi Masella, *La difficile costruzione di un'identità (1880-1980)*, in *Storia d'Italia. Le regioni dall'Unità a oggi. La Puglia*, a cura di Luigi Masella e Biagio Salvemini, Torino, Einaudi, 1989, p. 342.

37. S.f., *La lotta in provincia di Lecce in prossimità delle urne*, in «Giornale delle Puglie: quotidiano di politica agricoltura industria commercio e finanza», 3, f. 111, 15 maggio 1921.

38. Cfr. per questo, soprattutto, s.f., *Il grande Comizio delle forze liberali*, in «Corriere meridionale», 32, f. supplemento al n. 15, 7 maggio 1921 e s.f., *La lotta elettorale e politica*, ivi.

all'uso del mezzo meccanico, le caratteristiche delle campagne elettorali.[39] Quanto in particolare alla Puglia, essa, come ha mostrato Luigi Masella, dopo la guerra era stata investita da una serie di fattori dinamici, che si riconnettevano al processo di espansione del capitalismo nazionale, con nuovi quadri di rapporti sociali non riconducibili esclusivamente al dominio della rendita agraria. Sicché, i ceti dirigenti erano chiamati a fornire nuove risposte, sia sul piano della nuova protezione doganale, sia attraverso «una diffusa progettualità di rifondazione corporativa dei rapporti produttivi», che superava le logiche privatistiche per competere sul mercato internazionale.[40]

In questa prospettiva, non a caso, si era mosso, per quanto riguarda la Terra d'Otranto, Giuseppe Pellegrino, che dal 1919 aveva accentuato la sua attenzione verso i problemi del territorio, proponendo tra l'altro l'intensificazione dei rapporti commerciali con i Balcani e interventi nel campo del lavoro, dell'istruzione, della frantumazione del latifondo e così via;[41] e sempre in questa prospettiva si erano collocati anche Fumarola, Troilo, Tamborino, Flascassovitti, che dopo la guerra avevano colto quel processo di modernizzazione che stava investendo le campagne meridionali, ponendo l'accento sulla riconsiderazione dei patti agrari e dei rapporti di lavoro, sullo sviluppo dell'istruzione popolare e sulle ferrovie, sulle bonifiche e sul completamento dello stesso Acquedotto pugliese.[42] Finanche Chimienti (non eletto, ma ampiamente suffragato) aveva compreso la necessità di riforme a favore non solo dei ceti rurali ma anche del proletariato e del potenziamento delle infrastrutture portuali e ferroviarie ritenute base del rilancio economico agricolo dell'intera area ionico-salentina.[43]

Come si vede, si trattava di notabili particolarmente sensibili alle idee progressiste: idee che, profondamente intrise di un «liberalismo

39. Serge Noiret, *L'organizzazione del voto prima e dopo la Grande guerra (1913-1924)*, in *Storia delle campagne elettorali in Italia*, a cura di Pier Luigi Ballini e Maurizio Ridolfi, Milano, Mondadori, 2002, p. 145.

40. Masella, *La difficile costruzione di un'identità*, p. 351.

41. De Donno, *Notabilato e carriere politiche*, pp. 198-209 e Maria Marcella Rizzo, *Ascesa e crisi del notabilato in Puglia*, in «Itinerari di ricerca storica», XXIX, 2 (2015), pp. 103-110.

42. Cfr. in particolare *La lotta elettorale e politica.*

43. Carmelo Giovanni Donno, *Classe operaia, sindacato e Partito socialista in Terra d'Otranto 1901-1915*, Lecce, Milella, 1981, pp. 254-255 e 270.

della concordia» in chiave anti-nittiana e per la salvezza della nazione – da cui il simbolo dell'ancora –, non risultavano estranee alle spinte che provenivano in tal senso dal dibattito internazionale, individuando nelle classi medie il fulcro necessario per garantire l'ordine liberale e la pace sociale.[44] Se ne faceva in particolare espressione Codacci Pisanelli (ex esponente della Destra storica ora vicino a Salandra), altro spirito riformistico che nella sua idea di cooperative di consumo, di commercio, di credito, di produzione e lavoro molto si dimostrava vicino a Luigi Luzzatti (di cui era stato sottosegretario al Ministero del tesoro), e dunque a un progetto di collaborazione tra classi e tra ceti medi urbani e rurali – condiviso appunto da Luzzatti – che molto risentiva della discussione internazionale riguardante tutela e funzioni delle classi medie urbane e rurali in chiave di stabilità sociale.[45]

Progetti di riforma e sensibilità progressiste contraddistinguevano anche i due deputati eletti della lista indipendente, i notabili Giuseppe Grassi e Antonio Vallone. Grassi era un giovane avvocato, professore di diritto costituzionale, che già nel 1913 si era espresso per un liberalismo più progressista e popolare, che non escludeva l'attenzione ai problemi dei contadini con forme di tutela sociale.[46] Quanto a Vallone, ingegnere, laureatosi anche in fisica, repubblicano, massone e socialmente avanzato, egli si era reso protagonista a Galatina, suo centro natio, di numerosi incarichi a livello amministrativo, mostrandosi più volte vicino agli interessi del Mezzogiorno propugnando nuovi trattati di commercio ispirati ad una politica commerciale più liberale.[47]

In particolare, all'interno dei programmi di riforma dei notabili salentini che si candidarono nel 1921, grosso peso rivestiva la questione dell'ac-

44. Silex, *Nel cimento d'oggi è il risveglio di domani*, in «La Provincia di Lecce», 27, f. 18, 15 maggio 1921.

45. *Il grande Comizio delle forze liberali.* E d'altra parte, proprio queste classi erano state al centro del dibattito maturato anche negli ambienti dell'Istituto internazionale per le classi medi urbane e rurali in chiave di ordine e stabilità sociali, sulla base di valori di riferimento e caratteristiche intrinseche che – come si riteneva – avrebbero scongiurato la disintegrazione sociale. Cfr. per questo Elisabetta Caroppo, *Per la pace sociale. L'Istituto internazionale per le classi medie nel Primo Novecento*, Galatina (Le), Congedo, 2013.

46. Fabio Grassi, *Il tramonto dell'età giolittiana nel Salento*, Roma-Bari, Laterza, 1973, p. 166.

47. Michele Romano, *Antonio Vallone (1858-1925): un deputato meridionale nell'Italia liberale. La politica, gli «amici», i «nemici» e i «clienti»*, in «Itinerari di ricerca storica», XII-XIV (1998-2000), pp. 145-196.

qua, in una Puglia che ne era molto povera e che presentava, ancora agli inizi del Novecento, gravi ritardi e contraddizioni nella realizzazione dei progetti per l'approvvigionamento idrico. Fu per questo, evidentemente, se da più parti si individuò proprio nell'Acquedotto pugliese – divenuto ente autonomo nello stesso 1919 – il motore dello sviluppo regionale, grazie ai nuovi e più ampi compiti che era chiamato a gestire nell'ambito della costruzione delle fognature, delle bonifiche e della trasformazione agraria, dell'irrigazione, della costruzione di case popolari e altro ancora.[48] E che proprio l'irrigazione rappresentasse anche per il Salento «il maggiore nostro problema» era venuto fuori anche in un articolo a firma di un funzionario del Ministero di agricoltura, industria e commercio e segretario della commissione reale per le irrigazioni, l'ingegnere Luigi Libertini, apparso sul «Corriere meridionale» nel maggio del 1921, nel quale Libertini si era soffermato sui vari progetti elaborati per dare alla Puglia «siticulosa acque di irrigazione» e forza motrice, considerata *chance* vincente per lo sviluppo industriale ed economico di tutta la regione.[49] Non è un caso, dunque, se più o meno tutti i candidati dell'Unione risultavano in qualche modo legati all'Acquedotto: Pellegrino, che tra il 1920 e il 1923 ne ricoprì la vicepresidenza e poi ancora la presidenza *ad interim*;[50] Fumarola, che vi entrò nel consiglio di amministrazione;[51] e Vallone, che dopo la propria sconfitta elettorale del 1913 e la sua rielezione nel 1919 aveva fatto dell'Acquedotto uno dei perni principali del suo lavoro parlamentare.[52] Lo stesso fascismo si sarebbe fatto carico del problema dell'irrigazione in Puglia insieme con quello della bonifica e della trasformazione agraria, nell'ambito di un più ampio progetto di modernizzazione dell'agricoltura e di risistemazione degli assetti urbani di cui proprio l'Acquedotto pugliese sarebbe divenuto, tra il 1923 e il 1932, il centro propulsore.[53]

48. Anna Lucia Denitto, *Acqua*, Napoli, Guida, 2011, pp. 46-47 e anche Luigi Masella, *Acquedotto Pugliese. Intervento pubblico e modernizzazione nel Mezzogiorno*, Milano, FrancoAngeli, 1995, p. 82.

49. Ing. L. Libertini, *Il maggiore nostro problema economico e le elezioni*, in «Corriere meridionale», 32, f. 16, 12 maggio 1921.

50. Daria De Donno, *Strategie del consenso tra Otto e Novecento. La travagliata ascesa di un notabile meridionale (Giuseppe Pellegrino, 1856-1931)*, in «Itinerari di ricerca storica», XX-XXI (2006-2007), II tomo, p. 751, nonché Id., *Notabilato e carriere politiche*, in particolare p. 209.

51. Ivi, p. 211.

52. Romano, *Antonio Vallone (1858-1925)*, pp. 192-193.

53. Denitto, *Acqua*, pp. 49-51.

Se questi erano, quindi, gli elementi comuni ai diversi candidati dell'Unione, un altro tratto emergeva a proposito delle loro simpatie nei confronti del combattentismo filofascista: un combattentismo che aveva visto crescere in maniera esponenziale tra l'aprile e il maggio del 1921 – per lo meno stando ai dati riportati da Renzo De Felice – il numero delle adesioni ai Fasci di combattimento, anche sulla scorta di quel processo di impoverimento e di frantumazione sociale che, dopo la guerra, aveva investito i ceti medi (impiegati, piccoli professionisti, commercianti, artigiani) spingendoli a organizzarsi in vario modo.[54]

Significativo, in tal senso, era il caso del primo eletto dell'Unione, il leccese Giovanni Calò, laureatosi a soli 21 anni e professore ordinario di pedagogia presso il Regio istituto di studi superiori di Firenze, uomo di alta cultura favorevole alla riforma della scuola in quanto ritenuta funzionale al progresso e alla ricostruzione nazionale; ma soprattutto combattente, che dal nittismo era approdato all'Unione per salvare la patria (così come si era fatto entrando in guerra), e per una salvezza che si legava alla difesa della civiltà tramandata dal mondo romano.[55] Lo stesso Giuseppe Pellegrino, interventista e già molto attivo durante la guerra con iniziative pro-combattenti, avrebbe da lì a poco aderito al fascismo, apprezzandone l'opera di restaurazione dello Stato e sperando nella nomina a senatore.[56]

3. *Popolari e socialisti nel Salento*

Spostando lo sguardo sul Partito popolare, già nel 1919, com'è stato mostrato di recente, esso si era rivelato un partito a tradizione elettorale e parlamentare prevalentemente settentrionale; rispetto poi al Mezzogiorno, in più zone si era distaccato dal modello del partito programmatico sturziano, che invece si era posto su posizioni d'intransigenza elettorale e di dife-

54. Renzo De Felice, *Mussolini il fascista*, vol. I: *La conquista del potere 1921-1925*, Torino, Einaudi, 2022, vol. I, pp. 8-9.

55. *Il grande Comizio delle forze liberali*, e s.f., *I nostri candidati*, in «La voce del popolo», 38, f. 21, 14 maggio 1921.

56. Sino all'iscrizione nelle file del Partito nazionale fascista nel 1924 e al sostegno alla lista nazional-fascista nelle elezioni di quell'anno. Cfr. De Donno, *Notabilato e carriere politiche*, pp. 220-221 e 223 e Id., *L'emarginazione della classe dirigente liberale. Il fascismo a Lecce nel carteggio Pellegrino-Starace (1923-1931)*, in «L'Idomeneo», 33 (2022), pp. 24-25 e 27.

sa del sistema proporzionale.[57] Giunto dunque all'appuntamento del 1921, se a livello nazionale esso aveva visto crescere il numero dei consensi, nel Sud d'Italia registrava in realtà un saldo positivo solo in termini di voti (passati ora dai 250.745 del 1919 a 261.591) ma non di numero di eletti (che scendevano dai 24 delle politiche precedenti a 23),[58] con un successo elettorale vero e proprio che si riscontrava solo – sia nelle elezioni del 1919 sia in quelle del 1921 – su scala nazionale.

Per quanto attiene alla Terra d'Otranto, rispetto al 1919 – quando i popolari non avevano avuto alcun deputato –, nel 1921 essi riuscirono a ottenerne uno, come abbiamo detto Antonio Donato Tommasi, un avvocato e militare di carriera; ma la sua elezione, che fu peraltro contestata per accuse di brogli e con violente polemiche, apparve più come la vittoria di un ex combattente con immediate simpatie verso i Fasci di combattimento che non di un esponente del Partito popolare in sé, anche alla luce della sua esaltazione dei Fasci di combattimento come strumento di salvezza contro il nemico bolscevico.[59] Inoltre, solo due comuni risultarono a maggioranza popolare e si riconfermò, anche in questo caso, la tendenza a candidare uomini di antico prestigio, indipendentemente dalla conciliabilità delle loro idee con i programmi del partito, come nel caso di Eugenio Maresca di Ostuni, esponente della destra liberale e già deputato in precedenza, e soprattutto del nobile e grande proprietario Francesco Zaccaria Pesce, eletto tra l'altro alla provincia nel 1920 e tipico rappresentante dell'associazionismo liberale.[60]

In realtà, in Terra d'Otranto, più che di una vittoria del Partito popolare italiano si trattò di un successo di un certo popolarismo più vicino all'attività "sociale" di alcuni vescovi che non alle direttive propriamente sturziane. Del resto quest'area, ma un po' tutta la Puglia, era una delle zone che aveva conosciuto i più bassi livelli di penetrazione del partito di Sturzo,[61] il cui stesso comitato provinciale era stato travagliato da continue crisi interne che

57. *Il Partito popolare italiano nel Mezzogiorno*, p. 19.

58. Pierluigi Totaro, *Il voto politico*, in *Il Partito popolare italiano nel Mezzogiorno*, pp. 350 e 360.

59. Fino, *Riflessioni per una storia del P.P.I*, p. 228.

60. Maria Marcella Rizzo, *L'élite politica: dal Municipio al Parlamento*, in *Storia di Lecce. Dall'Unità al secondo dopoguerra*, a cura di Id., Roma-Bari, Laterza, 1992, vol. III, pp. 83-84. Cfr. anche s.f., *La lotta in provincia di Lecce in prossimità delle urne*, in «Giornale delle Puglie: quotidiano di politica agricoltura industria commercio e finanza», 3, f. 111, 15 maggio 1921.

61. Grassi, *Il tramonto dell'età giolittiana*, pp. 43-48.

lo avevano pure portato a sciogliersi poco dopo la sua costituzione (per poi ricostituirsi nel 1920).[62] Tant'è vero – com'è stato rimarcato anche ultimamente – che la maggior parte dei cattolici pugliesi intese il Partito popolare come un partito di sostegno ai partiti liberali, e dunque come un mezzo che facilitasse accordi politici ed elettorali con le forze liberali.[63]

Per ciò che concerne più nello specifico il Salento, qui la stessa Opera dei congressi era penetrata con grosse difficoltà, non ultimo per la resistenza del clero, l'indifferenza del laicato, la prevalente mentalità da confraternita più che di azione cattolica.[64] Era infatti stentata a maturare una coesione di intenti che aveva spinto i cattolici locali ad avvicinarsi all'alleanza liberale, mancando – secondo Ornella Confessore – quel salto di qualità che avrebbe reso possibile una diversa prospettiva politica; e questo un po' perché la tradizione cattolica aveva sempre guardato a una società di proprietari (magari medi e piccoli), un po' anche perché la lotta di classe trovava l'elettorato cattolico locale impreparato. Non fu un caso evidentemente se di fronte agli scontri tra fascisti e socialisti che si verificavano anche nel Salento – il riferimento è a centri come Nardò, Brindisi e Parabita – i cattolici locali si fossero portati a radicalizzare il conflitto in funzione anti-proletaria, respingendo tra l'altro a Lecce, con fatica, quelle tendenze favorevoli a presentare nelle amministrative liste concordate e allontanando i tentativi della corrente liberale democratica di attirare i popolari nella propria orbita.[65]

In questa situazione, la nascita del Partito popolare nel 1919 e la sua affermazione in Puglia non aveva fatto assumere ai cattolici organizzati alcun un ruolo autonomo, portandoli a rivestire nella vita pubblica una posizione subordinata rispetto ai gruppi liberali; né aveva stimolato alcun ricambio della classe politica in quanto spesso i membri del nuovo partito – laici o membri del clero che fossero – erano legati agli interessi degli agrari.[66]

È facile a questo punto comprendere come mai i popolari prevalsero solo in quei comuni in cui era attecchita un'iniziativa "sociale" del clero,

62. Fino, *Riflessioni per una storia del P.P.I.*, p. 220.

63. Robles, *Il "fragile" popolarismo pugliese da Murri a De Gasperi*, p. 291.

64. Antonio Cestaro, *Le campagne e il mondo cattolico. Linee di una ricerca*, in «Istituto Alcide Cervi», 1 (1979), pp. 383-384.

65. Ornella Confessore, *Chiesa e società*, in *Storia di Lecce*, pp. 244-253.

66. Ornella Confessore, *I giovani cattolici pugliesi di fronte al fascismo. La "Fiamma" dal 1924 al 1931*, in *Cultura, Religione e Società. Cattolici e liberali tra Otto e Novecento*, a cura di Anna Lucia Denitto, Galatina (Le), Congedo, 2001, p. 386.

come nel caso di Lecce e soprattutto di alcune aree rurali del brindisino e della parte occidentale del gallipolino segnate dalla presenza di una piccola e media proprietà a conduzione terriera e da colture intensive. A Lecce, in particolare, il successo dei popolari avvenne grazie all'azione del vescovo Gennaro Trama e alla fondazione, nel 1904, di una banca cooperativa, il Piccolo credito salentino, dove, non a caso, si era costituita la sezione del partito, preceduta nel marzo del 1919 dalla pubblicazione di un manifesto-programma per la costituzione della sezione nella città firmato prevalentemente da esponenti del mondo politico cittadino che avevano militato nelle associazioni liberali. Quanto alle aree rurali del brindisino e del gallipolino, l'esito positivo dei popolari si verificò per mezzo di numerose Unioni agricole e di organismi di credito capaci di fornire, in una realtà con croniche debolezze dell'apparato creditizio, un contributo rilevante.[67]

Se dunque complesse e articolate erano le dinamiche che investivano il mondo cattolico, non meno peculiari si rivelavano quelle che toccavano il mondo socialista.

Come riporta Pier Luigi Ballini, nel complesso, nel 1921, le liste dei socialisti guadagnarono nel Sud, e specialmente nei centri della Campania e della Puglia, dove socialisti (e comunisti) passarono dal 18% del 1919 al 20% delle politiche successive.[68] Di fatto, però, sul piano nazionale, al grande successo elettorale socialista del 1919 e al buon piazzamento ottenuto nelle elezioni amministrative del 1920 non era corrisposto un analogo sviluppo dell'influenza politica e sindacale socialista.[69] Né particolarmente incisivo si sarebbe rivelato quel leggero incremento di voti registrato tra il 1919 e il 1921, visto che socialisti e comunisti regredirono del 3,8% e addirittura del 7,7% nel Centro-Nord, dove erano più forti.[70]

In Terra d'Otranto, i socialisti ottennero anch'essi, come abbiamo detto, un deputato, Felice Assennato, che era stato tra i più attivi contributori allo sviluppo nel movimento bracciantile in Puglia; ma tale successo, per lo meno agli occhi di alcuni opinionisti del tempo, appariva più ascrivibile

67. Cfr. Confessore, *Chiesa e società*, pp. 244-253 e anche, per la fondazione del Ppi a Lecce, Rizzo, *L'élite politica: dal Municipio al Parlamento*, pp. 81-82.

68. Pier Luigi Ballini, *Le elezioni nella storia d'Italia dall'Unità al fascismo. Profilo storico-statistico*, Bologna, il Mulino, 1988, p. 95.

69. Renzo De Felice, *Mussolini e il fascismo. Mussolini il rivoluzionario 1883-1920*, Torino, Einaudi, 2022, vol. I, p. 608.

70. Ivi, p. 611.

all'incapacità del giovane e inesperto prefetto di Lecce di gestire le elezioni (a differenza invece di quanto era successo con il precedente prefetto nel 1919) che non a un'effettiva forza del partito, favorito solo da un mero gioco di numeri e dai «difettacci» di una legge «caina».[71]

In effetti, il socialismo aveva stentato a diffondersi nelle campagne salentine, i cui moti contadini, dal carattere spontaneo, avrebbero potuto comportare, per i locali leader del Partito socialista, preoccupanti eccessi; motivo per il quale l'attività del partito era rimasta sostanzialmente limitata alle città di Brindisi, Lecce e Taranto (pensando che solo una rivoluzione cittadina avrebbe potuto rompere l'equilibrio politico), andandosi a innestare su forme di radicalismo e di repubblicanesimo che risalivano alla tradizione mazziniana e garibaldina.[72] In tal senso, il nucleo più significativo era divenuto quello gallipolino, che si era raccolto, sin dalla fine degli anni Ottanta dell'Ottocento, attorno a figure come quelle di Emanuele Barba, Eugenio Rossi (entrambi superstiti garibaldini), Stanislao Senape De Pace e Niccolò Coppola, col "travaso" pressoché totale del gruppo democratico-radicale-operaio gallipolino nelle file del socialismo tra il 1899 e il 1901.[73]

La coesistenza inoltre del proletariato diffuso e del proletariato di fabbrica e la larga presenza di attività artigianali a carattere casalingo o stagionale non avevano determinato soltanto la sostanziale conservazione del tipico assetto sociale ed economico nelle campagne, ma anche la crescita di una fascia di salariati-bottegai-artigiani dispersa sul territorio e caratterizzata dalla stretta dipendenza personale dal datore di lavoro e dall'incapacità di essere autonoma protagonista nella dinamica sociale e politica.[74]

Per cui, in un contesto in cui appariva debole e ristretta la stessa filiazione internazionalista dei socialisti salentini – filiazione che si era ritrovata attorno alla figura di Antonio Bernardini Marzolla, letterato e zio di Vito Mario Stampacchia, tra i fondatori del Partito socialista in Puglia[75] – i caratteri propri del proletariato moderno erano rintracciabili

71. S.f., *Corriere cittadino. Dopo le elezioni*, in «Corriere meridionale», 32, f. 18, 26 maggio 1921.

72. Grassi, *Il tramonto dell'età giolittiana*, in particolare pp. 201-202.

73. Carmelo Giovanni Donno, *Socialisti nel Mezzogiorno. Vito Mario Stampacchia e le lotte politico-sociali in Puglia nell'età giolittiana*, Lecce, Milella, 1982, p. 52.

74. Adolfo Pepe, Introduzione a Carmelo Giovanni Donno, *Classe operaia, sindacato e Partito socialista in Terra d'Otranto 1901-1915*, Lecce, Milella, pp. 16 e 48-49.

75. Donno, *Socialisti nel Mezzogiorno*, p. 53.

solo in alcuni nuclei operai di fabbrica connessi alle fabbriche di botti di Gallipoli e di Brindisi e soprattutto all'arsenale e ai cantieri navali Tosi di Taranto.[76]

In questo clima, se a Brindisi si erano innescati importanti cambiamenti per la vocazione commerciale dello scalo portuale, i collegamenti marittimi garantiti già dagli anni Sessanta dell'Ottocento dalla Valigia delle Indie, il ruolo strategico-militare attribuito alla città dalla politica imperialistica dello Stato verso i Balcani e il Medioriente, Taranto era stata investita dalla fine dell'Ottocento da uno sviluppo demografico impetuoso e da una notevole concentrazione operaia con una maggiore omogeneità di classe. Qui, per l'appunto, la costruzione alla fine dell'Ottocento dell'arsenale militare e l'impianto nel 1914 dei cantieri navali Tosi avevano procurato processi di proletarizzazione di contadini dei comuni circostanti trasferitisi in città, favorendo altresì lo sviluppo di una classe operaia legata all'industria navale e meccanica e quello di una rappresentanza politica che avrebbe fatto i conti con le maggiori richieste di servizi, assistenza e istruzione di una città in espansione.[77]

Tutto questo aveva prodotto risvolti importanti sul piano della conflittualità sociale, e già agli inizi del Novecento si era verificata una serie di scioperi e agitazioni, anche per effetto, a Brindisi, della costituzione, nel 1904, della prima Camera del lavoro di Terra d'Otranto e, qualche anno dopo, dal 1911, dell'adesione unanime del gruppo socialista salentino alla linea sindacalista intransigente.[78] Quanto a Taranto, pur avendo conosciuto durante la guerra di Libia un notevole sviluppo industriale e demografico, la città presentava dopo il conflitto una situazione sociale fortemente intrisa di tensioni, anche per l'aumento vertiginoso dei prezzi e degli alloggi e del dilagare della disoccupazione.

Conclusioni

In sintesi, le elezioni del 1921 dimostrarono, per lo meno in Terra d'Otranto, il successo delle istanze combattentistico-fasciste – al di là del declino dell'Associazione nazionale combattenti come forza politica

76. Donno, *Classe operaia, sindacato e Partito socialista*, pp. 53-54.
77. Masella, *La difficile costruzione di una identità*, p. 310.
78. Donno, *Classe operaia, sindacato e Partito socialista*, pp. 107-108.

autonoma[79] – e una sostanziale capacità di persistenza di una buona fetta del "vecchio" notabilato locale in grado anche di vincere oltre il proprio comune di appartenenza. Di quel notabilato locale, più esattamente, che già in passato aveva assunto spirito riformistico e innovativo, capace ora di adattarsi ai cambiamenti in atto interpretando le nuove istanze di modernizzazione. In questa prospettiva, la stessa adesione di diversi notabili al fascismo ci appare più funzionale alla realizzazione di progetti innovativi che non espressione del declino di un vecchio gruppo politico in rapporto al nuovo corso politico.

Nel fascismo, difatti, si individuò la garanzia della soluzione del problema dell'irrigazione, della bonifica e della trasformazione agraria. Finanche Salandra – ora approcciatosi a Mussolini – si era sempre mostrato consapevole e pragmatico verso le aspettative del territorio manifestando peraltro, sin dagli anni '70, interesse verso l'evoluzione dello Stato moderno, i problemi della proprietà terriera, il funzionamento degli enti locali, il rinnovamento del partito conservatore e il ruolo delle classi medie.[80] Non fu un caso, evidentemente, se, convinto della necessità di proteggere lo Stato liberale dalle forze sovversive, aveva puntato al consolidamento di ogni forma di proprietà privata favorendone l'evoluzione in senso modernamente capitalistico, secondo una prospettiva che non escludeva il "dialogo" con l'industria del Nord grazie anche all'intervento dello Stato.[81] Ragione per cui aveva proposto un riformismo dall'alto che avrebbe dovuto sostanziarsi nella riforma dei patti agrari, nell'istituzione di organismi di credito agrario e in norme che, attraverso misure creditizie, favorissero la creazione della piccola proprietà contadina considerata fulcro dell'ordine sociale, anche alla luce di processi di mutamento sociali che gli apparivano ormai ineludibili e sulla base di una politica nazionale che non consisteva di certo – come puntualizzò a suo tempo Fabio Grassi – in un ritorno a un esperimento di tipo reazionario alla Pelloux.[82]

Tennero infine i socialisti, anche se il loro successo interessò prevalentemente i centri di Brindisi e Taranto, mentre i popolari non sembrarono andare oltre il peso di alleanze clerico-moderate e di una discrasia intercorrente tra il partito di Sturzo e il popolarismo.

79. Giovanni Sabbatucci, *I combattenti nel primo dopoguerra*, Roma-Bari, Laterza, 1974, pp. 354-355.

80. Rizzo, *Ascesa e crisi del notabilato in Puglia*, pp. 99 e 101 e Id., *Politica e amministrazione in Antonio Salandra (1875-1914)*, Galatina (Le), Congedo, 1989, p. 12.

81. Antonacci, *Ceti dirigenti e lotte di classe*, pp. 49-51.

82. Grassi, *Il tramonto dell'età giolittiana nel Salento*, pp. 265-277.

Luigi Chiara

Politica e blocco urbano di potere a Messina tra il terremoto del 1908 e le elezioni del 1921

Premessa

Le elezioni del 1921 costituiscono nella città dello stretto la tappa intermedia di costituzione di un nuovo blocco di potere urbano la cui formazione, incentivata dalle spinte centripete che provengono dagli ambienti della borghesia cittadina e dai gruppi che intravvedono nei lavori edilizi e nelle pieghe delle sovvenzioni statali una nuova opportunità di crescita e di arricchimento, fa il paio con la volontà dei notabili locali di non farsi scavalcare dal fascismo sul terreno del consenso e dell'egemonia sociale. L'esito di questo processo può leggersi nella nascita di un nuovo blocco sociale che riesce a egemonizzare anche gli organismi provinciali del Partito nazionale fascista. Sullo sfondo di tutta la vicenda stanno certamente i lavori edilizi per la ricostruzione della città, ma anche la più generale vocazione del notabilato locale a mantenere una condizione di autonomia dal centro del sistema politico istituzionale che a Messina, e più in generale in Sicilia, si fonda sulla forza dei singoli e delle famiglie, sul debole processo di formazione dell'opinione pubblica e dei partiti e sull'elevato grado di personalizzazione del voto, con cui, in ultima analisi, deve fare i conti anche il nuovo sistema elettorale di tipo proporzionale introdotto in Italia nel 1919.[1]

1. Sul punto cfr. Luigi Chiara, *La modernizzazione senza sviluppo. Messina a cento anni dal terremoto (1908-2008),* Firenze, Le Lettere, 2011; Serge Noiret, *La nuova legge elettorale e le elezioni politiche del 1919*, in «Ricerche storiche», 16 (1986).

1. *Le trasformazioni del quadro politico locale dopo il terremoto del 1908*

Negli anni successivi al terremoto, il quadro politico cittadino tendeva a mutare con maggior frequenza rispetto al periodo precedente per il concorrere di elementi diversi tra loro, ma in definitiva tutti riconducibili al sisma. Vi era, da una parte, la necessità di sostituire alcuni dei politici locali più importanti morti nell'immane disastro che aveva scosso le due sponde dello stretto all'alba del 28 dicembre del 1908;[2] dall'altra, quella di far fronte alla ricostruzione edilizia della città le cui linee essenziali, dopo i primi provvedimenti, erano state fissate nella legge del 13 luglio 1910 n. 466 (la cosiddetta legge Fulci).[3]

Sin lì si erano alternati sulla scena politica locale due schieramenti maggiori, quello conservatore e clerico moderato, che aveva guidato l'amministrazione comunale dal 1904, e quello radicale democratico messo in piedi dalla famiglia Fulci[4] che, «non senza il sostegno diretto della locale sezione del Psi»,[5] aveva egemonizzato per diversi anni la vita

2. Tra questi, sul fronte dello schieramento conservatore e segnatamente clerico moderato, i deputati Giuseppe Arigò e Giuseppe Orioles, che ne erano state due delle personalità più autorevoli e, sul versante democratico, il socialista Giovanni Noè e il deputato Nicola Fulci, quest'ultimo rappresentante di una delle famiglie più importanti della locale borghesia. Cfr. Antonio Cicala, *Messina dall'Unità al fascismo. Politica e amministrazione (1860-1926)*, con Prefazione di Michela D'Angelo, Messina, Edizioni il Grano, 2016, p. 142. Per le conseguenze del terremoto del 1908 sulla città di Messina si veda, tra gli altri, Amelia Ioli Gigante, *Messina*, in *Le città nella storia d'Italia*, collana diretta da Cesare De Seta, Roma-Bari, Laterza, 1986; Giuseppe Campione, *Il progetto urbano di Messina*, Roma, Gangemi editore, 1988; Chiara, *La modernizzazione senza sviluppo*, e in ognuno di essi l'ampia bibliografia citata.

3. La legge Fulci modificava e integrava la normativa precedente ma era a sua volta profondamente modificata da quella successiva, che ne mutava, molte volte, la ratio originale, soprattutto nella parte relativa all'ente preposto alle operazioni di ricostruzione, il cui controllo avrebbe costituito la parte fondamentale dello scontro tra i politici messinesi. Già tre anni dopo l'emanazione del provvedimento si rendeva indispensabile la redazione di un testo unico delle leggi che, approvato con regio decreto 12 ottobre 1913, n. 1261, si componeva di oltre 500 articoli. Sul punto, si veda. Luigi Fulci, *Le leggi speciali italiane in conseguenza dei terremoti. Esposizione e Commento*, Milano, Società editrice libraria, 1916, pp. 124 ss.

4. Ma è qui da osservare come entrambi gli appartenenti ai due schieramenti, assieme a tutta la deputazione provinciale, avessero votato alla Camera, nel 1908, contro il progetto di legge governativo che istituiva a Messina la Camera agrumaria. Sul punto Cfr. Cicala, *Messina dall'Unità al fascismo*, pp. 141-142.

5. Cfr. Giuseppe Barone, *Sull'uso capitalistico del terremoto: blocco urbano e ricostruzione edilizia a Messina durante il fascismo*, in «Studi Storici», III (1981), pp. 54-55.

politica cittadina.[6] Tuttavia, vuoi per il clima d'incertezza determinatosi dopo il terremoto e le stesse esitazioni dello schieramento conservatore, vuoi per i mutati indirizzi governativi che avevano indotto Giolitti a ricomporre le divisioni interne al fronte liberale,[7] Ludovico Fulci si riavvicinava ai conservatori per il tramite dei suoi due maggiori esponenti, il notaio Augusto Bette e l'avvocato Giuseppe Ciraolo, entrambi leader dell'Associazione monarchica liberale, i quali, sulla base di un'intesa con il leader democratico, offrivano a Giovanni Giolitti la candidatura nel collegio di Messina per la tornata delle elezioni politiche del 1909. L'elezione alla Camera di Fulci e dell'altro candidato radicale, Rosario Cutrufelli, era dunque questa volta il frutto di un accordo con i candidati governativi giolittiani, e peraltro Fulci veniva sconfitto nel suo collegio di Francavilla di Sicilia da Antonio Colonna Romano di Cesarò (nipote di Sidney Sonnino, anti-giolittiano, nazionalista e conservatore "illuminato"),[8] così come nel collegio di Milazzo dove prevaleva Giuseppe Paratore (leader dell'Associazione liberale e anti-giolittiano), per

6. Cfr. Michela D'Angelo, *Un "lungo Ottocento":1783-1908*, in *Messina. Storia, Cultura, Economia*, a cura di Fulvio Mazza, Soveria Mannelli, Rubbettino, 2007, p. 222. Sui Fulci e il "fulcismo" in quanto movimento che tende ad aggregare a Messina, nei primi anni del '900, elementi della piccola borghesia urbana e ceti medi legati all'espansione della burocrazia e del settore terziario, le osservazioni di Barone, *Sull'uso capitalistico del terremoto*, p. 56; Marcello Saija, *Cattolici e laici a Messina nella prima fase della ricostruzione*, in *Chiesa e società urbana in Sicilia (1890-1920)*, AA.VV., Galatea editrice, Acireale 1990; Antonio Cicala, *Partiti e movimenti politici a Messina. Dal Fulcismo al fascismo (1900-1926),* Soveria Mannelli, Rubbettino, 2000, pp. 18 ss.; Michela D'Angelo, Marcello Saija, *A City and Two Earthquakes: Messina 1783-1908, Messina 1783-1908*, in *Cities and Catastrophes: coping with emergency in European history*, a cura di Genevieve Massard-Guillabaud, Harold L. Platt, Dieter Schott, Frankfurt am Mein, Peter Lang, 2002, pp. 123-140. Le analisi di Saija mettono in evidenza la lotta a Messina tra i gruppi dirigenti per l'accaparramento delle risorse destinate alla ricostruzione, descrivendo però lo scontro come polarizzato attorno a un gruppo massonico e uno clerico-moderato.

7. Cfr. Enrico Decleva, *Anticlericalismo e lotta politica in età giolittiana*, in «Nuova Rivista Storica», III-IV (1968) e V-VI (1969), pp. 576 ss.

8. Su Giovanni Antonio Colonna di Cesarò, cfr. Marcello Sajia, *Note sul sistema politico in Sicilia. Dagli ascari di Giolitti ai gerarchi di Mussolini*, in *Potere e società in Sicilia nella crisi dello stato liberale. Per una analisi del blocco agrario*, Catania, Pellicanolibri, 1977, p. 371; Id., *Cattolici e laici a Messina nella prima fase della ricostruzione*, in particolare quest'ultimo per le considerazioni relative all'azione politica per la ricostruzione post-terremoto.

essere eletto solo nel ballottaggio alle suppletive nel collegio di Messina, dopo che Giolitti aveva optato per quello di Dronero.[9]

Negli anni successivi, il blocco radicale democratico messo in piedi dai Fulci si indeboliva ulteriormente per il concorrere di almeno due questioni principali di ordine più generale, ciascuna delle quali destinata a incidere nelle diverse componenti della politica locale. Vi erano sia le complesse vicende legate ai rapporti tra i radicali e i tre governi nazionali succedutisi nel breve periodo compreso tra il 1910 e il 1913 (Sonnino, Luzzatti, Giolitti), che nel complesso si connotavano per il tentativo governativo di chiudere con l'estrema sinistra bloccarda e socialista; sia le divisioni interne al Partito socialista, che dal congresso di Modena (1911) in avanti aveva accentuato le proprie posizioni massimaliste, sino a giungere, al successivo congresso di Reggio Emilia (1912), all'espulsione dei socialisti riformisti, con la conseguente nascita del Psri. In tale contesto, è possibile inquadrare la rottura dei rapporti tra il blocco fulciano e il Psi messinese di Lo Sardo, che dopo la guerra di Libia era destinata a diventare irreversibile.

E di certo, l'ordine del giorno anti-massonico votato al congresso di Reggio Emilia non aveva contribuito ad appianare i rapporti tra i due schieramenti, specialmente in una città come Messina di tradizionale insediamento massonico, i cui leader politici più importanti erano iscritti nelle numerose logge cittadine entro cui si riverberavano pure gli echi della scissione della massoneria ferana da quella giustinianea.[10] Ma già nello stesso periodo è possibile apprezzare i «nuovi e contradditori processi di aggregazione politica attorno all'ambigua figura di Giuseppe Toscano» che brigava per costituire nuove alleanze in grado di sostituire il gruppo radicale democratico dei Fulci.

Toscano aveva già osteggiato il progetto fulciano e le alleanze con i socialisti sin dal 1910, dando vita a una Camera del lavoro e ad un circolo socialista, entrambi non riconosciuti dalla direzione nazionale del Psi.[11]

9. Lo stesso Cutrufelli era stato eletto al ballottaggio nelle suppletive nel collegio elettorale Messina 2 (con 609 voti dove si era pure candidato Giovanni Giolitti). Per i risultati elettorali cfr. https://dati.camera.it/, *ad annum*.

10. Sul punto e più in generale cfr., tra gli altri, Aldo A. Mola, *Storia della massoneria in Italia*, Milano, Bompiani, 2019.

11. Sul punto e per le citazioni nel testo, cfr. Barone, *Sull'uso capitalistico del terremoto*, p. 57. Più di recente, per un quadro di sintesi degli intrecci tra politica e imprenditoria a Messina dopo il terremoto del 1908 e negli anni Venti e Trenta del Novecento, Giuseppe

Nel 1912, la scissione dal Psi dei socialisti riformisti di Bissolati e Bonomi aveva dato all'esponente socialista locale l'opportunità di fondare a Messina una forza riformista, che contribuiva a indebolire il fronte socialista, ma rafforzava le sue personali posizioni.[12] Alle amministrative del maggio 1913, la coalizione liberal democratica guidata dai Fulci e dai conservatori dell'Associazione monarchica liberale conseguiva un'importante affermazione prevalendo su un'alleanza molto composita, che andava dalla componente radicale di Colonna di Cesarò, con Michele Crisafulli Mondio, ai socialisti riformisti di Toscano, con Placido Lauricella, fino alla componente cattolica e clerico moderata guidata da Giuseppe Fortino, con Amilcare Martines, Gaetano D'Arrigo, Ferdinando Stagno D'Alcontres, Michelangelo Pulejo, Gaetano Ainis e Giuseppe Macauda. Tale vittoria veniva però messa ben presto in predicato dalle dimissioni da deputato di Rosario Cutrufelli in seguito alle polemiche suscitate dai ritardi della ricostruzione post terremoto. L'elezione, al suo posto, alle suppletive del 13 luglio 1913, nel secondo collegio Priorato, di Giacomo Mondello, sostenuto dalle componenti liberali più moderate, che con Temistocle Martinez erano intanto uscite dall'Associazione monarchico liberale, e, in funzione anti-fulciana, anche dai cattolici, già anticipava, infatti, le logiche della nuova stagione della politica italiana segnata dal patto Gentiloni, entro cui le posizioni clerico moderate guadagnavano consensi,[13] potendo peraltro attingere ora a un elettorato divenuto sensibilmente più consistente attraverso il suffragio universale maschile.[14]

Barone, *Terremoto di Stato. Politici e imprenditori a Messina tra le due guerre*, in *La furia di Poseidon. Messina 1908 e dintorni*, a cura di Giuseppe Campione, Milano, Silvana editoriale, 2009, pp. 45-64. Per la storia del Psi messinese, le sue scissioni e ricomposizioni, si veda: *I periodici di Messina. Bibliografia e storia,* a cura di Gino Cerrito, Milano, Feltrinelli, 1961, pp. 74-88, 98-100, 139-152; Id., *Un esempio di trasformismo politico meridionale: il movimento socialista messinese dalle sue origini al fascismo*, Messina, s.e., 1964. Su Toscano, Daniele Pompejano, *Movimento popolare e Psi a Messina nel biennio rosso*, in «Incontri meridionali», I, (1977), pp. 5-33.

12. Cfr. Luigi Grisolia, Annalisa Pontieri, Bonaventura Scalercio, *La vita politica e amministrativa dal primo dopoguerra a oggi*, in *Messina. Storia, Cultura, Economia*, a cura di Fulvio Mazza, Soveria Mannelli, Rubbettino, 2007, p. 250.

13. Cfr. Cicala, *Partiti e movimenti politici a Messina,* pp. 153-154 e le relative note bibliografiche.

14. Sul periodo giolittiano, per il contesto considerato, cfr. Giuseppe Barone, *Egemonie urbane e potere locale (1882-1913)*, in *Storia d'Italia. Le Regioni. Dall'Unità a oggi. La Sicilia*, a cura di Giuseppe Giarrizzo e Maurice Aymard, Torino, Einaudi, 1987, pp. 279 ss.

Sul piano locale, la rottura interna al blocco fulciano, con la fuoriuscita dei liberali più in linea con gli orientamenti giolittiani come Martinez, avviava pure la crisi dell'amministrazione democratica. Alle successive elezioni politiche del 26 ottobre, il riavvicinamento dei liberali conservatori con le componenti cattoliche e le opposizioni anti-fulciane riaggregava su nuove basi il fronte clerico moderato.[15] Nei due collegi di Messina risultavano eletti Giuseppe Toscano, con 4227 voti, su Ludovico Fulci, con 2872 voti, che veniva battuto pure nel collegio di Francavilla da Colonna Di Cesarò (con 8.023 voti) e Giuseppe Mondello (6.122 voti); nel collegio di Milazzo, Giuseppe Paratore (con 5841 voti) prevaleva su Luigi Fulci (con 3.953 voti).[16] I risultati elettorali delle politiche mettevano definitivamente in crisi l'amministrazione democratica guidata dai Fulci che, nelle elezioni amministrative del 1914, veniva infine sostituita dal nuovo composito fronte clerico moderato entro cui potevano convivere i liberali di Martino e Mondello, i social riformisti di Toscano, il Partito siciliano di Faucello, i radicali anti-fulciani di Colonna di Cesaro e i cattolici di Fortino.[17]

2. *Scissioni e ricomposizioni del blocco di potere urbano*

Vero è che le vicende politiche nazionali condizionano e determinano le diverse alleanze che di volta in volta si susseguono nel periodo qui in esame, ma è altrettanto vero che queste ultime sono anche condizionate dalle spinte centripete che provengono dagli ambienti della borghesia cittadina, che individuavano nei lavori edilizi e nelle pieghe delle sovvenzioni statali una nuova opportunità di crescita e di arricchimento. In tale logica, la volontà dei notabili locali di guidare i nuovi istituti preposti alla ricostruzione rappresentava, dunque, una condizione necessaria sia

15. Cfr. Cicala, *Partiti e movimenti politici a Messina*, p. 154.

16. Per i risultati elettorali cfr. https://dati.camera.it/, *ad annum*.

17. Nel 1914 l'ex repubblicano Antonio Martino è rieletto sindaco con la lista Pro Messina, un'alleanza molto composita tra monarchici liberali e cattolici (come Gaetano d'Arrigo e Giuseppe Fortino), alla quale non erano estranei ex socialisti (come lo stesso Toscano), massoni e radicali ferani. Cfr. Michela D'Angelo, *Un "lungo Ottocento":1783-1908*, in *Messina. Storia, cultura, economia*, a cura di Fulvio Mazza, Soveria Mannelli, Rubbettino, 2007, p. 223; Luigi Grisolia, Annalisa Pontieri e Bonaventura Scalercio, *La vita politica e amministrativa dal primo dopoguerra a oggi*, in *Messina. Storia, cultura, economia*, p. 249-250. Inoltre, Cicala, *Partiti e movimenti politici a Messina*, pp. 154-155.

ai fini del controllo dei nuovi circuiti di finanziamento pubblico, sia ai fini del controllo sociale e dell'elettorato, sebbene, nel lungo periodo, la capacità dei vari gruppi d'interesse legati alla speculazione edilizia di condizionare le scelte dei leader politici cittadini possa ritenersi, in definitiva, un elemento di debolezza sul piano dell'elaborazione di una strategia di crescita più equilibrata della città dopo il disastroso terremoto del 1908.[18]

Il tentativo del Toscano di porsi al centro di una rete di alleanze alternative a quelle messe in piedi dai Fulci, se ha sullo sfondo il diverso dislocarsi dei liberali attorno a soluzioni politiche che in larga parte riflettevano gli equilibri e i rapporti di forza tra i governi nazionali, le maggioranze parlamentari e le forze politiche di opposizione, aveva come posta in palio proprio il controllo degli istituti preposti alla ricostruzione edilizia della città. In questo può leggersi principalmente l'alleanza di Toscano con quei partiti borghesi che, da ex socialista, negli anni precedenti aveva aspramente criticato, ma con i quali aveva stretto nuovi vincoli dopo la rottura con il Psi, costituendo una componente essenziale, assieme al Mondello, delle alleanze clerico moderate affermatesi a Messina nelle politiche e nelle amministrative sin dal 1904 e poi entrate in crisi nel primo dopoguerra. Privi dei voti clerico moderati, sia Mondello, presentatosi nella lista liberale democratica, sia Toscano, nella lista socialista riformista, non riuscivano, infatti, a farsi eleggere nelle elezioni politiche del 1919. Vero è pure che il Toscano scontava l'allontanamento dal suo gruppo e dal partito (tra la fine del 1918 e gli inizi del 1919) del professore Ettore Lombardo Pellegrino e di alcuni dirigenti sindacali guidati dall'avvocato Giovanni Baratta.[19] Le elezioni peraltro avevano messo in evidenza nella città dello stretto la debolezza del Ppi che aveva ottenuto un numero di voti in tutta la provincia (7,28%) di gran lunga inferiore alla media regionale (12,40%), già di per sé deludente rispetto a quella nazionale (21,4%), non riuscendo ad eleggere nessun deputato.[20]

18. Cfr. sul punto in maniera più approfondita Chiara, *La modernizzazione senza sviluppo*.

19. Quest'ultimo eletto in una lista liberale chiedeva e otteneva l'espulsione di Toscano dal Psri. Cfr. Cicala, *Partiti e movimenti politici a Messina,* p. 182.

20. *Le elezioni del 1919. Alle origini del sistema politico dell'Italia contemporanea*, a cura di Giovanni Schininà, Firenze, Le Monnier, 2021; Anna Appari, *Le elezioni del 1919*, in *Il Parlamento italiano. 1861-1988. Volume 9°, 1915-1919. Guerra e dopoguerra. Da Salandra a Nitti*, Milano, Nuova CEI, 1988.

Alla debolezza dei cattolici in Sicilia e nel messinese, faceva poi da contrappunto quella dei socialisti che, nonostante il buon risultato nazionale, conseguivano nella circoscrizione di Messina solo il 2,6% dei consensi, non riuscendo a ottenere nell'isola alcuna rappresentanza. Il fronte dei notabili liberali con le tre liste, liberale democratica, radicale e democratica, rastrellavano nel complesso 58.798 voti, cioè la maggioranza dei consensi, eleggendo sette deputati, tra cui i soliti Giuseppe Paratore (9.972 voti), Giuseppe Faranda (8.392 voti), Di Cesarò (7.321 voti), Rosario Cutrufelli (10.050 voti) e Luigi Fulci (4.368 voti).[21] Tuttavia, la mancata elezione a deputato nel 1919 e l'espulsione del suo gruppo dal Psri, non impedivano al Toscano d'imporsi ancora per un breve periodo nel controllo delle leve del potere locale. Nella città dello stretto egli poteva, infatti, contare su una struttura sindacale di leghe con oltre 10.000 iscritti e sull'appoggio di una neonata Unione militari smobilitati (che aveva larga presa sugli ex combattenti della Prima guerra mondiale).[22]

L'indebolimento dei toscaniani, se aveva mutato gli equilibri dell'amministrazione comunale guidata da Martino a favore dell'Associazione monarchica liberale di Bette e di Ludovico Fulci, ponendo di fatto fine all'esperienza delle amministrazioni centrate sulla formula delle alleanze clerico moderate, a cui pure aveva contribuito il mutato orientamento dei cattolici dopo la nascita del Ppi, non aveva messo fuori gioco il Toscano. Questi, infatti, aveva rilanciato, innalzando lo scontro con la nuova maggioranza amministrativa e, approfittando del clima difficile determinatosi dopo la fine della guerra, si era riavvicinato ai socialisti di Lo Sardo, cavalcando la protesta sociale contro l'aumento dell'inflazione e il caroviveri che nel luglio del 1919 era culminata in un'imponente manifestazione.

La rilevante capacità di mobilitazione che il Toscano aveva in città, grazie al controllo della Camera del lavoro Cesare Battisti e delle numerose cooperative edilizie, veniva avvertita dal governo e dall'amministrazione come un pericolo, che lo stesso prefetto Masi giudicava di gran lunga superiore alle preoccupazioni indotte dalle agitazioni guidate dai socialisti. La fine delle manifestazioni di protesta, con l'approvazione da parte della

21. Per i dati elettorali cfr. Ministero dell'economia nazionale – Direzione generale della statistica, *Statistica delle elezioni generali politiche per la XXVI legislatura (15 maggio 1921). In appendice, Statistica delle elezioni generali amministrative del 1920*, Roma, S.A.I. Industrie Grafiche, 1924, pp. 51-54.

22. Cfr. Cicala, *Partiti e movimenti politici a Messina*, pp. 102-103; Barone, *Sull'uso capitalistico del terremoto,* p. 57.

giunta comunale di un calmiere dei prezzi sui generi di prima necessità, consentiva così al Toscano di presentarsi al prefetto Masi come il garante del nuovo ordine, ma anche di far pesare sull'amministrazione Martino il suo ruolo politico, mettendo definitivamente in crisi la giunta che, dopo la decisione dei popolari di una presenza più autonoma e intransigente il 22 settembre del 1919, si dimetteva.

Quanto ai socialisti di Lo Sardo, questi proseguivano nella gestione politica della crisi del primo dopoguerra, per quanto possibile in linea con le direttive del partito nazionale. Così, alle amministrative del 1920, tenutesi contestualmente all'elezione del Consiglio provinciale e di quello comunale, il gruppo di Toscano conquistava la vicepresidenza della provincia (assegnata allo stesso Toscano) e tre assessori nella nuova maggioranza determinatasi in Consiglio comunale. Vuoi per la sua consistenza elettorale, vuoi per gli appoggi importanti di cui godeva, tra cui quelli del finanziere Giuseppe Battaglia, che già aveva largamente sovvenzionato una serie di campagne denigratorie sul giornale «Germinal» contro il gruppo fulciano,[23] il Toscano riusciva a inserirsi in un'alleanza vincente, l'Unione liberale democratico socialista, che vedeva insieme l'Associazione liberale di Paratore, l'Associazione monarchico liberale di Augusto Bette (che otteneva con Giuseppe Oliva la presidenza del Consiglio comunale), la Lega dei villaggi del liberale moderato Salvatore Siracusano (si trattava in realtà di una cooperativa edilizia), una parte dello stesso fronte fulciano (Ludovico Fulci veniva rieletto alla presidenza del Consiglio provinciale) e il Di Cesarò, a capo di una coalizione, l'Unione democratica e artigiani, che includeva personaggi di rilievo della vita politica locale, come Gennaro Villelli.[24]

Grazie alla nuova posizione di forza conseguita sull'arena del potere locale, Toscano, risultato alle amministrative il primo degli eletti con 11.610 voti, poteva puntare al controllo di uno dei rami d'amministrazione dell'Unione edilizia (l'Azienda separata che per conto del comune amministrava le baracche e la costruzione delle casette economiche), brigando per essere eletto nel consiglio di amministrazione insieme a Salvatore Si-

23. Cfr. Barone, *Sull'uso capitalistico del terremoto*, p. 57, inoltre su Battaglia (amministratore delegato della società Hugo Stinnes esercente il commercio del carbon fossile nel porto di Messina, consigliere delegato della locale società tranviaria) si veda Antonino Checco, *Messina dal terremoto del 1908 al fascismo. La ricostruzione senza sviluppo*, in «Storia Urbana», XLVI, (1989), pp. 180-181.

24. Cfr. Cicala, *Partiti e movimenti politici a Messina*, pp. 161.

racusano e Giovanni Bucca, riuscendo così ad assicurare ad una serie di cooperative, sotto il suo controllo diretto o indiretto, un ruolo privilegiato negli appalti per la ricostruzione edilizia della città e sostituendosi, in definitiva, al gruppo che faceva capo ai Fulci e alle clientele fulciane, di cui, ancora, attraverso il «Germinal», contestava l'operato, segnalando presunti abusi e tentativi di speculazione.[25] Nel mentre, attraverso il consorzio delle cooperative, cercava di gestire le attività di assistenza, i sussidi e gli appalti.[26]

3. *Le elezioni del 1921*

Come nel resto d'Italia, tra il 1919 e il 1920 andava organizzandosi anche a Messina il movimento fascista, prima attorno al Fascio di origine futurista di Guglielmo Jannelli e al Fascio giovanile patriottico di Gennaro Villelli, per poi giungere, in prossimità delle elezioni amministrative, a un collegamento più stabile con il movimento nazionale e alla costituzione del Fascio di combattimento cittadino, con la nomina a responsabile del ragioniere Romano Macrì. Cresceva intanto la preoccupazione, nel ceto agrario e negli ambienti della borghesia urbana, per l'occupazione in provincia delle terre incolte, a cui si aggiungevano, auspice la crisi economica, la protesta sindacale e gli scioperi operai, sostenuti entrambi dal Psi, all'interno del quale si consumava, peraltro, la frattura tra massimalisti unitari e comunisti bordighisti (che avevano tra i loro esponenti locali Concetto Marchesi e Umberto Fiore), e l'estromissione del segretario Lo Sardo (leader dei massimalisti) dalla direzione del quotidiano del partito «Il Riscatto».

E del resto, la scissione di Livorno del 1921 e la nascita delle prime sezioni aderenti al Pcd'I,[27] se contribuivano ad alimentare nel complesso lo strutturarsi del movimento fascista come contenitore d'istanze anti-socialiste, agitavano nell'opinione pubblica un clima d'incertezza e di preoccupazione. Ma ciò che più preoccupava i notabili locali era il timore di essere scavalcati dai fascisti sul terreno del controllo sociale che essi avevano storicamente esercitato sul ceto medio e piccolo borghese, i cui interessi

25. Cfr. Barone, *Sull'uso capitalistico del terremoto*, p. 58.

26. Cfr. Cicala, *Messina dall'Unità al fascismo*, pp. 173-192.

27. Cfr. Cicala, *Partiti e movimenti politici a Messina,* pp. 116-124 e 161; *I periodici di Messina. Bibliografia e storia*, pp. 151-152.

ora erano difesi da un nuovo movimento che si proponeva come partito d'ordine contro la sovversione socialcomunista. Era poi ancora aperta la questione per il controllo dell'Unione edilizia da parte di Toscano, che manovrava con gli esponenti del primo fascismo per rafforzare ulteriormente le sue posizioni all'interno dell'amministrazione e degli affari, come nel caso della controversia tra i lavoratori portuali della cooperativa aderente alla Camera confederale socialista e la Federazione portuaria di derivazione toscaniana, poi risolta grazie alla mediazione di Gennaro Villelli a favore di quest'ultima.[28]

In buona sostanza, seppure la comune matrice anti-socialista avrebbe potuto costituire una base d'intesa con i fascisti, le preoccupazioni determinate dal "pericolo" comunista[29] non erano sufficienti a convincere il notabilato liberale, almeno in questa fase, a condividere con il movimento, di cui intuivano probabilmente già la natura eversiva, spazi di gestione del potere politico in ambito locale. Come accadeva nella maggior parte dei collegi elettorali italiani, anche a Messina il fronte liberale si presentava alle elezioni diviso in più aggregazioni, ma qui era anche la logica della nuova legge che favoriva e incoraggiava la presentazione di più liste, anche con pochi candidati.[30] Sulla base delle modifiche apportate alla legge elettorale del 1919 con Regio decreto del 2 aprile 1921, n. 320, le provincie di Catania, Messina e Siracusa, venivano accorpate in un'unica circoscrizione elettorale, nella quale eleggere 24 deputati. L'ampiezza del collegio, la cui ridefinizione rispondeva pure a una logica politica, dava luogo a una competizione assai nutrita di 123 candidati ripartiti in nove liste, di cui solo due bloccate. Si trattava di uno dei collegi in cui si presentavano più candidati: infatti, la media nazionale del regno, rispetto ai deputati da eleggere, era del 4,4, per il collegio di 5,1.[31]

Vi sono poi alcuni altri elementi che attengono ai comportamenti degli elettori e ai risultati elettorali che, al di là del loro significato statistico,

28. Cfr. Cicala, *Messina dall'Unità al fascismo,* pp. 207 e 211-212.

29. Per le manifestazioni durante gli anni del biennio rosso, cfr. Giuseppe Alibrandi, *Lotte popolari nel messinese. Storia del partito comunista attraverso documenti d'archivio e testimonianze 1919-1931*, Marina di Patti, Pungitopo, 1981; Pompejano, *Movimento popolare e Psi a Messina nel biennio rosso.*

30. Ministero dell'economia nazionale, *Statistica delle elezioni generali politiche per la XXVI legislatura*, p. XII.

31. Pier Luigi Ballini, *Le elezioni nella storia d'Italia all'Unità al fascismo. Profilo storico-statistico*, Bologna, il Mulino, 1988.

mettono in luce attitudini e propensioni ben più radicate nel tempo. Vi è il dato dell'astensionismo degli elettori che è tra i più alti d'Italia (assieme a Napoli e Palermo);[32] l'influenza dei voti aggiunti che, qui come altrove, è pressoché nulla sui risultati, ma che pone il collegio al secondo posto in Italia (dopo quello di Catanzaro) per percentuale di voti (63,2%) e che può essere letto entro il trend più generale dell'aumento dei voti di preferenza rispetto a quelli di lista, che nel confronto con le votazioni del 1919 passavano da una proporzione di 145 voti per ogni 100 voti di lista a 230 voti per ogni 100 voti di lista, evidenziando una tendenza alla personalizzazione del voto molto marcata.

Per ciò che attiene l'indice di sostituzione, cioè il numero di nuovi deputati eletti, anche nel collegio i risultati possono esseri letti nel segno della continuità del mandato, in linea con il dato della Sicilia che aveva un indice molto più basso (34,1) della media nazionale; nei collegi siciliani, infatti, solo 16 deputati su 48 erano eletti per la prima volta.[33]

Ecco di seguito i dati che attengono agli eletti nel collegio, con l'indicazione, tra parentesi, della percentuale di voti ottenuti dalle liste e, in corsivo, i nomi dei candidati messinesi eletti: Riformista di Messina (5%), *Giuseppe Toscano*; Democratico (7%), *Ettore Lombardo Pellegrino*, Silvestro Graziano; Socialista riformista (5%), Lorenzo Cocuzza; Popolare (9%) Luigi Ippolito De Cristofaro, Luigi La Rosa; Unione nazionale (19%), *Giovanni Colonna di Cesarò, Michele Crisafulli Mondio, Giuseppe Faranda*, Francesco Saverio D'Ayala, *Girolamo Stancanelli*; Democratico sociale (42%), Gabriello Carnazza, Vincenzo Giuffrida, Luigi Macchi, Antonio Galfo, Carlo Carnazza, Filippo Pennavaria, Emanuele Finocchiaro Aprile, *Giuseppe Paratore,* Vincenzo Saitta, Edoardo di Giovanni, *Luigi Fulci*; Democratico indipendente (5%), *Rosario Cutrufelli*; Socialista (5%), Vincenzo Vacirca; Comunista (1%), nessun eletto.[34]

E' qui da notare, ancora una volta, la debolezza dei popolari, ben sotto la percentuale siciliana (13%), che, infatti, non eleggono nessun candida-

32. Vincenzo G. Pacifici, *Le elezioni nell'Italia unita. Assenteismo e astensionismo*, Roma, Edizioni dell'Ateneo, 1979; Alfredo Canavero, *Correnti politiche e partecipazione elettorale dal 1882 al 1914*, in *Il voto di chi non vota. L'astensionismo elettorale in Italia e in Europa*, a cura di Mario Caciagli e Pasquale Scaramozzino, Milano, Edizioni di comunità, 1983.

33. Ministero dell'economia nazionale, *Statistica delle elezioni generali politiche per la XXVI legislatura*, pp. IX-XLV.

34. Ivi, pp. 49-54.

to, e quella dei socialisti (in Sicilia la percentuale del partito si attesta al 7,2%), la rielezione del solito Toscano,[35] e, infine, gli ottimi risultati del raggruppamento liberale di orientamento ministeriale giolittiano, egemonizzato dagli esponenti catanesi guidati da Gabriello Carnazza e dalla componente nazionalista con a capo Filippo Pennavaria e Giuseppe Pennisi (ben oltre la media regionale (33,8%). Nella città dello stretto, in buona sostanza, si era rafforzato il gruppo dei notabili liberali nelle sue componenti anti-giolittiane, radicali e social riformiste, il cui esponente maggiore era certamente il Di Cesarò. Quanto a Paratore e a Fulci, eletti entrambi nella lista ministeriale, il primo entrava nel gruppo di Democrazia italiana di Nitti e Amendola, il secondo aderiva al nuovo partito di Democrazia sociale, alla cui fondazione (aprile 1922) contribuiva in maniera determinate il Di Cesarò dopo la caduta del governo Giolitti, nel tentativo di ricomporre il fronte democratico liberale e quello democratico sociale su una base anti-rivoluzionaria e anti-socialista.[36]

La nuova formazione politica, cui aderiva buona parte della deputazione messinese,[37] se sul piano regionale aspirava a contrapporsi alla leadership politica del neo costituito Partito nazionale fascista, nello specifico contesto messinese assumeva le funzioni di nuovo contenitore e blocco sociale dei notabili locali,[38] da cui venivano estromessi Toscano e il suo gruppo, relegati in minoranza nell'amministrazione provinciale e tagliati fuori dai vertici dell'Azienda separata e dell'Unione edilizia, dopo l'attacco – nell'inverno 1921-1922 – dei deputati messinesi Colonna di Cesarò e Lombardo Pellegrino, oltre che di alcuni deputati nazionali (Braschi e Ferrari), che in Parlamento stigmatizzavano i comportamenti dei dirigenti social riformisti mettendone in evidenza la strumentalità e «l'ostracismo decretato dalla Direzione centrale dell'Unione edilizia, a danno delle cooperative edili cattoliche».[39] Lo scontro si concludeva con la vittoria dei notabili messinesi, ora riunificati sotto le insegne della Democrazia sociale, i quali, in ogni caso, costituivano uno schieramento ben più articolato e

35. Ma si tratta di un unico candidato che prende 13.906 voti di lista, a cui vanno aggiunti 79 voti di preferenza e 493 voti aggiunti di modo che la cifra individuale del candidato, che è la somma di questi tre elementi, è di 14.478.

36. Cfr. Cicala, *Messina dall'Unità al fascismo*, pp. 193-201

37. E altre influenti personalità, come il catanese Gabriello Carnazza, il napoletano Arturo Labriola, Luigi Gasparotto e Luigi Fera.

38. Cfr. Cicala, *Partiti e movimenti politici a Messina*, pp. 90 ss.

39. Cfr. Barone, *Sull'uso capitalistico del terremoto*, p. 58.

dotato di reti di relazioni estese e diffuse con il centro del sistema politico di quanto non potesse disporre la coalizione liberal riformista messa in piedi da Toscano, ora pure priva dell'appoggio dei liberali di Bette e Vinci che facevano capo a Paratore.[40]

Gli interventi dei deputati nazionali alla Camera resero più agevole il disegno di Ludovico Fulci di chiudere la partita con Toscano e sostituire i vertici dell'Azienda separata. Appena entrato nel gabinetto Facta, al dicastero delle poste, Luigi Fulci imponeva infatti lo scioglimento del Consiglio centrale dell'Unione edilizia e di entrambi i consigli locali di Messina. Neanche dopo la marcia su Roma e l'insediamento del primo governo Mussolini l'accordo tra i liberali di Bette e Siracusano, il prefetto Frigerio e il Toscano,[41] consentiva a quest'ultimo di continuare a esercitare una qualche forma di potere in ambito locale ma, anzi, egli veniva ben presto emarginato dagli stessi fascisti dopo le convulse proteste del movimento del soldino.[42]

Da una posizione di "forza" di ben altra consistenza si erano mossi i notabili messinesi riuniti attorno al gruppo della Democrazia sociale, i cui interessi, con l'appoggio del catanese Gabriello Carnazza, una volta entrato nel primo governo Mussolini come ministro dei Lavori pubblici, assieme al Di Cesarò, al dicastero delle poste, non tardavano a essere soddisfatti con la nomina di una commissione d'inchiesta sull'Unione edilizia, formata da alti funzionari del Genio civile e dai deputati Corradini e Fulci. Ma alla fine, pur rilevando per il passato la presenza di condotte illecite messe in atto dai dirigenti, Fulci, ormai estromessi i propri avversari politici dalla gestione dell'Ente di ricostruzione, si dichiarò contrario a ogni ipotesi di scioglimento.[43]

La deputazione demosociale messinese (Di Cesarò, Fulci, Faranda, Gentile, Stancanelli, Crisafulli Mondio) poteva così riappropriarsi degli strumenti di controllo delle attività edilizie e trovava una sponda favorevole in Carnazza. A questo punto sembrava che il neo ricostituito blocco di potere urbano avesse tutti gli strumenti per controllare le leve del potere

40. Cfr. Cicala, *Messina dall'Unità al fascismo*, pp. 200-201.

41. L'operazione contribuiva a mettere in crisi la giunta cittadina guidata da Oliva che nel febbraio del 1923, veniva assegnato ad un commissario regio, nel mentre Toscano si affrettava a fondare un nuovo partito il Partito riformista italiano l'incarico. Cfr. Grisolia, Pontieri e Scalercio, *La vita politica e amministrativa dal primo dopoguerra a oggi*, p. 255-256.

42. Su cui Marcello Saija, *Un "soldino" contro il fascismo. Istituzioni ed élites politiche nella Sicilia del 1923*, Catania, CULC, 1981.

43. Cfr. Barone, *Sull'uso capitalistico del terremoto*, p. 59.

locale e "guidare" il processo di ricostruzione edilizia della città, anche se da lì a poco avrebbe dovuto comunque trattare con il fascismo.

Per di più, lo schieramento demosociale sarebbe rimasto privo dell'appoggio di Gabriello Carnazza, la cui decisione di aderire al fascismo, scavalcando nel rapporto con questi i colleghi messinesi, assecondava il disegno di ingerenza negli affari della ricostruzione messinese dei gruppi del capitalismo industriale e bancario nazionale di cui era espressione. Ad ogni modo, il progetto di Carnazza era avversato dai notabili locali per il fatto stesso che esso avrebbe scardinato «la rete di rapporti delegati dal centro alla periferia sulle quali il blocco delle classi dominanti aveva costruito la propria egemonia».[44]

Sotto questo versante, anche nei difficili anni di transizione del regime liberale italiano al fascismo, è indubitabile il ruolo di primo piano svolto a Messina dai liberali radical massoni (poi tutti confluiti nella Democrazia sociale) capaci di perseguire una strategia che, pur condizionata quanto si vuole dagli interessi legati alla ricostruzione della città, era in grado di sviluppare una linea di condotta autonoma, se non indipendente, dai propositi di fascistizzazione e di controllo delle "periferie" del fascismo.

Subito dopo aver liquidato il Toscano come inaffidabile, il prefetto Frigerio consigliava a Mussolini, dopo le convulsioni della protesta del soldino, animata in gran parte proprio dai notabili messinesi, di ricostruire le strutture provinciali del partito a Messina affidando la segreteria a Crisafulli Mondio, cioè a uno dei grandi elettori del duca Colonna di Cesarò, piuttosto che agli intransigenti fascisti della prima ora, come ad esempio Gennaro Villelli, che avevano animato nella fase iniziale il movimento.[45] Da lì in avanti il fascismo in città avrebbe subordinato i suoi propositi di fascistizzazione alla leadership politica dei notabili liberali.[46]

44. Sensibile ai temi del produttivismo «di stampo nittiano, che assegnava alle capacità propulsive del capitalismo industriale la soluzione della questione meridionale», Carnazza non era estraneo a quegli ambienti del capitalismo settentrionale orientati a investire i loro capitali nella ricostruzione delle zone calabro-sicule danneggiate dal terremoto. Cfr. Barone, *Sull'uso capitalistico del terremoto,* pp. 61 e 81; Id., *Capitale finanziario e bonifica integrale nel Mezzogiorno tra le due guerre*, in «Italia Contemporanea», CXXXVII (1979), pp. 63-81; Id., *Mezzogiorno e modernizzazione, Elettricità, Irrigazione e Bonifica nell'Italia contemporanea*, Torino, Einaudi, 1986.

45. Cfr. L. Chiara, *La modernizzazione senza sviluppo*, pp. 43-44 e 47-48.

46. Rita Palidda, *Potere locale e Fascismo: i caratteri della lotta politica,* in *Potere e società in Sicilia nella crisi dello Stato liberale. Per una analisi del blocco agrario*, a

Conclusioni

Le vicende qui brevemente richiamate si prestano a qualche considerazione più generale che serve, almeno queste sono le convinzioni di chi scrive, a tenere insieme i comportamenti e le strategie del notabilato meridionale. La più o meno marcata autonomia dal centro delle istituzioni politiche del locale ceto dirigente,[47] come documentano le indagini storiografiche che attengono a diversi contesti territoriali,[48] può, infatti, ricondursi, sul piano dello sviluppo storico dello Stato monoclasse borghese, ad alcune debolezze del sistema politico italiano, che possono essere individuate principalmente nella mancata divisione dei partiti all'interno dell'area liberale, nella prevalente impostazione antagonista del composito arcipelago democratico, repubblicano e socialista, nella diffusione delle politiche di tipo trasformista, in una raccolta del consenso di tipo clientelare fondata sul modello del *patronage* o anche, come accade in Sicilia, sullo scambio di beni privati, con o senza il concorso della mafia.[49]

cura di Giuseppe Barone, Salvatore Lupo, Rita Palidda e Marcello Sajia, con Prefazione di Gastone Manacorda, Catania, Edizioni Pellicanolibri, 1977, pp. 243-248.

47. Il paradigma centro/periferia è stato utilizzato in vario modo dalle scienze sociali e nella storiografia soprattutto per descrivere le relazioni economiche tra aree sviluppate e aree sottosviluppate nel sistema capitalistico contemporaneo, ma anche i modi delle relazioni di tipo istituzionale e l'elemento organizzativo del controllo politico. Il concetto qui viene utilizzato in una prospettiva che è quella delle relazioni di tipo istituzionale e con riferimento ai modelli di organizzazione politica in un contesto spaziale in cui la periferia è subordinata all'autorità del centro in una prospettiva analoga a quella dell'indagine che ha riguardato la costruzione dello Stato e della nazione che non esclude però una relazione di reciproca influenza tra i due poli. Per i diversi modelli interpretativi cfr. Sidney Tarrow, *Between center and periphery: grassroots politicians in Italy and France*, New Haven-London, Yale University Press 1977 (edizione italiana *Tra centro e periferia: il ruolo degli amministratori locali in Italia e Francia*, Bologna, il Mulino, 1979) pp. 15-31. Per una sintesi della questione, alcuni rilievi critici e le relative indicazioni bibliografiche cfr. Paolo Capuzzo, *Nuove dimensioni del rapporto centro periferia: appunti per un dossier,* in «Storicamente», 2 (2006).

48. Solo per rimanere in Sicilia si vedano i saggi di Barone, *Egemonie urbane e potere locale (1882-1913)*, pp. 191-370 e Salvatore Lupo; *L'utopia totalitaria del fascismo (1918-1942)*, pp. 373-482 entrambi in *Storia d'Italia. Le Regioni. Dall'Unità a oggi*. Inoltre, *Poteri Locali,* in «Meridiana», IV (1988); Chiara, *La modernizzazione senza sviluppo*, pp. 197-204; e anche, dello stesso autore, *La Sicilia negli anni della prima Repubblica. L'autonomia, lo sviluppo, il potere (1946-1992)*, Napoli, Editoriale Scientifica, 2020, Introduzione pp. 9-30.

49. Per le questioni sopra richiamate, in maniera più estesa cfr. Luigi Chiara, *Politica e «ordine» nell'Italia liberale*, in «Storia e Politica», 1 (2020), pp. 107-150.

Ciascuno degli elementi appena citati sta ovviamente in un rapporto di causa ed effetto con quello che lo precede o lo segue. Ma vi è poi, ed è ciò che qui forse rileva in misura maggiore, la propensione del ceto liberale, nelle sue diverse componenti, sia al centro del sistema politico così come nelle periferie, a concepire la rappresentanza come un fatto residuale, anche dopo l'adozione del suffragio universale e l'introduzione della proporzionale, e a far coincidere lo Stato, con il quale essi tendono a identificarsi, con l'amministrazione, fatto, quest'ultimo, ampiamente ricostruito soprattutto dalla letteratura storico-giuridica,[50] ma che io credo costituisca il punto di maggiore continuità tra il ceto di governo liberale e i quadri dirigenti del fascismo.

Ora, se è relativamente semplice per il fascismo inglobare all'interno del nuovo regime lo Stato amministrativo, non è altrettanto agevole la pretesa di totalizzare il consenso, dovendo quest'ultimo fare i conti con un sistema in cui le pratiche trasformistiche e il clientelismo, in buona sostanza, avevano dato forza a un ceto di notabili locali che non erano disposti a rinunciare né allo loro autonomia né a esercitare la propria egemonia sulla società locale, essendo, al tempo stesso, la prima condizione necessaria per l'esercizio della seconda e strumento di scambio con il regime per la costruzione del nuovo totalitarismo.

50. Sul punto e per le relative indicazioni bibliografiche, cfr. Luigi Chiara, *Politica e ceti dirigenti in Italia (1914-1919). Il carteggio Colosimo-Orlando nelle carte dell'Archivio di Stato di Napoli*, Roma, Carocci, 2016, pp. 43-57.

Indice dei nomi

Finito di stampare
nel mese di ottobre 2024
da The Factory s.r.l.
Roma